中等职业教育财经商贸类新形态教材

市场营销基础

SHICHANG
YINGXIAO JICHU

主　编　赵永辉　吴智萍　张立松
副主编　范　超　王存利　黄志勇
参　编　李月明　曲　刚　张晓菲
　　　　宋瑞璇　李　佳

北京师范大学出版集团
BEIJING NORMAL UNIVERSITY PUBLISHING GROUP
北京师范大学出版社

图书在版编目（CIP）数据

市场营销基础 / 赵永辉，吴智萍，张立松主编.
北京：北京师范大学出版社，2025.5. -- ISBN
978-7-303-30691-6

Ⅰ. F713.50

中国国家版本馆CIP数据核字第2025NN9543号

SHICHANG YINGXIAO JICHU

出版发行：北京师范大学出版社 https://www.bnupg.com
北京市西城区新街口外大街12-3号
邮政编码：100088

印　　刷：北京天泽润科贸有限公司
经　　销：全国新华书店
开　　本：889 mm × 1194 mm　1/16
印　　张：18
字　　数：410千字
版　　次：2025年5月第1版
印　　次：2025年5月第1次印刷
定　　价：45.00元

策划编辑：鲁晓双　　　　责任编辑：鲁晓双
美术编辑：焦　丽　　　　装帧设计：焦　丽
责任校对：陈　民　　　　责任印制：赵　龙

前言

在当今全球经济一体化进程不断加快且市场竞争日益激烈的时代背景之下，市场营销如同一条纽带，紧密地连接着企业与消费者这两大主体。它不仅是一种商业手段，更是一种战略艺术。通过深入洞察消费者的需求、欲望和行为模式，企业得以借助市场营销来塑造品牌形象、推广产品和服务，从而在波涛汹涌的市场海洋中找到立足之地。因此，企业对于能够精准洞察市场趋势、高效制定营销策略并有效执行的市场营销人才的需求日益迫切。

为了更好地顺应时代发展潮流，满足市场对于专业人才的迫切需求，致力于培养一批能够适应市场复杂环境、拥有扎实的市场营销理论知识体系及娴熟的实践能力的中职人才，我们依据国家职业教育改革颁布的一系列相关政策文件精神，以及对国内外市场营销领域的前沿成果和经典案例的研究，精心编写了本教材。

本教材的编写是我们积极响应国家职业教育改革号召、努力培养高素质市场营销人才的重要举措，旨在为学生提供一个系统、实用、创新的市场营销学习平台，培养学生的市场营销思维、策略制定与执行能力。

教材特色主要体现在以下几个方面：

项目任务式教学。通过设计一系列贴近市场实际的项目任务，引导学生在完成任务的过程中学习市场营销的核心知识与技能，这不仅能够激发学生的学习兴趣，还能够提高他们解决实际问题的能力。

内容新颖、重点突出。市场营销作为一门新兴学科，虽然历史不长，但内容十分丰富。我们侧重选择那些经过沉淀、被学界公认的内容予以介绍和讨论。同时，为了反映时代特色，在相关章节内容里也增加了互联网、数字化等技术相关的内容，既保证教材主体内容的传承性和稳定性，又让学生能接触到前沿的理论与实践。

融入思政教育。在教材中，我们特别注重将思政教育融入市场营销知识的学习中，不仅在每个项目的知识关联处设计了“思政园地”板块，还在每个项目的开篇处都设有“典故启智　古韵营谋”模块。通过讲述中国古代典故，让学生在领略中国文化的同时，学习古人的营销智慧，树立正确的价值观和职业观，厚植爱国主义精神。这种融合丰富了教材内容，并提升了教材的思想性和教育性。

设置实操演练与项目检测。为了检验学生的学习效果，每个任务都配备了实操演练模块，让学生在模拟的市场环境中进行实际操作，从而加深其对市场营销理论的理解和应用。同时，每个项目后面都设置了项目检测环节，通过选择题、判断题、案例分析题等形式，全面检查学生对项目知识的掌握情况。这种设计既有助于巩固学生的学习成果，也为教师提供了有效的教学反馈。

本书由冀南技师学院赵永辉、普宁职业技术学校吴智萍、普宁职业技术学校张立松担任主编，普宁职业技术学校范超、王存利、黄志勇担任副主编，普宁职业技术学校李月明、曲刚，冀南技师学院张晓菲、宋瑞璇，铜陵理工学校李佳参与编写。本教材共分为九个项目，具体分工如下：项目一由吴智萍编写，项目二由李月明编写，项目三由曲刚、王存利编写，项目四由张立松编写，项目五由范超编写，项目六由黄志勇编写，项目七由赵永辉、张晓菲编写，项目八由赵永辉、宋瑞璇编写，项目九由李佳编写。

本书既是职业院校电子商务、市场营销等专业学生的教材，又可供企业管理者、市场营销人员、电子商务从业者、实体店主管人员等职场人士学习和参考。

由于编者水平有限，时间仓促，书中相关知识和内容可能存在不足，敬请广大专家和读者批评指正，以便我们不断完善和优化教材内容。

编　者

目 录

目录

项目一
走进市场营销

学习目标

1. 掌握市场营销及其相关概念；理解市场营销及现代营销观念；熟悉营销人员的职业素质与能力要求。

2. 能够树立正确的营销观念，增强营销意识；能够运用营销的相关知识分析企业在营销中存在的问题；能够塑造营销人员的商务形象。

3. 提升职业道德素养，树立诚实守信理念和依法经营意识；增强创新意识，树立与时俱进的思想；具备正确的价值观，立足岗位成长成才，学习工匠精神，体现人生价值。

典故启智　古韵营谋

《史记·吕不韦列传》记载："吕不韦乃使其客人人著所闻，集论以为八览、六论、十二纪，二十余万言。以为备天地万物古今之事，号曰《吕氏春秋》。布咸阳市门，悬千金其上，延诸侯游士宾客有能增损一字者予千金。"

大概意思就是吕不韦写了一本著作《吕氏春秋》，特别得意，就把它挂在秦国都城咸阳的城门上，并贴出告示说："各方人士如果有能在书上增加一个字或者减少一个字的，就赏赐千金。"

听闻"一字千金"的典故，大多数人首先会惊叹："真是不可思议，世间竟有如此精练之作，增减一字皆不可？"紧接着，便会心生向往，渴望一睹此书真容。而对于那些具备一定文学素养的人来说，或许会进一步思考："我从中是否能挑出丝毫瑕疵呢？"

从市场营销的角度来分析，吕不韦此举大大激发了众人的好奇心，并且吸引了众人对吕不韦及其著作《吕氏春秋》的关注。在信息传递相对滞后的古代，吕不韦巧妙地利用营销策略，让自己及其著作成为各国热议的焦点，这极大地提升了《吕氏春秋》的社会影响力和知名度。更为重要的是，它跨越时空，持续吸引着后人的关注与探讨。

任务一 初识市场营销

任务描述

小王在暑假期间，与父母一同游览了祖国的大好河山，打卡长城和故宫、感受张家界的奇秀山水、体验河南少林功夫、探索三星堆的神秘传说。这次旅行让小王大开眼界，他开始思考：文旅市场是如何形成的？回到家乡后，小王的家族正在考虑将自家的手工艺品销售拓展到其他地区，但他们不确定如何选择一个有潜力的市场。带着这个问题，小王更加好奇：市场的本质是什么？如何判断一个市场的潜力？市场营销在其中扮演什么角色？

任务分析

为了理解市场的本质，小王需要先学习市场的定义、分类，以及市场营销的基本理论。此外，小王应能够从4P营销组合的角度，对任意产品进行市场分析，以判断其市场潜力并制定初步的市场进入策略。这有助于解决小王及其家族的实际问题，并能为未来可能遇到的类似挑战提供思路和工具。

知识准备

市场营销活动存在于我们日常生活的每一个角落，其影响力远远超出了传统商业交易的范畴。在一般意义上，市场营销不仅是与市场相关的人类活动，还是一个多维度、全方位的策略过程，来满足目标市场的需求。

活动1 明确市场、市场营销及相关概念

微课 认识市场

一、认识市场

1. 市场的定义

在不同的场合，市场有不同的含义，归纳起来有以下三种：

（1）市场是指买卖商品的场所，是把货物的买主和卖主正式组织在一起进行交易的地方。如人们常说的小商品市场、超级市场、农贸市场等。

（2）市场是商品交换关系的总和，包括买卖的双方、竞争者、经销商、监管市场的政府相关部门、供应商、相关的社会团体等。

（3）从市场营销的角度来看，市场是指某种产品现实购买者和潜在购买者的总和。人们所说的某产品市场潜力很大、市场空间很大，通常就是这个含义的市场。

2. 影响市场的要素

市场不是一成不变的，它会受到诸多因素的影响，而其中决定市场规模和容量的三要素是购买者（人口）、购买力和购买欲望。因此，市场又可以用公式描述为：

市场＝购买者＋购买力＋购买欲望

人口决定市场容量，购买力决定可能购买的数量和购买欲望的强弱，购买欲望决定着人们的需求偏好。市场的这三个要素是相互制约、缺一不可的，只有三者结合起来才能构成现实的市场，才能决定市场的规模和容量。例如，一个国家或地区人口众多，但收入很低，购买力有限，则不能构成容量很大的市场；又如，一个国家或地区购买力虽然很大，但人口很少，也不能成为很大的市场。只有人口既多，购买力又强的地方，才能成为一个有潜力的大市场。但是，如果产品不符合购买需求，不能引起人们的购买欲望，对销售者来说，这仍然不能成为现实的市场。所以，市场是上述公式中三个要素的统一。

有购买力支持的购买愿望称为需求。企业对市场的研究，其核心就是分析和研究人们的需求，包括需求的对象、规模、水平、时间、地点等内容。其目的是在适当的时间和适当的地点提供适当的商品和服务，充分满足人们的需求且从中盈利。

思考交流

（1）我们经常会听到生意人说“最近没市场，生意难做啊”，这里的市场是什么意思？

（2）假冒伪劣商品为何会有市场？

思政园地

要杜绝假冒伪劣商品市场的存在，需要从多角度综合施策。消费者应提高警惕，增强辨识能力，选择正规渠道购买商品，并积极举报假冒行为。商家应坚守诚信原则，加强自律，确保商品质量，维护品牌形象。国家层面须完善法律法规，加大执法力度，提高违法成本，同时建立健全市场监管机制，形成全社会共同参与的良好治理氛围。只有消费者、商家和国家三方面协同努力，才能有效遏制假冒伪劣商品在市场的滋生和蔓延，维护健康有序的市场经济秩序。

3. 市场的分类

（1）根据流通领域不同，市场分为国内市场和国际市场。国内市场可分为当地市场、区域市场、全国市场，也可分为城市市场和农村市场等。国际市场可分为单一外国市场、多国市场和全球市场。

（2）根据产品形态不同，市场分为有形产品市场和无形产品市场。

（3）根据顾客的购买目的不同，市场分为消费者市场和组织市场，而组织市场又由生产者市场、中间商市场和政府市场构成。

（4）根据构成市场的具体内容和要求不同，市场分为商品市场、资金市场、技术市场、信息市场、劳动力市场。

（5）根据竞争程度不同，市场分为完全竞争市场、完全垄断市场、寡头垄断市场、不完全垄断市场。

案例分析1-1

案例1：有一家效益相当好的大公司，为扩大经营规模，决定高薪招聘营销主管。广告一打出来，报名者云集。面对众多的应聘者，负责招聘工作的主管说，“相马不如赛马，为了能选拔出高素质的人才，我们出一道实践性的试题：就是想办法把木梳尽量多地卖给和尚”。绝大多数应聘者感到困惑不解，甚至愤怒：“出家人都没有头发，要木梳何用，怎么会有市场？简直是拿人开涮嘛！”

案例2：美国一家制鞋公司正在寻找国外市场，公司总裁派了一个推销员到非洲一个国家，让他去了解那里的市场，这个推销员到非洲后发回一封电报：“这里的人不穿鞋，没有市场。”于是公司派出了第二名推销员，他在那里待了一个星期发回电报：“这里的人不穿鞋，市场巨大。”

请思考：

（1）案例1中的和尚真的不需要梳子吗？如果有需要，应该如何激发他们的需求，扩大市场？

（2）案例2中的非洲国家有市场吗？你赞成哪个推销员的说法？

（3）通过对这两个案例的分析，你得到了什么启示？

思考交流

每位同学用一段话（200字左右）对身边的某一市场进行描写，并在全班进行朗读，让其他同学猜猜这位同学描写的是什么市场。

二、认识市场营销

（一）市场营销的定义

市场营销源于英语“Marketing”一词，是指企业的具体营销活动或行为。著名营销学家菲利普·科特勒（Philip Kotler）教授关于市场营销的定义为：市场营销是个人或集体通过创造，提供出售，并同别人交换产品和价值，从而满足其欲望和需要的社会过程和管理过程。

市场营销的定义包括以下三点：

（1）市场营销是个人或集体有目的、有意识的行为，满足和引导顾客的需求是市场营销的出发点和中心。

（2）市场营销的核心是交换。一切市场营销活动都与交换有关，都是致力于实现商品交换和商品价值。任何个人或团体只要想将产品进行交换，市场营销就会随之发生。交换有很多形式，这使得市场营销的范围变得更广。

（3）市场营销是一个整体性活动过程，不等同于销售或推销。市场营销并不是一项单一的工作，而是一个社会管理过程。要做好市场营销工作，就必须做好市场调查、市场细分、目标市场选择、市场定位、营销组合策略（产品策略、价格策略、渠道策略、促销策略）等各方面的工作。

综上所述，市场营销是企业以消费者需要为出发点，有计划地组织各项经营活动，为消费者提供满意的产品和服务而实现企业目标的过程。

案例分析1-2

甘肃麻辣烫文创火爆出圈

曾经甘肃天水麻辣烫爆火馋哭了无数人，苦于距离原因无法品尝美味，这一次甘肃博物馆直接把麻辣烫做成玩偶，推出了以当地特色小吃麻辣烫为灵感的文创产品，一键下单即可拥有正宗“美味”。麻辣烫文创以蔬菜为主打，包括西兰花、白菜、香菇等，每一种都有其独特的谐音梗和寓意，如娃娃菜代表“哇哇发财”，年糕串象征“年年高升”等。

在设计风格上，甘肃博物馆采用“豆豆眼＋微笑脸”的独特设计语言，赋予玩偶们可爱的拟人化特征，让它们看起来更加生动有趣。在购买体验上，店员穿着围裙，戴着口罩，一本正经地煮着“麻辣烫”。麻辣烫还设有辣度指示牌，顾客在购买时可以领取号码牌，选择不同的口味级别，如“不辣”“微辣”“中辣”“唏不辣（特别辣）”，整个过程模拟了真正购买麻辣烫的体验，给顾客提供了满满的仪式感。

除了麻辣烫锅外，博物馆还展示了其他有趣的文创产品，比如，装满“土特产”的冰箱模型，以及一系列基于镇馆之宝——铜奔马（马踏飞燕）的衍生品。这些产品不仅包括常见的玩偶、挂件和冰箱贴，还有更为创新的设计，如马踏飞燕造型的风筝、咖啡拉花图案，甚至是头套等。其中，马踏飞燕的形象经过设计师的重新诠释，呈现出一种丑萌的独特风格，吸引了大量的粉丝关注。

甘肃博物馆的文创产品多次成为网络热点，这次推出的“麻辣烫”玩偶周边为何又深受欢迎？从营销角度来看，甘肃博物馆通过以下四点成功实现了出圈。

首先，甘肃博物馆巧妙地将地域性美食文化与中华优秀传统文化相结合，创造出具有趣味性和辨识度的文创产品，并为其赋予独特的产品概念。其次，通过小红书等社交媒体平台制造话题，吸引用户参与讨论和自发分享来提高曝光度。再次，模拟真实的麻辣烫购买过程，增加了消费者的参与感和互动性。最后，打破常规，重新诠释传统文物，为每一个玩偶配上谐音梗文案，契合当代年轻人的精神状态，激发年轻人对中华优秀传统文化的兴趣。

资料来源：网易，内容有删改。

（二）市场营销的相关概念

1. 需要、欲望和需求

人类的需要是市场营销的基石。所谓需要，是指人们与生俱来的基本需要，是人们没有得到某些基本满足的感受状态，如人们为了生存，有吃、穿、住、行等需要。需要是人类的本能，而不是营销人员创造的。

欲望，是指想得到上述需要的具体满足品的愿望。它会受到不同文化及社会环境的影响。如肚子饿了，北方人可能想要吃一碗面条，而南方人想吃一碗大米饭。营销者可以在了解消费者需要的基础上，采取相应的营销措施，刺激、引导或影响消费者的欲望。

需求，是指人们有支付能力并愿意购买某个具体产品的欲望，是对某个特定产品及服务的市场需求。只有在有人愿意而且有能力购买的情况下，才能形成现实的需求。

思考交流

大美和小美逛街时肚子饿了，想起去年在潮汕吃的牛肉火锅直流口水，无奈东西买得太多了，口袋里只剩下10元，只得买了两个馒头充饥。请问这里的需要、欲望、需求分别是什么？

拓展阅读

需求的八种类型

2. 产品、效用和价值

产品，是指能够提供给市场并被人们使用和消费，并能满足人们某种需求的任何东西，包括有形的物品、无形的服务、组织、观念或它们的组合。

效用，是指产品满足人们欲望的能力。效用实际上是指一个人的自我心理感受，它来自人的主观评价。

价值，是产品或服务所具有的、带给消费者并使其在消费过程中所感受到的满足程度，是商品的一种属性。

3. 交换和交易

交换，是指从他人处取得所需之物，而以自己其他某种东西作为回报的行为。人们有了需要和欲望，企业也将产品生产出来，还不能解释为市场营销。产品只有通过交换，才能产生市场营销行为。人们通过自给自足或自我生产方式，或通过不正当方式获得产品都不是市场营销，只有通过等价交换，买卖双方获得所需的产品，才会产生市场营销。交换不一定以货币为媒介，也可以是物物交换。

交易，是指买卖双方以货币及服务为媒介的价值交换。其实质为双方达成协议。交易是交换的基本组成部分。交易涉及两件有价值的物品，双方同意的条件、时间、地点，还有维护和迫使交易双方执行承诺的法律制度。

活动2　了解市场营销组合理论发展

市场营销组合是企业根据目标市场的需要，综合考虑企业内部条件和外部环境，对自己可控制的各种营销因素进行优化组合和综合运用，以实现企业的战略目标。企业针对竞争对手所采取的有效手段，既是制定企业营销战略的基础，也是分配企业营销预算的依据。做好市场营销组合工作能够从整体上保证企业满足客户需求。随着时代的发展，市场营销组合的相关理论也在不断补充和完善，以适应不断变迁的市场和社会。

一、4P营销策略组合

4P营销策略组合包括产品（Product）、价格（Price）、促销（Promotion）、渠道（Place）四个主要因素。美国密歇根大学麦卡锡（Jerome McCarthy）教授在1960年提出了4P营销策略组合（简称4P组合），他认为企业在进行市场营销活动时除了考虑外部环境之外，还有一个不可忽视的重点，就是需要制定市场营销组合策略。麦卡锡提出4P组合时，市场态势正处于由卖方市场转向买方市场的时期，与其对应的营销手段复杂多样，4P营销策略组合为当时企业制定合适的营销策略提供了理想方案。

二、4C营销策略组合

4C营销策略组合包括四大要素，即成本（Cost）、沟通（Communication）、消费者（Consumer）、便利（Convenience）。该理论认为，消费者的需求和欲望应该被重视，主要关注消费者为了得到某商品所愿意付出的程度。重点强调了营销者应从顾客出发，为顾客提供利益。因此4C是以消费者为中心的策略，强调企业进行经营活动应当根据客户需要来进行。

三、4R营销策略组合

4R营销策略组合是一种以关系营销为核心，注重企业和客户关系的长期互动，旨在建立顾客忠诚的营销理论，包括与顾客建立关联（Relevance）、反应（Reaction）、关系（Relationship）和回报

（Reward）四个要素。具体来说，关联强调在竞争性市场中，企业需要通过有效的方式在业务、需求等方面与顾客建立关联，形成一种互助、互求、互需的关系。反应，即在相互影响的市场中，企业应及时倾听顾客的希望、渴望和需求，并及时答复和迅速做出反应，以满足顾客的需求。关系指在企业和客户的关系发生了本质性变化的市场环境中，抢占市场的关键已转变为与顾客建立长期而稳固的关系，从交易变成责任，从顾客变成用户。回报体现了市场营销的真正价值在于其为企业带来短期或长期的收入和利润的能力。

4R营销策略组合根据市场不断成熟和竞争日趋激烈的形势，着眼于企业与顾客互动和双赢，通过建立关联、反应机制为互动与双赢提供了基础和保证，同时也延伸和升华了便利性，体现了营销的新框架。

案例分析1-3

基于4R理论的电商平台双十一营销活动

（1）关联（Relevance）

电商平台通过大数据分析，了解消费者的购买习惯和需求，为消费者推荐他们可能感兴趣的商品。例如，在双十一活动前，电商平台会通过用户的浏览记录、购物车、历史订单等信息，为用户推荐个性化商品。

（2）反应（Reaction）

电商平台通过各种营销手段，如限时抢购、优惠券、满减活动等，激发消费者的购买欲望。在双十一活动中，商家通常会提供大量的促销活动，以吸引消费者积极参与。

（3）关系（Relationship）

电商平台通过双十一活动，与消费者建立长期的关系。在活动期间，电商平台会通过各种手段，如会员专享优惠、积分兑换、售后服务等，提升消费者的忠诚度。

（4）回报（Reward）

电商平台通过双十一活动，实现销售额的大幅增长，而消费者在活动中购买了大量商品，也获得了实惠。这是一种双赢的局面，实现了企业和消费者的共同回报。

总结：电商平台在双十一活动中，成功地运用了4R营销理论。通过关联、反应、关系和回报四个方面，实现了企业和消费者的双赢，提升了消费者的购物体验，也推动了销售额的增长。

资料来源：个人图书馆，内容有删改。

拓展阅读

市场营销学的发展

实操演练

实训背景：校园是学生最熟悉的地方，校园消费形成一个专属师生的市场。有几千人规模的校园市场对多数商家而言都要关注，但是，由于受到多种因素的约束，社会企业没有进入校园开展经营活动，这就让那些想赚点钱的学子们暗暗高兴，于是他们采用各种方式做起小买卖来。要想小有“斩获”，除了有勇气外，还要有市场头脑和眼光。

实训目的：了解校园消费行为，制定校园商品营销策略。

实训内容：以小组为单位，选择学生熟悉的校园市场，各组选定一种产品，如饮料、手机或服饰等，展开讨论。

①该产品在校园市场中的需求情况。

②在校园里做生意，你认为要做哪些事情？

③该产品如果需要进入校园市场，营销人员应做哪些工作？

实训过程：小组完成，每组4—5人，其中1人担任组长或发言代表，组织小组学习和讨论，1人担任观察员，负责观察记录。讨论结束后，组长或代表上讲台阐述本组讨论的结果和方案，观察员上台汇报小组成员参与活动的情况。

任务二　树立正确的市场营销观念

任务描述

小张在加入市场部后不久，便投身于一次关于品牌升级与市场策略调整的战略研讨会中。作为团队的新鲜血液，小张全程投入，积极思考。在会上，有同事主张应坚守品牌核心价值，通过提升产品品质巩固市场地位；也有人提议应增强市场推广力度，利用创新营销手段吸引新顾客。讨论虽然很热烈却未达成共识，最终，部门主管决定先组织一次深入的消费者调研，直接聆听市场的声音，再行定夺。小张深感此次会议的重要，因为它关乎企业未来的发展方向：在快速变化的市场环境中，公司应当拥抱并践行怎样的营销理念来引领效益增长？

任务分析

为了明确公司应采用的营销观念以指导其市场策略与运营，首要任务是深入理解不同营销观念的内涵与精髓。这包括从传统的生产导向、产品导向、销售导向，到现代的顾客导向、市场导向，乃至更前沿的价值导向、社会责任导向等。通过系统学习与研究，小张需要结合公司的市场定位、目标顾客群、竞争对手状况及行业发展趋势，综合评估并选择最适合公司的营销理念。随后，将这一理念融入市场战略规划中，以创新的视角和前瞻性的思维，指导实际的市场营销活动，确保公司在激烈的市场竞争中保持领先地位，从而实现可持续增长。

知识准备

市场营销观念又被称为市场营销管理理念，简称营销理念，是指企业从事市场营销活动及管理过程的指导思想或根本看法和根本态度，也就是企业在开展市场营销活动的过程中，在处理企业、顾客和社会三方利益方面所持的态度和指导思想。它在企业营销活动中起支配和指导作用，故称“企业思维方式”，也称“企业哲学”或“市场营销管理哲学”。

市场营销观念伴随着社会生产力的进步和市场经济的发展而不断演变。在市场经济发展的不同阶段，市场营销观念也有所不同。

活动1　了解传统营销观念

一、生产观念

生产观念是一种最古老的经营思想，是典型的“以产定销”观念，盛行于19世纪末20世纪初。生产观念是以产品生产为中心的观念，其认为：消费者只关注买得到和买得起的产品，因此企业应当组织和利用所有资源，集中一切力量提高生产效率和扩大分销范围，增加产量，降低成本。20世纪初，美国福特汽车公司制造的汽车供不应求，创始人亨利·福特曾傲慢地宣称：“不管顾客需要什么颜色的汽车，我只有一种黑色的。”

用生产观念指导营销活动，考虑或很少考虑消费者的需求。在生产力水平低，市场表现为卖方市场的情况下，这种观念的存在有其客观必然性。但随着市场商品供应量的增加，市场竞争的出现，这种观念已不再适应经济发展的要求了。

二、产品观念

产品观念也是以产品生产为中心，但它认为：消费者并不是仅关注买得到和买得起的产品，而是更欢迎那些质量高、性能好、有特色、价格合理的产品。因此，企业生产的产品只要物美价廉，就会顾客盈门。如果说生产观念着重强调“以量取胜”的话，那么产品观念则着重强调“以质取胜”。由此可见，产品观念是一种“酒香不怕巷子深”的观念，但它已经多了一层淡淡的竞争色彩。很显然，这种观念追求“质量第一”，虽然也无可厚非，但它没有注意到市场需求的动态变化。

三、推销观念

推销观念产生于资本主义经济由“卖方市场”向“买方市场”的过渡阶段。盛行于20世纪30—40年代。推销观念认为，消费者通常有一种购买惰性或抗衡心理，若听其自然，消费者就不会自觉地购买大量本企业的产品，因此企业管理的中心任务是积极推销和大力促销，以诱导消费者购买产品。其具体表现是：“我卖什么，就设法让人们买什么。”执行推销观念的企业，被称为推销导向企业。在推销观念的指导下，企业相信产品是“卖出去的”，而不是“被买去的”。他们致力于产品的推广和广告活动，以求说服甚至强制消费者购买。他们收罗了大批推销专家，做大量的广告，对消费者进行无孔不入的促销信息“轰炸”。如美国皮尔斯堡面粉公司的口号由原来的“本公司旨在制造面粉”改为“本公司旨在推销面粉”，并且第一次在公司内部成立了市场调研部门，派出大量推销人员从事推销活动。

但是，推销观念与前两种观念一样，也是建立在以企业为中心的“以产定销”上，而不是满足消费者真正需要的基础上。因此，这三种观念被称为传统营销观念。

活动2　了解现代营销观念

一、市场营销观念

市场营销观念是一种以消费者的需求为中心的经营思想。它认为企业的一切活动都应以消费者为中心，满足消费者的需求是企业的责任。这既不是从生产出发，也不是从现有产品出发，而是从消费需求出发，组织企业的生产和销售。具体表现为：“消费者需要什么，我就生产什么，就卖什么。”因此，企业十分重视市场调研，不断地满足市场需求和发现尚未满足的市场需求。市场营销观念是一种“以需定产，以需定销”的观念，重点在“营”，强调“谋划”“策划”。它是在社会生产力极大发展、社会产品日益丰富、市场竞争渐趋激烈的大背景下产生和发展起来的。由此可见，它是一种较先进的营销观念，追求在买方市场的条件下，长久地获取利润。

微课 了解
现代营销观念

思政园地

近年来，直播带货模式发展迅猛，成为商家进行电子商务推广的重要销售渠道之一。但网络直播营销活动也存在假冒伪劣、虚假宣传、交易数据弄虚作假等一系列问题，有针对性地加强对网络直播营销活动的监管十分必要。市场营销的实践活动强调诚信经营和职业道德，需要从产品开发、服务质量、广告宣传、品牌包装到产品定价、渠道开发、促销推广等环节拒绝假冒伪劣和欺诈。生产经营中要强调工匠精神和诚信经营，销售过程中要注重职业精神和营销道德，售后环节更要信守承诺和完善服务。

二、社会营销观念

社会营销观念是一种以社会利益为中心的市场营销观念。它认为：企业不仅要考虑消费者的现实需求，更要考虑潜在需求；要善于引导消费，在获取效益的同时，还要考虑生态效益和社会效益。它是一种更现代、更先进的营销观点。在实践中要善于发现消费者的需求、研究消费者的需求，更要善于创造消费者的需求，“想消费者所未想，急消费者所未急”。

随着社会主义市场经济的发展，以生产者为中心的生产观念、产品观念、销售观念为主的传统营销旧观念必将被以消费者为中心的市场营销观念和社会营销观念为主的新观念所代替。

思考交流

1. 说说看，下列说法反映的是哪种观念？

①无论你想要什么颜色的汽车，我们只有黑色的汽车。

②大家好，才是真的好！

③我们卖什么，就让顾客买什么。

④把你的车托给这颗星，你尽可放心。

⑤农夫山泉有点甜。

⑥相信我，没错的。

⑦海尔，中国造。

2. 传统营销观念与现代营销观念的区别有哪些？

表1-1　传统营销观念和现代营销观念的区别

营销观念		市场特征	出发点	手段	目标
传统市场营销观念	生产观念				
	产品观念				
	推销观念				

思考交流

续表

营销观念		市场特征	出发点	手段	目标
现代市场营销观念	市场营销观念				
	社会营销观念				

活动3　市场营销观念的新发展

随着时代的进步，市场营销观念也在不断发展。在原营销观念的基础上，近年来产生了以下较有影响的营销新观念。

一、绿色营销

绿色营销源于当代环境保护意识，是一种能辨识、预期及符合消费的社会需求，并且可带来利润及永续经营的管理过程。

绿色营销观念认为，企业在营销活动中，要顺应时代可持续发展战略的要求，注重地球生态环境保护，促进经济与生态环境协调发展，以实现企业利益、消费者利益、社会利益及生态环境利益的协调统一。

绿色营销是以满足消费者和经营者的共同利益为目的的社会绿色需求管理，是以保护生态环境为宗旨的绿色市场营销模式。

思政园地

人类只有一个地球，人类也只有一个共同的未来。面对生态环境的挑战，习近平生态文明思想就共同构建地球生命共同体、清洁美丽世界提出中国方案、贡献中国智慧，彰显中国特色、战略眼光和世界价值。守护地球家园，是人类的共同责任。我国不仅着力保护本国生态环境，也从全人类共同利益出发，致力于共建全球生态文明，体现了负责任大国的担当。

二、整合营销

“整合营销”理论产生和流行于20世纪90年代，是由美国西北大学市场营销学教授唐·舒尔茨（Don E. Schultz）提出的。整合营销是一种对各种营销工具和手段的系统化结合，根据环境进行即时性的动态修正，以使交换双方在交互中实现价值增值的营销理念与方法。

整合就是把各个独立的营销工作综合成一个整体，以产生协同效应。这些独立的营销工作包括广告、直接营销、销售促进、人员推销、包装、事件、赞助和客户服务等。

三、关系营销

关系营销是从“大市场营销”概念衍生、发展而来的，其概念最早由美国学者巴巴拉·本德·杰克逊（Barbara B. Jackson）于1983年提出，他将其界定为“吸引、保持及加强客户关系”，而后在实践中不断完善与发展。

所谓关系营销，是把营销活动看成是一个企业与消费者、供应商、分销商、竞争者、政府机构，以及其他公众发生互动作用的过程，其核心是建立和发展与这些公众的良好关系。

四、网络营销

网络营销以现代营销理论为基础，借助网络、通信和数字媒体技术实现营销目标的商务活动，是科技进步、顾客价值变革、市场竞争等综合因素促成的，是信息化社会的必然产物。

网络营销也被称为网上营销或者电子营销，是基于互联网络及社会关系网络连接企业、用户及公众，向用户及公众传递有价值的信息和服务，为实现顾客价值及企业营销目标所进行的规划、实施及运营管理活动。

案例分析1-4

拼多多的网络营销策略

近年来，随着电子商务的迅猛发展，各大电商平台竞争日趋激烈。拼多多凭借其独特的网络营销策略，在激烈的市场竞争中脱颖而出。

（1）内容营销

拼多多注重内容创新，通过短视频、直播等形式展示商品特点和使用场景，吸引用户关注和购买。例如，拼多多曾推出“多多果园”活动，通过种植虚拟果树的方式，让用户参与互动并领取优惠券，提高了用户的参与度和黏性。

（2）社交媒体营销

拼多多充分利用社交媒体平台，如微信、微博等，进行品牌传播和用户互动。通过发布优惠券、红包等福利，吸引用户分享和邀请好友，实现裂变式增长。此外，拼多多还与网络红人、KOL（关键意见领袖）等合作，借助其影响力推广产品，扩大品牌影响力。

（3）大数据精准营销

拼多多利用大数据技术对用户行为进行深度挖掘和分析，精准推送符合用户需求的商品和优惠信息。通过个性化推荐、定向营销等手段，提高用户的购买意愿和转化率，实现了销售额的快速增长。

资料来源：公众号“网络营销新视界”中的《一起来看拼多多的网络营销理念》，内容有删改。

五、服务营销

由于科学技术的进步和社会生产力的显著提高，产业升级和生产的专业化发展日益加速，产品的服务密集度日益增大。同时，市场转向买方市场，消费者随着收入水平的提高，他们的消费需求也在逐渐发生变化，需求层次也在相应提高，并向多样化方向拓展。在此背景下，服务作为一种营销组合要素，开始引起人们的重视。

服务营销是一种通过关注顾客，进而提供服务，最终实现有利交换的营销手段。作为服务营销的重要环节，“顾客关注”工作质量的高低，将决定后续环节的成功与否，进而影响服务整体方案的效果。

六、知识营销

随着知识经济时代的到来，知识成为发展经济的资本，知识的积累和创新，成为促进经济增长的主要动力源，因此，知识营销应运而生。

知识营销是通过有效的知识传播方法和途径，将企业所拥有的对用户有价值的知识（包括产品知识、专业研究成果、经营理念、管理思想以及优秀的企业文化等）传递给潜在用户，并逐渐形成对企业品牌和产品的认知，为将潜在用户最终转化为用户的过程和各种营销行为。

七、场景营销

场景营销，就是通过创造有趣、新鲜、刺激或独特的场景来吸引用户的注意力和参与度，让用户在场景中体验到产品或服务的价值和特色，从而提高用户的参与度和体验。场景营销通常包括线上和线下两种方式，可以通过各种渠道和形式进行宣传和推广，例如，社交媒体、线上平台、线下活动等。在场景营销中，最重要的是创造有价值的场景和体验。这种场景和体验应该符合目标受众的需求和兴趣，能够吸引他们的注意力和参与度，让他们在场景中感受到品牌的价值和特色。

案例分析1-5

会稽山绍兴酒定义黄酒冰饮新场景

2024年7月12日，会稽山绍兴酒在杭州、苏州、绍兴三城发起“守护阿勒泰雪山”公益营销活动，线下共计10万人参与此次活动。此次活动的成功主要取决于以下两点。

一是消费趋势的洞察。

随着消费者对美好生活的追求，他们的消费观念也从功能化消费逐渐向场景化消费过渡。对于消费者而言，夏季喝冰饮是一种生活常态，但饮用过度又会刺激肠胃，给身体带来负担，致使很多人总是不能尽兴畅饮。

在我们的印象中，黄酒一直以温酒场景深入人心，而会稽山锁定“夏季冰饮”场景，把冬天温黄酒、夏天冰黄酒打造成一种新的生活方式，让大家在夏天享受了畅饮冰酒的快感与爽感，满足了当下年轻人朋克养生风潮。与此同时，黄酒作为世界三大发酵酒，将其冰镇到10℃左右，能更好地中和酒体特性，喝起来风味更好，口感也更丝滑。

二是洞察到了产品特性与阿勒泰雪山的契合点。

随着《我的阿勒泰》火出圈，大家对阿勒泰的关注度水涨船高。阿勒泰成为夏季旅游旺地的同时，其环保问题也备受关注，尤其是逐年融化的阿勒泰雪山，牵动着当地政府和广大消费者的心。

基于此，会稽山精准挖掘与阿勒泰雪山的契合点，提出“冰饮会稽山，守护阿勒泰雪山”的核心沟通点，让“夏季喝冰黄酒”的产品特性与阿勒泰雪山建立消费联想，并为品牌创造“夏季冰饮”的全新消费场景，在黄酒品类中形成差异化的品牌锚点。

同时，“守护阿勒泰雪山”也顺应了以公益行动提升品牌好感度的营销趋势。会稽山以阿勒泰冰雪为约，以守护为精神，以公益为策略，为更多的人践行公益之路提供了情绪价值，并且巧妙地向消费者展示了“夏季喝冰黄酒”的差异化打开方式，实现了特定消费场景下的心智占位。

资料来源：百度文库，内容有删改。

实操演练

实训目的：通过角色扮演，让学生进一步理解市场营销观念的演变，树立现代市场营销理念，锻炼学生的沟通能力及分析与解决问题的能力。

实训内容：

①学生课前按以下两个场景进行准备。

场景一：

一次，李先生请几位朋友去一家酒店吃饭。进去以后，一看菜单，上面的菜价很高。因为请的朋友有几位是刚认识的，有心离去却又不好意思，便咬牙点了几个菜。服务员又问他：“先生，要点什么酒？”李先生说：“先每人来一听××啤酒吧！”服务员又说：“先生，我们这新进的矿泉水，是带气泡的，您要几瓶吧！”服务员在李先生身边越说越来劲。李先生想：“哎！花钱买个清净吧。”“一人一瓶气泡矿泉水。”客人美美地吃了一顿后，要结账了。李先生接过账单一看，不禁暗吃一惊，原来1800元的结账单，10瓶矿泉水竟占了800元。李先生不得不去账台问：“服务员，咱们的矿泉水80元一瓶，是金水呀！”“先生，那是世界上最好的××矿泉水。”“是吗？刚才服务员为什么不告诉我价格呢？水比酒还贵呀！”付完账之后，李先生很不痛快地离开了这家酒店。第一，菜价加价率太高。第二，推荐酒水服务时不报价。第三，服务员介绍菜品的时候，没完没了地让你购买，这让李先生感到该酒店实在是太“黑”了，下次再也不来了。

场景二：

在某市宾馆的粤菜餐厅，大公司经理王先生宴请客户。服务员小罗按惯例先在王经理酒杯内放话梅，准备倒温热的花雕酒时，王经理阻拦，称应先倒酒再放话梅。小罗虽诧异，但立刻照做，重新操作后王经理满意。上菜后，王经理尝了滑炒虾仁，嫌味道太淡。小罗立马将菜端回厨房，蒋经理和厨师长尝后觉得咸淡适中，推测王经理可能口味偏咸，也可能想在众人面前表现自己。于是蒋经理让厨师长稍放了一点盐炒一下，再让小罗端出去，并嘱咐她要细心服务。小罗端回菜后王经理当即尝了一口，含笑点头道："这还差不多。"最后酒宴上最名贵的鱼翅上桌，王经理又挑刺，称鱼翅质量有问题。蒋经理赶来，提出这道菜免单。这时在座的客人都有点看不过去了，纷纷劝说王经理。王经理也觉得过意不去便提出不必免单，蒋经理见形势缓和也给价格打了8折。此后，王先生和他的公司职员成了餐厅常客。

②课堂上根据事先准备的场景，按剧情需要请同学分别扮演李先生、服务员、经理王先生、餐厅蒋经理、服务员小罗、顾客等角色，要求用语言和肢体动作充分表现场景一和场景二中两家企业的市场营销理念。

③分小组讨论：就场景中所发生的故事情景，结合生活实际和所学营销知识进行分析、比较场景一中的酒店和场景二中的粤菜餐厅在营销活动中的出发点、中心、营销手段、目的等有哪些不同。

④分小组讨论：如果你是场景一中的酒店经理，如何树立以消费者需求和兼顾社会利益为中心的现代市场营销观念？

实训过程：小组完成，每组5—6人，其中1人担任组长或发言代表，组织小组学习、模拟情景和讨论，1人担任观察员，负责观察记录。讨论结束后，组长或代表上讲台阐述本组讨论的结果和方案，观察员上台汇报小组成员参与活动的情况。

任务三 明确营销人员的职业素质与能力要求

任务描述

小李作为公司营销团队的新成员，参加了新年后的首次市场策略规划会议。会议中，不同的声音此起彼伏。面对这些不同的观点，小李深刻感受到营销工作的复杂性和挑战性。在会议过程中，他发现自己与经验丰富的前辈们相比还有很大的差距。小李深感责任重大，要想在这个领域脱颖而出，不仅要有对行业的热情，更需要具备一系列关键的职业素质与能力要求，以应对未来可能遇到的各种挑战和机遇。小李应该如何提升自我，更好地适应并推动公司的营销工作呢？

任务分析

营销人员的职业素质与能力要求是多方面的。首先，他们需要具备扎实的市场营销理论知识，能够深入理解并灵活运用这些理论于实际工作中。其次，优秀的市场洞察力和分析能力至关重要，能够快速捕捉市场变化，准确预测消费者行为趋势，为公司决策提供有力的支持。此外，良好的沟通能力、团队合作精神，以及持续学习的态度也是不可或缺的。营销人员需要与公司内部各部门紧密合作，共同推进项目。同时，面对快速变化的市场环境，还要保持学习的热情，不断提升自己的专业素养和技能水平。通过不断提升自我，营销人员才能更好地应对市场挑战，引领公司走向成功。

知识准备

市场宛如一个广袤而残酷的战场，在这个战场上，优秀的营销人员是冲锋陷阵的尖兵，是企业克敌制胜的关键力量。要想成为一名优秀的营销人员，就必须具备良好的职业素质与能力要求。

活动1 明确营销人员的职业素质

一、营销职业道德

在当今市场环境日益复杂，市场竞争空前激烈的形势下，有些企业、个人为了牟取暴利、私利不择手段，不道德的营销行为屡有发生。例如，产品安全性、质量缺陷问题，经营中危害环境或消费者身心健康的问题，价格欺诈、误导性定价，加盟、分销陷阱，虚假广告、低俗恶俗的宣传，恶意刷单、数据造假，新型传销骗局，消费者隐私信息的窃取等，严重危害社会经济的良性发展，也会对营销行业、营销人员的声誉造成极大的损害。良好的市场环境及秩序需要法律约束、政府监管、行业自律、企业自律、从业人员个人自律等多方面的强化。

良好的职业道德是每位营销人员必须具备的基本品质，是维护职业交往中从业人员内部，以及从业人员与服务对象间的关系，维护和提高本行业或企业的信誉，促进行业、企业更好地发展的基本保证，并且对提升整个社会的道德水平也有积极作用。

营销职业道德包括以下三点。

1. 诚实守信

在儒家思想中，诚信是做人最根本的品质，诚信也是商业成功的基石。它要求营销人员在所有的商业活动和交流中，都应当秉持真实无欺的原则。这意味着营销信息必须准确无误，不得夸大其词或误导消费者。诚实诚信不仅是对消费者的尊重，也是对企业自身信誉的维护。在市场竞争中，诚信经营能够赢得消费者的信任和支持，为企业的长远发展奠定坚实的基础。

2. 责任心

责任心是营销人员不可或缺的职业品质。它体现在对工作的认真负责态度上，以及对消费者、企业和社会所承担的责任上。营销人员应当对自己的工作成果负责，积极寻求提升营销效果的方法，为企业创造更大的价值。他们还需要关注消费者的需求和体验，努力提供优质的服务和产品。在面对挑战和困难时，责任心促使营销人员勇于担当，不逃避、不推诿，积极寻找解决方案。

3. 义利并重

在营销活动中，企业既要追求合理的商业利益，又要注重道德义务和社会责任，从而实现“义”与“利”的和谐统一。这意味着营销人员应当在追求经济效益的同时，不要忽视对消费者、企业、社会乃至环境的长远福祉。他们应当秉持诚信经营的理念，确保营销活动的合法性和道德性，不损害他人利益，不破坏市场秩序。营销人员还应积极履行社会责任，参与公益事业，为社会做出积极贡献。义利并重的原则不仅有助于提升企业的社会形象和声誉，还能促进企业的可持续发展，实现经济效益与社会效益双赢。

二、心理素质和体魄

营销人员应具备热情、自信和真诚的品质。营销是一个充满挑战、激情和快乐，并伴随艰辛的职业，是一个需要用健康的心态去面对的职业，是一项需要用良好的性格去追求成功的事业。

健康的身体对于营销人员来说非常重要。众所周知，营销工作既是一项复杂的脑力劳动，又是一项艰苦的体力劳动。很多行业的营销人员会负责几个市场区域，经常需要出差、起早贪黑，临时处理各种各样的营销工作，这要求营销人员必须有充沛的精力、清醒的头脑、健康的体魄、灵活的行动。因此，营销人员应养成良好的生活习惯和生活规律，加强锻炼，增强体质。只有拥有健康的身体才能胜任营销工作。

三、坚强的意志

营销人员需要拥有坚强的意志，以应对市场变化莫测的挑战、克服销售过程中的重重困难，并持续保持对目标的执着追求。这种坚强的意志体现在面对失败时不轻言放弃，更体现在能够处于压力之下保持冷静与坚韧，不断寻找新的机遇与突破点，最终达成销售目标并推动企业向前发展。

营销人员应做到“六不怕”：不怕苦、不怕累、不怕难、不怕险、不怕远、不怕失败。

四、良好的职业形象

营销人员良好的职业形象对于建立信任、促进销售和塑造品牌形象至关重要。一个专业、积极、可信的职业形象能够显著提升营销效果。营销人员良好职业形象的具体表现为着装得体、仪态端庄、仪表整洁、言谈举止自信有亲和力。

活动2 明确营销人员的能力要求

营销人员作为连接企业和市场的重要桥梁，需要具备一系列综合能力以应对复杂多变的市场环境。下面是营销人员应具备的主要能力。

微课 营销人员的能力要求

一、专业能力

根据营销职业岗位的工作环境、条件、技术性质等方面的特点，营销从业人员须具备以下四个方面的专业技能，见表1-2。

表1-2 市场营销职业能力分析

职业能力	具体技能	任务要求
市场调研和分析	市场调查能力 市场分析能力 编制市场调查报告的能力 运用市场调查结果的能力	制订市场调查计划 市场调查实施 分析调查资料 撰写调查报告
产品销售	需求分析、方案设计及推销能力 与客户进行商务谈判的能力 利用网络资源进行推销的能力 商务沟通和公关能力	良好的客户沟通 基本的商务谈判 较好的营销服务 基本的推销技巧及商务礼仪
营销策划和执行	市场推广策划能力 媒体选择和广告效果评估能力 根据客户需要撰写营销活动文案的能力 整体营销方案策划能力	促销、营销方案策划 各种营销手段的运用 新媒体营销、运营
营销管理	营销组织和协调能力 渠道管理能力 客户关系管理能力 培训和激励员工的能力 基本的财务管理能力	组织和协调销售活动 渠道管理 客户关系管理 销售人员管理 营销财务管理

二、沟通与表达能力

优秀的营销人员需要具备良好的口头和书面沟通能力，能够清晰、准确地传达产品或服务信息，与消费者建立信任关系。同时，还需要与团队成员、上级、合作伙伴等保持良好的沟通，确保营销活动顺利进行。

三、创新能力与创造力

在竞争激烈的市场环境中，营销人员需要具备创新能力，能够提出新颖、独特的营销方案，吸引消费者的关注；能够不断创造新的营销策略，以满足市场变化和消费者的需求。通过创新营销手段，如社交媒体营销、内容营销等，提升品牌的知名度和美誉度。

四、团队协作能力

营销工作往往需要跨部门、跨团队协作，因此营销人员需要具备良好的团队协作能力，能够与团队成员紧密合作，共同实现营销目标。在团队中，要发挥自己的优势，也要尊重他人的意见，共同为企业的发展贡献力量。

五、持续学习能力

营销领域的知识和技能更新迅速，营销人员需要保持持续学习的态度，不断提升自己的专业知识和技能。通过参加培训、阅读专业书籍、关注行业动态等方式，了解最新的营销理念和技术手段，以应对市场挑战。

六、数字化技术应用能力

在数字化时代，营销人员需要熟悉各种数字工具和平台，如社交媒体、搜索引擎优化、数字广告等，以便更好地开展数字化营销活动；能够理解、应用数据分析和市场调研等技术手段来支持决策和策划，提高营销活动的精准度和效果。

实操演练

实训目的：通过实操演练，学生可了解企业对市场营销职业岗位的素质能力要求，能够注重职业形象，训练语言表达能力、观察能力、沟通合作能力，培养团队合作意识，提升职业素养。

实训内容：以小组为单位，以“如何成为一名优秀的营销人员”为主题，准备发言稿。小组讨论“优秀的营销人员应具备哪些素质能力”。

实训过程：小组完成，每组4—5人，其中1人担任组长或发言代表，组织小组学习和讨论，1人担任观察员，负责观察记录。讨论结束后，组长或代表上讲台阐述本组讨论的结果和方案，观察员上台汇报小组成员参与活动的情况，按照商务礼仪要求从仪容仪表、仪态礼仪等方面做好准备，塑造良好的商务形象。

项目小结

通过本项目的学习，我们明确了市场营销及其相关的概念，了解了市场的构成要素及市场营销观念的演变历程，明白了营销人员应具备的职业素质与能力要求。在今后的实际应用中，我们应能够树立正确的营销观念，增强营销意识，运用所学营销知识分析企业在营销中存在的问题；同时，能够塑造营销人员的商务形象，在工作中展现良好职业风貌。从长远发展来看，我们还要持续提升职业道德素养，不断增强创新意识，紧跟时代步伐，主动探索新的营销模式和方法。

项目检测

一、单项选择题。

1. 下面有关交换的说法哪个是正确的？（　　）

A. 人们要想获得所需要的产品，必须通过交换

B. 交换是一个结果而不是一个过程

C. 交换也就是交易的另一种说法

D. 交换是人们获得自己所需要的某种产品的一种方式

2. 在买方市场条件下，一般容易产生（　　）。

A. 推销观念　　B. 生产观念　　C. 市场营销观念　　D. 产品观念

3. 下面关于关系营销的论述正确的是（　　）。

A. 关系营销就是通过不正当途径搞市场营销

B. 关系营销是交易市场营销的一种方式

C. 关系市场营销没有交易市场营销公平

D. 关系营销认为保持老顾客比吸引新顾客更重要

4. 为了适应社会对于环境保护的要求，许多企业主动采取绿色包装以降低白色污染。这种做法反映了企业的（　　）。

A. 社会营销观念　　B. 销售观念　　C. 市场观念　　D. 生产观念

5. 下面哪种说法是正确的？（　　）

A. 市场营销者可以通过市场营销活动创造需求

B. 需要就是对某种产品的需求

C. 市场营销者可以通过营销活动影响人们的欲望，进而影响人们的需求

D. 有了欲望，需求自然产生

6. 市场营销学角度的市场不包括（　　）。

A. 购买力　　B. 购买者　　C. 购买欲望　　D. 购买时间

7. 按照（　　）不同，可以把市场分为国内市场和国外市场。

A. 顾客购买目的　　B. 产品形态　　C. 竞争程度　　D. 流通领域

8. 通过创造有趣、新鲜、刺激或独特的场景来吸引用户的注意力和参与度，让用户在场景中体验到产品或服务的价值和特色，从而提高用户的参与度和体验，是（　　）营销。

A. 知识　　B. 服务　　C. 场景　　D. 关系

9. 容易得“营销近视症”的是（ ）观念。

A. 产品　　B. 生产　　C. 推销　　D. 社会营销

10. 下面说法不正确的是（ ）。

A. 市场营销者可以是买方，也可以是卖方

B. 当供大于求时，买方是营销者

C. 当供小于求时，买方是营销者

D. 在现代市场营销学中，我们将寻求交换较为积极的一方视为市场营销者，而将另一方称为潜在顾客或目标顾客

二、判断题。（正确的打“√”，错误的打“×”）

1. 市场营销就是推销。（ ）

2. 市场营销包括市场调查和预测、产品构思和设计、产品生产、定价、分销、促销和售后服务等内容。（ ）

3. 市场营销观念是指导销售行为的最古老的观念之一。（ ）

4. “酒香不怕巷子深”是典型的产品观念的体现。（ ）

5. 市场营销是为了满足消费者的现实或潜在需要。（ ）

6. 营销人员只要脑子灵光，不需要强健的体魄。（ ）

7. 市场营销观念认为，企业应以满足消费者需求为中心，通过提供高质量的产品和服务来赢得市场。（ ）

8. 如果市场营销做得好，其他就不用做了，显得多余。（ ）

9. 在产品供不应求的情况下，推销观念才可能产生。（ ）

10. 有了欲望，需求自然产生。（ ）

三、多项选择题。（每题至少有两个及以上正确答案）

1. 社会营销观念强调（ ）利益的协调一致。

A. 社会　　B. 企业　　C. 消费者　　D. 公众

2. 下面属于传统观念说法的是（ ）。

A. 皇帝的女儿不愁嫁　　B. 一招鲜，吃遍天　　C. 酒香不怕巷子深　　D. 顾客就是上帝

3. 市场营销学角度的市场包括（ ）。

A. 购买欲望　　B. 购买力　　C. 购买者　　D. 购买方式

4. 市场营销学中，营销策略包括（ ）。

A. 产品　　B. 渠道　　C. 促销　　D. 价格

5. 营销人员应具备的能力有（　　）。

A. 专业能力　　B. 沟通能力

C. 学习能力　　D. 数字化与技术能力

四、案例分析题。

一天，某汽车公司销售人员小张值班时，有位客户在展厅里看了一款轿车之后，向小张问了两个问题。这个客户很关心安全问题，他问小张："这款车的ABS是哪里生产的？"

这个问题很普通，在汽车销售公司日常的销售过程中，客户提这个问题的频率比较高。而小张一下子不知道该怎么回答，因为他不知道这辆车所装配的ABS到底是国产的还是进口的，只好问旁边的销售人员，结果没有得到满意的答复。小张为了把这辆车卖给客户，便回答说："可能是进口的。"

客户又问："这款车现在没货，那什么时候才会有呢？"这个问题也是日常销售中客户问得较多的一个问题。因为汽车销售公司不可能把每一款汽车、每一种颜色都备齐了。小张又着急了，他说："你等一下，我去问一下我们领导。"刚巧，他的领导当时不在公司，而且电话又无法接通。

客户等不及，就在那里不断地问他："怎么样？到底什么时间有货？"小张没有办法，最后说："大概需要半个月吧。"

客户提了两个问题，一个是不清楚，一个是大概，这位客户有点不高兴了。客户说："我的时间这么紧，你却告诉我大概，你让我怎么决定，我还是到别的地方去看看吧。"

请思考：

1. 小张为什么没有完成交易？

2. 营销人员应具备哪些素质？

项目评价

由教师组织填写"项目完成情况评价表"（见表1-3），对项目进行综合评估。

表1-3　项目完成情况评价表

组别：　　　　学生姓名：

序号	考核点	考核标准	分值（分）	得分（分）		
				小组评价	自我评价	教师评价
1	态度与纪律	态度认真，学习积极主动，遵守纪律	5			
2	沟通协调能力	主动沟通，表达能力强，能够协调解决出现的具体问题	10			

续表

<table>
<tr><th rowspan="2">序号</th><th rowspan="2">考核点</th><th rowspan="2">考核标准</th><th rowspan="2">分值（分）</th><th colspan="3">得分（分）</th></tr>
<tr><th>小组评价</th><th>自我评价</th><th>教师评价</th></tr>
<tr><td>3</td><td>创新能力</td><td>具备一定的创新能力</td><td>5</td><td></td><td></td><td></td></tr>
<tr><td>4</td><td>团队合作表现</td><td>融入团队、参与度高，积极与他人合作</td><td>10</td><td></td><td></td><td></td></tr>
<tr><td>5</td><td>收集资料的能力</td><td>能够准确地收集信息，筛选有用的信息</td><td>5</td><td></td><td></td><td></td></tr>
<tr><td>6</td><td>作业完成情况</td><td>完成项目检测的及时性、准确性</td><td>5</td><td></td><td></td><td></td></tr>
<tr><td>7</td><td>专业知识的掌握情况</td><td>能够正确理解并掌握市场及市场营销相关概念；能够区分不同的市场营销观念；能够正确掌握营销人员的职业素质与要求</td><td>30</td><td></td><td></td><td></td></tr>
<tr><td>8</td><td>专业技能训练完成度</td><td>能运用市场三要素知识准确分析校园市场中某商品的需求情况及推广方法；完整演绎任务二实操演练中的两个场景，且能准确分析两个场景所采用的营销理念，并提出可行性建议；明确一名优秀的营销人员应具备的素质能力且能够按照商务礼仪要求做好商务形象的塑造</td><td>30</td><td></td><td></td><td></td></tr>
<tr><td colspan="3">合计</td><td>100</td><td></td><td></td><td></td></tr>
<tr><td>总评</td><td colspan="6">小组评价（40%）＋自我评价（30%）＋教师评价（30%）＝</td></tr>
<tr><td rowspan="3">总结</td><td>我的优点</td><td colspan="5"></td></tr>
<tr><td>我的不足</td><td colspan="5"></td></tr>
<tr><td>我将作出的改进</td><td colspan="5"></td></tr>
<tr><td>教师评语</td><td colspan="6"></td></tr>
</table>

项目二 市场营销环境分析

学习目标

1. 了解市场营销环境的含义、特点；掌握微观营销环境分析的主要内容；掌握宏观营销环境分析的主要内容。

2. 掌握 SWOT 分析法；能分析市场营销环境因素对企业的影响；能根据市场营销环境的变化来发掘新的市场机会；能运用 SWOT 分析法进行内、外部环境分析。

3. 培养自主探究能力和团队协作意识；培养分析问题、解决问题的能力。

典故启智　古韵营谋

《孙子兵法·谋攻篇》：“故曰：知彼知己者，百战不殆；不知彼而知己，一胜一负；不知彼，不知己，每战必殆。”

大概意思是如果了解彼方也了解自己，那么每一次战斗都不会有危险；如果不了解彼方但了解自己，那么胜负的可能性各半；如果既不了解彼方又不了解自己，那么每次战斗必定有危险。

“知彼知己，百战不殆”从市场营销环境分析的角度来看，可以理解为对外部环境即“知彼”和内部环境即“知己”两个方面进行深入了解。“知彼”是指对市场、竞争对手、消费者、政策环境等外部因素的了解，这包括对市场需求、消费者偏好、竞争对手的产品、价格、促销策略、市场地位、技术优势等外部环境的分析。“知己”则意味着企业需要对自身的资源、能力、优势和劣势有清晰的认识，这通常包括财务状况、技术能力、人力资源、品牌形象、市场份额等内部因素的分析。因此，在现代市场营销环境分析中，企业只有准确把握市场的需求和竞争对手的策略，同时深入了解自身的优势和劣势，才能在激烈的市场竞争中立于不败之地。

任务一 认知市场营销环境

任务描述

小王在长期的旅行经历中，不仅领略了祖国各地的风土人情，还深刻体会到不同地域文化对市场需求的影响。回到家乡后，小王发现家族企业的手工艺品虽然精美独特，但在市场拓展上却遭遇了瓶颈。除了市场竞争激烈外，家族企业还面临着环境保护的严峻挑战。随着消费者环保意识的提升，传统手工艺品的生产方式和材料选择都受到了质疑。小王在想：如何在保持传统工艺精髓的同时，实现绿色生产？家族企业的手工艺品在市场推广上面临挑战，如何寻找新的增长点以实现市场拓展？

任务分析

为了深入理解市场营销环境，首先，小王需要掌握市场营销环境的基本概念，包括宏观环境（如政治、经济、社会、技术、环境、法律因素）和微观环境（如供应商、顾客、竞争对手、公众、企业内部环境等）对市场营销活动的影响。其次，小王须通过市场调研，识别出影响手工艺品市场拓展的关键因素，特别是环保意识的提升对生产方式和材料选择的影响。在此基础上，小王可以制定有针对性的市场策略，寻找新的增长点，实现市场拓展，并且保持传统工艺的精髓，实现绿色生产。

知识准备

市场营销环境是企业进行市场营销活动的外部条件和内部因素的集合，它直接影响企业的市场行为和经营决策。市场营销环境是一个不断变化的动态系统。企业必须密切关注市场环境的变化趋势，及时调整市场营销策略，以适应新的市场环境。企业还需要培养敏锐的市场洞察力和应变能力，以便在复杂多变的市场环境中抓住机遇、规避风险，从而实现企业的可持续发展。

活动1　了解市场营销环境的含义

一、环境的含义

广义的环境是指某一主体周围一切事物的总和。对于生物而言，环境是指生物生存的空间，或者影响生物群体生存的各种外部条件的总和。对于人类而言，环境是影响人生存、发展的种种因素的总和。所以说，研究的对象不同，环境也就不同。同一个对象，研究的方向或事项不同，环境对其的影响也不同。

二、市场营销环境的含义

广义的市场营销环境是指围绕企业市场营销活动而存在的所有外部因素和内部条件的总和。这些因素和条件直接或间接地影响企业市场营销的决策、实施和效果。它们不仅包括宏观的经济、政治、社会、文化、技术、自然等外部环境，还涉及企业内部的组织结构、资源状况、企业文化、管理能力等内部环境。狭义的市场营销环境主要聚焦于直接影响企业市场营销活动的各种外部因素和内部条件。

思考交流

请结合你的一次购物经历，分析并讨论在这次购物过程中，哪些外部因素（如经济环境、社会文化环境、技术环境等）和内部因素（如店铺的营销策略、服务态度、店内环境等）对你的购买决策产生了影响。

活动2　明确市场营销环境的分类和特点

一、市场营销环境的分类

微课　市场营销环境的分类及特点

市场营销环境的分类主要可以从企业对环境因素的可控度、影响时间长短两个角度来划分。

（一）根据企业对环境因素的可控度分类（如图2-1所示）

1. 市场宏观环境

市场宏观环境也被称为间接营销环境，是指影响企业营销活动的社会性力量和因素，包括人口环境、经济环境、自然资源环境、科学技术环境、政治法律环境和社会文化环境等。这些因素是企业无法直接控制的，但会对企业的营销活动产生深远的影响。

图2-1　宏观营销环境和微观营销环境

2. 市场微观环境

市场微观环境也被称为直接营销环境或作业环境，是指与企业紧密相连，直接影响企业营销能力的各种参与者。这些参与者包括企业本身、市场营销渠道企业（供应商、中间商）、竞争者、消费者及社会公众等。与宏观环境相比，微观环境与企业之间的关系更为直接和密切，企业可以在一定程度上对其进行控制或影响。

思考交流

请选择一个你熟悉的企业或行业，分析当前宏观环境中的某个或某几个因素，如人口环境、经济环境、自然环境等，是如何影响该企业的营销活动的。你认为这些宏观环境因素在未来几年内可能会有怎样的变化？这些变化将如何进一步影响企业的营销活动？

（二）根据对企业营销活动影响时间的长短分类

1. 长期环境

这类环境因素对企业营销活动的影响时间较长，具有稳定性和持续性。例如，人口结构的变化、经济增长趋势、技术进步等都属于长期环境因素。

2. 短期环境

这类环境因素对企业营销活动的影响时间较短，具有突发性和不可预测性。例如，自然灾害、政策调整、市场波动等都可能对企业的营销活动产生短期影响。

二、市场营销环境的特点

1. 客观性

市场营销环境是客观存在的，不以企业的意志为转移，其发展变化是企业不可控制的。例如，小米公司在进入欧洲市场时，必须遵守欧盟的数据保护法规，如《通用数据保护条例》（GDPR），确保对用户数据的收集、存储和处理符合当地法律要求。同样，小米公司在中国的业务也受到中国政府的监管和政策影响，如《中华人民共和国网络安全法》《中华人民共和国个人信息保护法》等，这些都是小米公司必须遵守的客观规则。这些政治和法律环境是客观存在的，无法随意改变，只能适应并制定相应的市场策略。

2. 差异性

不同的企业、不同的产品或服务所面临的市场营销环境存在显著差异。以食品行业为例，“老干妈”辣酱和“虎邦”辣酱虽然都属于辣酱市场，但它们的市场环境和渠道策略却大相径庭。“老干妈”主要通过传统的商超和线上商城进行销售，而“虎邦”则瞄准了外卖和电商渠道，通过差异化的渠道策略迅速占领了市场。这种差异性体现了不同品牌在市场营销环境中的不同选择和策略。

3. 多变性

市场营销环境是不断变化的，包括经济、技术、社会文化等多个方面。以新能源汽车行业为例，随着消费者环保意识的提升和电池技术的突破，新能源汽车市场持续扩大。这种技术环境的变化为比亚迪这样的国产品牌带来了新的市场机遇。然而，市场的动态性要求企业必须不断调整策略以适应新的环境。随着新能源汽车技术的不断成熟和市场的竞争加剧，比亚迪在电动汽车领域迎来了新的发展机遇，但也面临着来自国内外众多竞争对手的激烈挑战。比亚迪需要不断创新技术、提升产品质量和服务水平，以保持其在新能源汽车市场的领先地位。

4. 相关性

市场营销环境中的各个因素不是孤立的，而是相互关联、相互影响的。以消费者收入为例，消费者的收入状况直接影响其购买能力和消费支出模式。而消费者的消费支出模式又受到经济环境、社会文化环境等多种因素的影响。例如，当消费者家庭收入增加时，用于购买食品的支出在家庭收入中的比重会逐渐下降，而用于娱乐、教育等方面的支出则会大幅上升。这种相关性使得企业在制定营销策略时需要全面考虑各种环境因素的综合影响。

思政园地

近年来，市场营销环境的复杂性与多样性日益凸显，企业在追求商业利益的同时，也面临着诸多挑战与考验。在这个背景下，坚守市场营销的客观性、差异性、多变性和相关性的原则，以及强调诚信经营和职业道德的重要性，成为企业可持续发展的关键。企业在面对行业竞争加剧和消费者健康意识提升的背景下，需要坚守市场营销的客观性，必须严格控制产品质量，并且还要注重品牌建设和渠道拓展，这样才能在市场上树立良好的品牌形象和占据较大的市场份额。

案例分析2-1

蓝月亮广告争议：透视市场营销环境中的性别议题与品牌形象挑战

案例背景

蓝月亮，作为国内知名的日化品牌，其产品在市场上享有较高的知名度和美誉度。然而，在2024年母亲节前夕，蓝月亮的一则电梯广告海报引发了舆论争议。海报中，抖音带货主播“董先生”前方是至尊洗衣液产品，宣传文案写着“妈妈，您先用”五个大字，左上方标注着“让妈妈洗衣更轻松、更省力、更省心”，而背景中是多幅独自做家务的女性剪影，包含了女性从怀孕到陪伴孩子、照料家务事、职场奋斗，以及缓缓老去的一幕幕场景。这则广告被指加深了对女性角色的刻板印象，未能与现代价值观相契合，使消费者感到不适，并引发了广泛的舆论争议。

市场营销环境特点分析

（1）社会文化环境的敏感性

在当前的社会环境中，性别议题高度敏感，消费者对品牌广告中的性别刻画尤为关注。蓝月亮的广告因被认为加深了对女性角色的刻板印象而引发争议，这体现了社会文化环境对品牌营销策略的深刻影响。品牌需要更加谨慎地处理性别议题，避免引发不必要的争议。

（2）消费者情感的重视

母亲节是一个表达对母亲敬爱和感激之情的节日，而蓝月亮的广告内容似乎未能准确捕捉到这一点。广告中的洗衣液作为礼物送给母亲，被网友质疑是否合适，是否考虑了消费者的情感需求和期望。这表明，在市场营销中，品牌需要更加重视消费者的情感需求，以更加贴心和合适的方式与消费者建立情感连接。

（3）品牌形象的重要性

蓝月亮的广告争议不仅影响了其品牌形象，还引发了对其以往营销活动的质疑。例如，蓝月亮内衣专用洗衣液被指存在“粉红税”问题，即同样净含量和包装的洗衣液，粉色女士版本比蓝色男士版本贵了10元。这些问题进一步损害了蓝月亮的品牌形象。因此，品牌需要更加注重维护其品牌形象，确保营销活动和广告内容与品牌形象和社会价值观相符。

（4）舆论环境的快速变化

在信息爆炸的时代，舆论环境快速变化，消费者的注意力变得越来越分散。蓝月亮的广告争议在短时间内迅速发酵，引发了广泛的关注和讨论。这要求品牌具备快速响应和危机处理的能力，以应对可能出现的舆论风险。

综上所述，蓝月亮的广告争议案例体现了市场营销环境中的多个特点，包括社会文化环境的敏感性、消费者情感的重视、品牌形象的重要性和舆论环境的快速变化等。这些特点对品牌的市场营销策略提出了更高的要求，需要品牌更加谨慎地处理各种市场因素，以确保其营销活动的成功和品牌形象的提升。

资料来源：知乎专栏，内容有删改。

活动3 分析市场营销环境的意义

一、企业开展营销活动的基础

市场营销环境是企业开展营销活动的前提和基础。通过对市场营销环境的深入分析，企业能够了解自身所处的市场环境、竞争态势，以及法律法规等关键信息。这些信息为企业制订营销计划、选择营销渠道、设计促销策略等提供了重要依据。

市场环境认知。企业需了解市场规模、市场增长率、市场结构等基本情况，以及市场中的消费者需求、偏好和购买行为等。这些信息有助于企业确定目标市场，制定符合市场需求的产品和服务策略。

竞争态势分析。企业需要了解竞争对手的产品、价格、促销策略等，以及市场份额、竞争优势和劣势等。这有助于企业制定有效的竞争策略，保持或提升市场地位。

法律法规遵守。企业还需要关注与营销活动相关的法律法规，如消费者权益保护法、广告法等，确保营销活动合法合规，避免法律风险。

二、有利于企业发现市场机会和规避环境威胁

市场营销环境分析有助于企业发现新的市场机会，同时规避潜在的环境威胁。

市场机会识别。通过深入分析市场需求、消费者偏好和竞争态势，企业可以发现未被满足的市场需求或新的市场趋势，从而抓住市场机会，开发新产品或服务。

环境威胁规避。企业还需要关注政策变化、经济波动、技术革新等宏观环境因素，以及竞争对手的动向、消费者偏好的变化等微观环境因素。这些变化可能给企业带来威胁，如市场份额下降、成本上升等。通过及时分析并调整营销策略，企业可以规避或减轻这些威胁的影响。

三、企业制定营销战略和策略的基础

市场营销环境分析是企业制定营销战略和策略的重要依据。

营销战略制定。基于对市场环境的深入了解，企业可以制定符合自身资源和能力的营销战略，如市场渗透、市场开发、产品开发或多元化战略等。这些战略有助于企业实现长期发展目标。

营销策略选择。企业还需根据市场环境的变化，灵活调整产品策略、价格策略、促销策略和渠道策略等。例如，在市场竞争加剧的情况下，企业可能需要加强品牌建设，提升产品附加值；在消费者需求变化的情况下，企业可能需要调整产品线，以满足新的市场需求。

风险评估与应对。在制定营销战略和策略时，企业还需要对潜在的风险进行评估，并制定相应的措施。这有助于企业在面对市场环境变化时保持稳健的发展态势。

案例分析2-2

华为洞察市场，把握机遇，引领创新

实操演练

实训目的：通过实训，让学生深入了解市场营销环境的含义，明确市场营销环境的分类和特点，掌握分析市场营销环境的方法，并能够运用所学知识对企业所处的市场营销环境进行分析，为企业的市场营销决策提供科学依据。

实训内容：假设小张计划在某二线城市开设一家以健康、营养、口感多样化为特色的面包加盟店，目标客户群体为周边的居民、上班族和学生。店面选址在繁华的商业街区，以确保较高的客流量和曝光率。以小组为单位，探讨如何根据面包市场营销环境的特点去开展营销活动，如何发现市场机会，规避环境威胁，从而作出正确的经营决策，如市场定位、产品策略、价格策略、促销策略等。

实训步骤：①各团队成员根据分工，进行实地调查和文献研究，收集资料。②撰写分析报告，提出建议，并制作PPT（幻灯片演示文件）进行汇报。③各团队展示成果。

任务二 分析市场营销环境

任务描述

小张初入市场部，就面临着一场关于品牌升级与市场策略调整的激烈讨论会。会上，意见纷呈，有人主张坚守品牌核心价值，认为品质是吸引顾客的根本；有人则建议加大市场推广力度，利用新颖的营销手段提升品牌影响力。讨论热烈却未达成共识，部门主管提议暂停争论，深入市场一线进行消费者调研，并综合运用多种分析方法，寻找最优策略。小张深感此会议的重要性，于是开始思考：在复杂多变的市场环境中，如何准确分析营销环境并积极应对，以引领企业持续增长？

任务分析

小张所在的企业正处于品牌与市场策略调整的关键时期，对营销环境的深入分析显得尤为重要。营销环境分析主要包括微观营销环境分析和宏观营销环境分析。对于小张所在的企业而言，他们需要通过综合运用微观营销环境分析和宏观营销环境分析，全面剖析和评估营销环境，明确自身的市场定位和发展方向。在此基础上，企业可以制定出更加科学、合理和有效的市场策略，以应对市场挑战和机遇。

知识准备

微观营销环境分析，主要关注与企业直接相关的市场环境，包括企业自身（如资源、能力、组织结构等）、供应商、营销中间商（渠道）、消费者、竞争者，以及社会公众（如政府、媒体等）。通过深入分析这些因素，企业可以了解自身的市场地位、竞争优势和劣势，以及顾客和竞争对手的动态，从而制定更加精准的市场策略。

宏观营销环境分析，主要考察影响企业营销活动的广泛的外部环境因素，包括人口环境、经济环境、自然环境、政治法律环境、科学技术环境及社会文化环境等。这些因素的变化往往会对市场需求、竞争格局和消费者行为产生深远的影响。企业需要通过宏观营销环境分析，识别市场机会和威胁，以便及时调整市场策略，应对外部环境的变化。

活动1　微观营销环境分析

一、企业自身

企业自身是微观营销环境的核心部分，其内部资源与能力、组织结构、企业文化等都会直接影响营销策略的制定和执行。在分析企业自身时，需要重点关注以下三个方面。

1. 资源与能力

企业所拥有的资源（如资金、技术、人才等）和能力（如研发、生产、销售等）是制定营销策略的基础。资源的丰富程度和能力的高低将直接影响企业在市场中的竞争力和营销策略的灵活性。

2. 组织结构

企业的组织结构是否合理、高效，将直接影响营销策略的执行效果。一个灵活、高效的组织结构能够快速响应市场变化，及时调整营销策略，以适应市场需求。

3. 企业文化

企业文化是企业的灵魂，它决定了企业的价值观和行为准则。积极向上的企业文化能够激发员工的积极性和创造力，为营销策略的制定和执行提供强大的精神支持。

二、供应商

供应商是企业获取原材料、零部件等生产资料的重要来源。供应商的稳定性、质量、价格和服务水平将直接影响企业的生产效率和产品质量，进而影响营销策略的制定和执行。因此，在选择供应商时，企业需要综合考虑供应商的信誉、实力、价格和服务水平等因素，以确保供应链的稳定性和可靠性。

三、营销中间商

1. 经销商与代理商

经销商和代理商是企业产品进入市场的重要桥梁。他们拥有广泛的销售网络和客户资源，能够帮助企业快速拓展市场。企业需要和经销商与代理商建立良好的合作关系，提供必要的支持和培训，确保他们能够充分了解并推广企业的产品。

2. 零售商与电商平台

随着电子商务的兴起，零售商和电商平台已成为企业产品销售的重要渠道。企业需要关注这些渠道的特点和优势，制定适合的营销策略，如线上促销活动、限时折扣等，以吸引更多的消费者。企业还需要与电商平台建立良好的合作关系，确保产品的上架和销售。

思考交流

随着电子商务的蓬勃发展，企业应如何平衡线下零售与线上电商平台的营销策略？在制定线上促销活动时，应如何确保活动的吸引力与合规性？与电商平台合作时，企业应如何确保产品的上架效率和销售质量？

四、消费者

消费者是企业产品的最终使用者，他们的需求、偏好、购买能力和购买行为将直接影响企业的营销策略和销售业绩。因此，企业需要深入了解消费者的需求和偏好，分析他们的购买行为和决策过程，以便制定出更加精准、有效的营销策略。企业还需要关注消费者的反馈和意见，不断改进产品和服务，从而提高客户满意度和忠诚度。

五、竞争者

在微观营销环境中，竞争者是企业需要密切关注的对象。根据竞争者的不同特点和市场地位，可以将其分为以下四种类型。

1. 直接竞争者

直接竞争者是指与企业生产相同或相似产品的企业。企业与企业之间在市场上争夺相同的客户资源，因此企业需要密切关注对手的产品特点、价格策略、促销活动等方面，以便及时调整自己的营销策略。

2. 替代竞争者

替代竞争者是指生产能够替代企业产品的其他产品的企业。虽然这些企业与企业之间并不存在直接竞争，但他们的产品可能会对企业产品的销售产生影响。因此，企业需要关注替代产品的市场趋势和消费者需求变化，以便及时调整自己的产品线。

3. 潜在竞争者

潜在竞争者是指可能进入市场与企业竞争的新企业。这些新企业可能拥有新的技术、产品或市场策略，从而对企业构成威胁。因此，企业需要密切关注市场动态和技术发展趋势，以便及时发现并应对潜在竞争者的挑战。

4. 互补竞争者

互补竞争者是指生产与企业产品互补的其他产品的企业。这些企业的产品与企业产品一起使用能够提供更好的用户体验。虽然互补竞争者与企业之间并不是直接竞争，但他们的产品可能会对企业产品的销售产生积极影响。因此，企业需要与互补竞争者建立良好的合作关系，共同推动市场的发展。

六、社会公众

社会公众是企业需要关注的重要利益相关者之一。

1. 政府

政府是企业经营的重要外部环境之一。政府的政策、法规和标准将直接影响企业的经营和发展。因此，企业需要密切关注政府政策的变化，确保自己的经营活动符合法律法规的要求。

2. 媒体

媒体是企业形象传播的重要渠道。企业需要与媒体建立良好的合作关系，积极宣传自己的品牌形象和产品特点。企业还需要关注媒体的报道和评论，及时回应和处理负面信息。

3. 社区

社区是企业所在地的基层组织。企业需要积极参与社区活动，树立良好的企业形象和社会责任感。企业还需要关注社区居民的需求和反馈，以便及时调整自己的产品和服务。

4. 环保组织

环保组织是企业需要关注的重要利益相关者之一。企业需要注重环境保护和可持续发展，遵守环保法规和标准。企业还需要与环保组织建立良好的合作关系，共同推动环保事业的发展。

5. 消费者组织

消费者组织是维护消费者权益的重要力量。企业需要关注消费者组织的动态和意见，及时回应消费者的投诉和建议。企业还需要积极参与消费者教育活动，提高消费者的消费意识和维权能力。

6. 教育机构与科研单位

教育机构与科研单位是企业技术创新和人才培养的重要合作伙伴。企业需要与这些机构建立良好的合作关系，共同推动技术创新和人才培养工作的发展。企业还可以利用这些机构的资源和优势，提升自己的技术水平和市场竞争力。

思政园地

在当今信息爆炸的时代，媒体作为信息传播的核心平台，对企业形象塑造与传播起着至关重要的作用。企业与媒体之间建立稳固且积极的合作关系，不仅能够有效地传递企业价值、产品特性和品

思政园地

牌理念，还能在激烈的市场竞争中脱颖而出，塑造出独一无二和积极向上的企业形象。企业与媒体的合作，应当基于相互尊重、互利共赢的原则。企业应主动向媒体开放，提供真实、准确的信息，让媒体能够全面、客观地了解企业的运营状况、发展愿景和社会责任。

案例分析2-3

德尔地板借势世界羽毛球赛事，打造健康环保品牌形象

品牌背景

德尔地板是国内知名的地板品牌，一直致力于为消费者提供健康环保的地板产品。近年来，德尔地板在品牌建设和营销推广方面取得了显著成果。

营销案例

事件概述：2024年3月，德尔地板成为2024年道达尔能源·汤姆斯杯暨尤伯杯决赛赞助商，并展开了一系列营销推广动作。汤姆斯杯暨尤伯杯简称为“汤尤杯”，是世界有名的羽毛球比赛，每两年举办一届。2024年4月27日至5月5日，该赛事在成都举办，这是中国西部首次举办世界最高级别羽毛球赛事。德尔地板作为主要赞助商之一，出现在赛事的多个环节，包括抽签仪式、开票仪式及大赛现场。

营销策略：德尔地板依托赛事平台，全面传递其追求的健康环保品牌主张。赛前，德尔地板的官方微博发布了多期“话说汤尤杯”知识科普内容，介绍“汤尤杯”的缘起与赛制等。同时，还推出了“风云惠”营销活动，包括万元“汤尤杯”双人成都“五一”观赛游的活动福利。在赛事举办期间，德尔地板在赛场搭建了专门的展厅，举办各种活动，吸引了大量观众参与，并获得品牌曝光。

营销效果：通过赞助世界羽毛球赛事，德尔地板成功地将自己的品牌与健康、环保等正面形象相结合，提升了品牌知名度和美誉度。更重要的是，借助赛事的热度和影响力，德尔地板实现了广泛的品牌传播和市场拓展。

案例启示

①精准定位，传递品牌价值。德尔地板通过赞助世界羽毛球赛事，精准定位了自己的目标受众和品牌形象。借助赛事的平台和影响力，德尔地板成功地将自己的品牌与健康、环保等正面形象相结合，传递了品牌价值。

②线上线下联动，实现全方位营销。德尔地板在赞助赛事的同时，还通过线上线下联动的方式实现了全方位营销。线上通过社交媒体、官方网站等渠道进行宣传和推广；线下则通过赛事现场活动、展厅展示等方式与消费者进行互动和沟通。这种线上线下相结合的方式不仅提升了品牌的知名度和美誉度，还增强了消费者的参与感和体验感。

③借助热点事件，提升品牌影响力。德尔地板借助世界羽毛球赛事这一热点事件进行营销推广，成功地提升了品牌影响力。通过赞助赛事和参与相关活动，德尔地板不仅获得了更多的品牌曝光和关注度，还树立了积极的社会形象和责任感。

综上所述，德尔地板赞助世界羽毛球赛事的案例是一个有代表性的最新的国内品牌案例。通过精准定位、线上线下联动，以及借助热点事件等方式进行营销推广，德尔地板成功地提升了品牌知名度和美誉度，并实现了更广泛的市场拓展和品牌影响力提升。

资料来源：百家号《2024年精彩营销案例》，内容有删改。

活动2　宏观营销环境分析

微课　宏观环境分析

一、人口环境

人口环境是影响企业营销活动的重要因素之一，它决定了市场的规模和潜力。

1. 人口数量与增长率

人口数量的多少和增长率的高低直接影响市场的规模和潜力。在人口数量多、增长率高的地区，市场需求通常较大，企业会有更多的市场机会。

2. 人口结构

人口结构包括年龄、性别、职业、教育程度等方面的分布。不同的人口结构对产品和服务的需求也不同。例如，年轻人对时尚、科技类产品有更高的需求，而老年人更注重健康、养生类产品。

3. 人口流动

人口流动包括城乡流动、地区流动和国际流动等。人口流动会影响市场需求的变化和分布。例如，城市化进程加速会导致城市人口增加，从而带动房地产、教育、医疗等行业的发展。

4. 人口素质

人口素质包括身体素质、文化素质和道德素质等方面。人口素质的提高会促进消费者对高品质、高附加值产品的需求，从而推动产业升级和消费升级。

二、经济环境

经济环境是影响企业营销活动的重要因素之一，它决定了市场的购买力和消费习惯。

1. 经济发展水平

经济发展水平决定了市场的规模和购买力。在经济发展水平高的地区，市场需求通常较大，消费者购买力较强，企业有更多的市场机会。

2. 经济周期

经济周期包括繁荣、衰退、萧条和复苏四个阶段。不同经济周期阶段对市场需求和消费者购买力的影响也不同。例如，在经济繁荣期，市场需求旺盛，消费者购买力增强；在经济衰退期，市场需求萎缩，消费者购买力下降。

3. 收入水平

收入水平是影响消费者购买力和消费习惯的重要因素。收入水平高的消费者通常更注重品质、服务和个性化需求，而收入水平低的消费者更注重价格、性价比和实用性。

4. 消费结构

消费结构是指不同消费领域在总消费中的比重和相互关系。随着经济发展和消费者需求的变化，消费结构也会发生变化。例如，随着人们对健康、环保等方面的关注度提高，健康、环保类产品的消费比重会逐渐增加。

拓展阅读

恩格尔系数

三、自然资源环境

自然资源环境是企业营销活动的重要外部条件之一，它决定了企业的生产条件和资源供应。

1. 地理位置

地理位置决定了企业的市场范围和资源供应。地理位置优越的企业通常更容易获得市场机会和资源支持。

2. 气候条件

气候条件会影响企业的生产和经营活动。例如，在气候寒冷的地区，企业需要生产保暖性能好的产品；在气候炎热的地区，则需要生产防晒、降温等产品。

3. 资源分布

资源分布决定了企业的生产条件和成本。资源丰富、成本低廉的地区通常更容易吸引企业投资和发展。

4. 环境保护

随着环保意识的提高，企业需要更加注重环境保护和可持续发展。企业需要采取环保措施，减少污染和浪费，提高资源利用效率。

思政园地

自然环境是企业生存与发展的基石，地理位置、气候条件、资源分布等因素深刻影响着企业的生产条件和资源供应。作为企业公民，我们有责任关注环境保护，践行可持续发展理念。让我们从自身做起，提高环保意识，积极参与节能减排，减少污染和浪费。让我们携手努力，共同守护我们的地球家园，为子孙后代留下一个更加绿色、健康、可持续发展的未来。

四、政治法律环境

政治法律环境是企业营销活动的重要外部条件之一，它决定了企业的法律地位和合规要求。

1. 政治制度

政治制度决定了企业的法律地位和合规要求。在民主、法治的政治制度下，企业需要遵守法律法规，尊重人权和公共利益。

2. 法律法规

法律法规是企业经营活动的法律基础。企业需要了解并遵守相关法律法规，确保经营活动的合法性和合规性。

3. 政府政策

政府政策会影响企业的经营和发展。政府政策包括产业政策、税收政策、环保政策等。企业需要密切关注政府政策的变化，及时调整经营策略。

4. 国际关系

国际关系会影响企业的经营和发展。国际贸易、投资、技术合作等方面的政策变化都会对企业的营销活动产生影响。

五、科学技术环境

科学技术环境是企业营销活动的重要外部条件之一，它决定了企业的技术创新和竞争优势。（见表2-1）

1. 科技发展

科技发展是推动企业创新和发展的重要动力。企业需要关注科技发展的动态和趋势，积极引进和应用新技术，提高生产效率和产品质量。

2. 技术创新

技术创新是企业获得竞争优势的重要手段。企业需要加强技术研发和创新，不断推出新产品和服务，满足消费者的多样化需求。

3. 信息技术

信息技术的发展为企业提供了更多的营销手段和渠道。企业需要利用信息技术手段，如大数据、人工智能等，提高营销效率和精准度。

4. 知识产权保护

知识产权保护是企业技术创新和发展的重要保障。企业需要加强知识产权保护意识，积极申请专利、商标等知识产权，维护自己的合法权益。

思政园地

从“中国制造”到“中国创造”，中国企业正积极拥抱科技发展，加强技术研发和创新，不断推出引领市场潮流的新产品和服务。无论是5G通信、人工智能、大数据等前沿技术的突破，还是高铁、新能源、航空航天等领域的飞速发展，都彰显了中国技术的强劲实力和无限潜力。

表2-1　科学技术环境对企业营销的影响

科学技术环境特点	影响方面	具体表现
科技进步推动消费者需求变化	消费者需求和行为	消费者需求更加多样化、个性化；购买决策过程更加便捷、高效
新技术、新材料、新工艺的应用	产品研发和生产方式	提高生产效率、产品质量；推动产品创新和环保设计
互联网、大数据、人工智能的应用	市场策略和推广方式	精准定位目标客户群体；实现个性化营销策略；提升品牌建设和市场推广效果
科技环境的快速变化	企业应对策略	建立科技监测机制；培养和引进科技人才；提升科技创新能力

思考交流

科学技术环境对企业营销的影响探讨：

①科技进步如何改变消费者的需求和行为？

②科技环境如何影响企业的产品研发和生产方式？

③科技环境如何改变企业的市场策略和推广方式？

④面对科技环境的变化，企业应该如何应对和适应？

六、社会文化环境

社会文化环境是企业营销活动的重要外部条件之一，它决定了消费者的价值观和消费习惯。

1. 文化传统

文化传统塑造消费者价值判断，是营销的核心变量。每个人的消费习惯里藏着“文化DNA”，传统节日买特定商品就像刻在基因里的指令。比如中秋节月饼销量暴涨，春节红色包装商品更畅销，这就是传统文化在起作用。企业需建立文化敏感性，识别文化禁忌符号，避免负面联想。

2. 教育水平

教育水平通过塑造认知框架深度影响消费决策模式，企业要根据不同学历人群的特点来调整销售策略。学历不只是张文凭，它悄悄改写了我们的购物“思维程序”，学历高的偏爱专业分析，学历低的更爱看直观展示。比如购买手机，高学历偏向查参数测评选机，而低学历喜欢看广告及他人评价作为购买依据。

3. 社会风气

社会风气会影响消费者的消费习惯和行为方式。例如，在崇尚节俭的社会风气下，消费者更注重性价比和实用性；而在追求时尚的社会风气下，消费者更注重品牌、款式和个性化。

4. 宗教信仰

宗教信仰通过塑造群体身份认同与道德准则，形成独特的消费禁忌图谱与价值偏好体系。例如穆斯林要买清真认证食品，佛教国家忌用牛皮包装，企业需建立宗教文化敏感性，避免文化解码失误引发的市场危机。

5. 价值观念

价值观念是消费者选择产品和服务的重要标准。企业需要了解并尊重消费者的价值观念，提供符合消费者价值观的产品和服务。

6. 生活方式

生活方式是消费者选择产品和服务的重要参考。企业需要了解并关注消费者的生活方式变化，提供符合消费者生活方式需求的产品和服务。

案例分析2-4

比亚迪在中国新能源汽车市场的崛起

实操演练

实训目的：能从企业经营管理决策的实际出发，确定市场营销环境分析的内容，进行科学的市场营销环境分析。

实训内容：小张是一位对烘焙充满热情的年轻人，她决定将自己对美食的热爱转化为事业，计划在某二线城市开设一家名为“绿意盎然”的面包加盟店。这家面包店主打健康、环保、自然风味的面包，旨在为消费者提供既美味又符合现代人健康饮食需求的烘焙产品。请你帮助小张对面包行业的宏观营销环境、微观营销环境各要素进行分析，确定面包加盟店项目投资的可行性。

实训步骤：①各团队成员根据分工，进行实地调查和文献研究，收集资料。②撰写分析报告，提出建议，并制作PPT进行汇报。③各团队展示成果。

任务三 运用SWOT分析法

任务描述

小张作为公司市场部门的新晋分析师，被指派参与化妆品产品市场营销环境综合评估与分析项目。此次项目的核心任务是运用SWOT分析法，全面、深入地剖析公司当前面临的市场营销环境，为制定下一阶段的市场策略提供科学依据。在项目启动会议上，小张听到了不同部门的声音，既有对公司优势的自豪阐述，也有对市场挑战的深刻担忧。面对这一挑战，小张深感责任重大，他明白，只有不断提升自己的专业素养和分析能力，才能更好地服务于公司的市场营销工作。

任务分析

小张参与的化妆品产品市场营销环境综合评估与分析项目，其核心是运用SWOT分析法全面审视公司的市场地位与潜力。这一任务不仅要求小张具备扎实的市场营销理论基础，还需要将理论知识与实践紧密结合，展现出卓越的分析与判断能力。

首先，小张需要深入理解SWOT分析法的精髓，即准确识别企业的内部优势与劣势，以及外部环境的机会与威胁。这要求他不仅对公司的产品、技术、品牌、市场份额等内部因素有清晰的认知，而且对市场趋势、竞争对手、政策环境等外部因素有敏锐的洞察力。

其次，小张需要具备良好的信息收集与处理能力。在SWOT分析过程中，大量的市场数据、竞争对手信息、政策文件等都需要被收集、整理和分析。小张需要运用数据分析工具和方法，从海量的信息中提炼出有价值的内容，为分析提供有力的数据支持。

再次，小张需要具备出色的逻辑思维与表达能力。在SWOT分析的基础上，小张需要能够形成条理清晰、逻辑严密的结论，并能够以简洁明了的方式向团队成员和决策者汇报分析结果。

最后，团队合作精神是小张完成此任务不可或缺的能力。在项目实施过程中，小张需要与市场部门、产品部门、销售部门等多个部门紧密合作，共同收集信息、分析数据、制定策略。良好的沟通协调能力将有助于小张更好地融入团队，推动项目的顺利进行。

知识准备

SWOT分析法是一种常用的战略分析工具，它通过对企业自身的优势（Strengths）、劣势（Weaknesses）、机会（Opportunities）和威胁（Threats）进行全面分析，帮助企业明确自身的市场定位和发展方向。想要成功地完成企业市场营销环境分析项目，不仅需要具备扎实的市场营销理论知识，还需要在信息收集与处理、逻辑思维与表达、团队合作等方面展现出卓越的能力。

活动1　SWOT分析法

一、内部的优势、劣势分析

在进行内部优势与劣势分析时，企业需要明确这些优势和劣势是相对于特定地区、市场及环境而言的，并且它们会随外部条件的变化而有所调整。评估企业或产品是否具备优势，关键是从消费者的视角出发。只有当消费者认为企业的产品或服务相较于其他竞品更为优越时，企业才算是真正拥有了竞争优势。

具体而言，优势通常体现在企业与竞争对手相比所展现出的多方面强项，如产品创新性强、产品成本控制得当导致成本低廉、市场价格具有竞争力、企业技术保持领先地位，以及拥有多样化的销售渠道等。这些优势有助于企业在市场中脱颖而出，吸引更多的消费者。

而劣势是指企业在与竞争对手的对比中暴露出的不足之处，例如产品成本过高、销售渠道相对匮乏等。这些劣势可能会削弱企业在市场中的竞争力，影响市场份额的扩大，以及品牌形象的塑造。

二、外部的机会、威胁分析

市场营销环境的动态变化对企业产生的最直接效应是带来一系列的机会与威胁。深入分析企业所处的市场营销环境变化，精准捕捉市场机会，并有效规避环境威胁，构成了企业开展高效营销活动的基础框架。

1. 市场机会剖析

市场机会指的是那些对企业具有吸引力的市场领域，在这些领域中，企业有望构建起显著的竞争优势。企业能否敏锐地识别并有效利用这些市场机会，成为决定其营销活动成功与否的关键因素。为了紧握市场机会，企业需要持续关注营销环境的细微变化，同时结合自身的资源禀赋与核心竞争力，将潜在的市场机会转化为实际的市场拓展行动，进而提升市场份额。

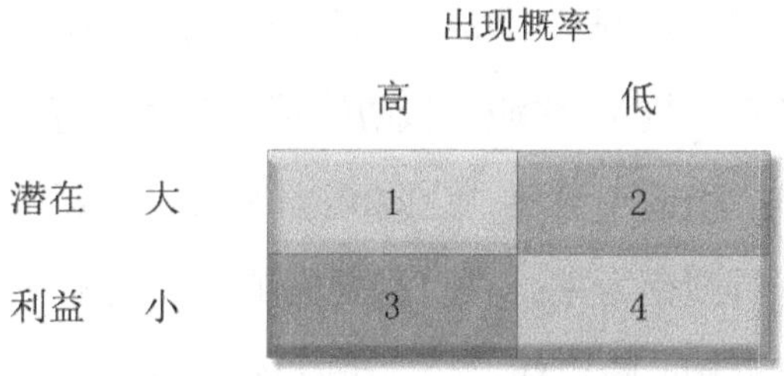

图2-2 机会分析矩阵

针对市场机会的评估，我们可以引入一个机会分析矩阵（如图2-2所示），该矩阵依据潜在利益的大小与机会出现概率的高低，将市场机会细分为四种类型。这些分类有助于企业更清晰地识别并优先处理那些最具潜力的市场机会。

在机会分析矩阵中，数字1区域代表那些既具有高额潜在利益又拥有高出现概率的机会，是企业应当高度重视并优先考量的对象。数字2区域同样值得企业关注，尽管这些机会的出现概率较低，但一旦实现，将为企业带来显著的潜在利益。数字3区域的机会，尽管潜在利益相对较小，但由于其出现概率高，企业应予以把握，稳健地拓展市场份额。至于数字4区域的机会，由于潜在利益小且出现概率低，企业可以暂不考虑。

商场竞争激烈，如同战场，市场机会稍纵即逝，稍有不慎便可能错失良机。因此，面对市场机会，企业必须勇于决策，积极主动地把握每一个可能。一方面，企业须具备敏锐的市场洞察力，抢先发现市场机会，从而为自己赢得宝贵的决策时间和主动权；另一方面，面对稍纵即逝的市场机会，企业要迅速反应，快速分析形势，果断作出决策，并迅速切入市场，抢占先机。

此外，企业还应充分利用现有资源，大胆创新，以应对当前市场同质化严重、产品趋于相似的挑战。创新是企业脱颖而出的关键，通过创新，企业可以打造出独具特色的产品，从而在激烈的市场竞争中立于不败之地。

2. 环境威胁分析

环境威胁是指市场营销环境中对企业不利的各项因素的总和。在分析环境威胁时，企业要能正确分析环境发展趋势，识别可能出现的环境威胁，并且能够正确评判环境威胁的影响程度和出现概率，从而根据分析制定出相应的对策和措施。

根据环境威胁对企业影响程度的大小和环境威胁出现概率的高低，我们可以构造环境威胁分析矩阵（如图2-3所示）。矩阵中的威胁可分为4种情况。

在环境威胁分析矩阵中，数字1区域所代表的威胁因同时具备高影响程度与高出现概率，而成为企业必须高度重视的焦点。对于这些威胁，企业应密切监视其变化趋势，预先制定详尽的应对策略，以确保能够从容应对。数字2区域同样不容忽视，尽管这些威胁的出现概

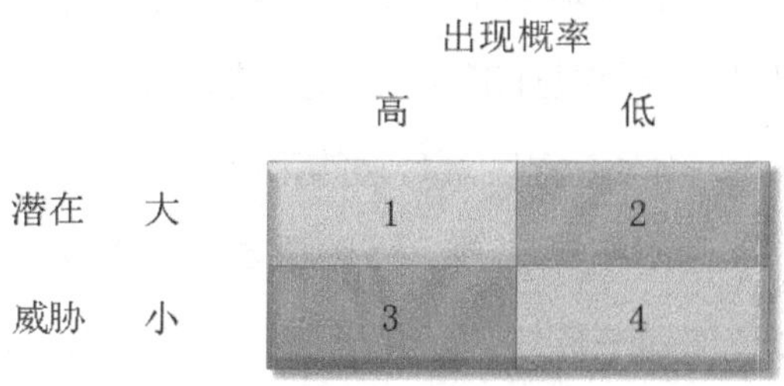

图2-3 环境威胁分析矩阵

率相对较低，但如果成真，将对企业造成极大的冲击。因此，企业也应对此保持警惕，并准备好应对措施。数字3区域的威胁虽然影响程度有限，但由于其高出现概率，企业同样需要给予重视。通过持续监控和适当管理，企业可以降低这些威胁对企业运营的影响。至于数字4区域的威胁，企业目前主要以分析观察为主，并且需要预防这些威胁在未来可能转化为高影响程度或高出现概率的威胁。通过持续监测和风险评估，企业可以及时调整策略，确保自身稳定发展。

面对潜在的环境威胁，企业通常会采取以下三种应对策略。

（1）对抗或逆转策略

企业会积极寻求方法来限制或改变不利因素的发展趋势。例如，通过推动政府立法、达成合作协议或制定相关政策来应对环境威胁；或者通过加强促销活动、提升产品质量等手段来改变消费者对产品的负面看法。

（2）缓解策略

鉴于威胁的不可避免性，企业会采取各种措施调整营销策略，从而降低环境威胁的负面影响。这可能包括削减成本、提高生产效率等，以增强企业的竞争力和适应能力。

（3）转移或撤退策略

当企业无法有效对抗或缓解所面临的环境威胁时，就会选择将产品或业务转移到其他市场，或者完全退出当前市场，转而进入其他盈利能力更强、市场环境更优的行业，以寻找新的增长点和机遇。

3. 综合环境分析

实际的市场营销环境通常都是机会与威胁、利益和风险并存的综合环境。根据机会和威胁水平的不同，我们可以构造综合环境分析矩阵（如图2-4所示），企业面临不同的综合环境时应该采取不同的策略。

		威胁水平 高	威胁水平 低
机会	多	冒险环境	理想环境
机会	小	困难环境	成熟环境

图2-4 综合环境分析矩阵

（1）应对冒险环境的策略

在充满机遇与挑战并存的冒险环境中，企业需要强化风险评估机制，深入调研市场动态，制订周全的应急计划，灵活应对各类潜在风险，确保在追求高收益的同时能够有效管理高风险。

（2）把握理想环境的策略

理想环境为企业提供了丰富的机遇与较低的威胁，是企业加速发展的黄金时期。企业应抓住这一契机，着力提升市场竞争力，加强品牌建设，确保产品质量卓越，从而构建稳固且持久的竞争优势。

（3）应对困难环境的策略

面对机会稀缺、威胁重重的困难环境，企业需要迅速作出决策，采取紧缩策略，如缩减经营规模、精简产品线，聚焦于核心业务，以维持企业生存。同时，积极寻找并开拓新市场，为企业的未来发展开辟新路径。

（4）适应成熟环境的策略

在成熟环境中，企业虽面临较少的机遇，但威胁水平也相对较低，为企业的稳定发展提供了良好的条件。企业应注重内部管理的规范化，保持稳健的发展步伐，确保稳定的盈利。还要居安思危，加大创新力度，提升服务水平，以增强消费者的忠诚度，为企业的长远发展奠定坚实的基础。

微课　运用SWOT分析法进行企业营销环境评估

活动2　SWOT综合实训分析

企业想要进行SWOT分析，先要将内部的优势、劣势和外部的机会、威胁分别列出。例如，根据某奶茶店的情况，将优势、劣势、机会和威胁分别列出，进行SWOT分析（见表2-2）。

表2-2　某奶茶店SWOT分析

内部环境	优势	劣势
	产品线丰富 品质优良 品牌知名度高 成本控制得当	产品创新不足 库存管理不善 员工培训不足
外部环境	机会	威胁
	市场需求增长 政策支持 社交媒体营销	竞争激烈 原材料成本上升 消费者口味变化

列举企业内部的优势、劣势和外部的机会、威胁后，构造SWOT分析矩阵，得出可选择的战略（见表2-3），之后便可以制订相应的行动计划。

表2-3　SWOT分析与战略选择

外部环境	内部环境	
	优势（S）	劣势（W）
机会（O）	成长扩张战略（SO战略）	内部改进战略（WO战略）
威胁（T）	多元优势战略（ST战略）	防守调整战略（WT战略）

运用系统分析的综合方法，通过权衡利弊，企业可以制定以下四种主要战略类型。

一、成长扩张战略（SO战略）

在内部具备优势且外部环境充满机遇的情况下，企业迎来了最佳的发展时机。这时，企业应充分利用其内部优势，积极把握市场机会，开拓新市场，扩大生产规模，以实现快速增长。

二、内部改进战略（WO战略）

当企业内部存在劣势，外部环境却提供了有利机会时，尽管市场机会诱人，但内部劣势限制了企业的有效利用。此时，企业应集中力量解决内部问题，如申请必要的生产资质、购置先进的生产设备等，以提升自身实力，更好地抓住市场机遇。

三、多元优势战略（ST战略）

在内部具有优势但外部环境充满威胁的情况下，企业应充分利用其内部优势来抵御外部威胁。例如，当企业拥有创新优势并开发出新产品时，面对同行的模仿和市场竞争，企业可以通过持续创新、升级产品功能等方式，巩固和扩大其市场地位，从而在激烈的竞争中保持领先地位。

四、防守调整战略（WT战略）

面对内部劣势和外部威胁的双重压力，企业需要采取防守姿态，并积极调整内部策略。例如，当政府出台新的产品质量标准，而企业现有产品不达标时，企业应果断停止生产不合格产品，并改进生产工艺，确保产品符合新标准，以降低外部威胁的影响。

实操演练

实训目的：能运用SWOT分析法进行项目分析，并给出应对建议。

实训内容：运用SWOT分析法，帮助小张评估确定适合加盟的面包品牌，并对面包加盟店项目进行分析，给出应对措施。

实训步骤：①评估确定适合加盟的面包品牌。各项目团队找出5个以上面包加盟品牌并进行优势与劣势分析。你建议选择哪个品牌进行加盟，为什么？请填写表2-4。

表2-4　面包加盟品牌优势与劣势分析

品牌	优势	劣势	是否选择
建议选择的原因			

②对面包加盟店项目进行SWOT分析，并给出应对措施。请填写表2-5。

表2-5　面包加盟店项目SWOT分析

内部因素	优势（S）	措施	劣势（W）	措施
外部因素	机会（O）	措施	威胁（T）	措施

项目小结

通过本项目的学习，我们了解了市场营销环境的定义及其重要性，认知了市场营销环境所包含的各个要素，明确了市场营销环境的分类和特点，帮助我们更好地理解不同市场环境对营销策略的影响。同时还掌握了微观营销环境和宏观营销环境的分析方法，学会了运用SWOT分析法进行市场营销环境的综合分析。学完本项目，我们能够根据市场环境制定合理的营销策略，为企业的市场营销活动提供有力支持。

项目检测

一、单项选择题。

1. 下面哪项不属于市场营销宏观环境的组成部分？（　　）

A. 政治法律环境　　B. 经济环境　　C. 企业文化　　D. 社会文化环境

2. 市场营销微观环境主要包括哪些因素？（　　）

A. 竞争者、顾客、社会文化　　B. 政治、经济、社会

C. 供应商、营销中介、顾客　　D. 自然环境、技术环境

3. （　　）包括经济发展水平、地区与行业的发展状况、经济周期、收入水平和消费结构的变化等。

A. 人口环境　　B. 科技环境　　C. 自然环境　　D. 经济环境

4. 下面哪个因素不属于市场营销微观环境中的竞争因素？（　　）

A. 直接竞争者　　B. 替代品生产者

C. 潜在进入者　　D. 营销中介

5. 市场营销环境是指围绕企业市场营销活动而存在的所有（　　）的总和。

A. 内部条件　　B. 外部因素

C. 外部因素和内部条件　　D. 各种力量

6. 下面哪项因素不属于市场营销宏观环境中的经济环境？（　　）

A. 经济增长率　　B. 失业率

C. 消费者偏好　　D. 通货膨胀率

7. 在市场营销微观环境中，企业内部环境主要包括哪些内容？（　　）

A. 企业文化、组织结构、资源状况　　B. 供应商、顾客、公众

C. 竞争者、替代品生产者、潜在进入者　　D. 经济周期、政策法规、社会文化

8. 下面哪项不是进行SWOT分析的主要目的？（　　）

A. 识别企业的内部优势和劣势　　B. 分析企业面临的外部机会和威胁

C. 确定企业未来的具体行动计划　　D. 了解竞争对手的详细营销策略

9. 下面关于市场营销环境分析的说法，错误的是（　　）。

A. 有助于企业发现新的市场机会

B. 可以帮助企业规避潜在的环境威胁

C. 宏观环境对企业的营销活动影响较小，因此不需要过多关注

D. 需要综合考虑内部环境和外部环境

10. 在市场营销环境分析中，下面哪项通常被视为科学技术环境的组成部分？（　　）

A. 政府的税收政策　　B. 消费者的收入水平

C. 社会文化习俗　　D. 新技术的发明和应用

二、判断题。（正确的打"√"，错误的打"×"）

1. 市场营销环境是指影响企业市场营销活动及其目标实现的各种因素和力量的总和。（　　）

2. 宏观环境对企业的营销活动影响较小，因此不需要过多关注。（　　）

3. SWOT分析中的"W"代表企业的内部劣势。（　　）

4. 在进行市场营销环境分析时，企业只需要关注内部环境，外部环境对营销活动影响不大。（　　）

5. 政治法律环境的变化往往会对企业的营销活动产生直接影响。（　　）

6. 自然环境的变化只影响企业的生产活动，不影响其营销活动。（　　）

7. 社会文化环境对企业营销活动的影响主要体现在消费者的价值观上。（　　）

8. 经济环境是影响企业营销活动的唯一外部因素。（　　）

9. 市场营销环境分析只需要关注当前的市场环境，不需要考虑未来的变化趋势。（　　）

10. SWOT分析可以帮助企业明确自身的市场定位。（　　）

三、多项选择题。（每题至少有两个以上正确答案）

1. 市场营销环境分析主要包括哪些方面的分析？（　　）

A. 宏观环境分析　　B. 微观环境分析　　C. 竞争对手分析

D. 消费者行为分析　　E. 企业内部环境分析

2. 宏观市场营销环境通常包括哪些因素？（　　）

A. 政治法律环境　　B. 经济环境　　C. 社会文化环境

D. 技术环境　　E. 企业内部环境

3. 在进行微观市场营销环境分析时，企业需要关注哪些因素？（　　）

A. 供应商　　B. 中间商（渠道）　　C. 竞争对手

D. 顾客　　E. 政治法律环境

4. SWOT分析涉及哪些方面？（　　）

A. 企业的内部优势　　B. 企业的内部劣势　　C. 企业面临的外部机会

D. 企业面临的外部威胁　　E. 企业的市场份额

5. 下面哪些因素可能构成市场营销中的环境威胁？（　　）

A. 经济衰退　　B. 新技术的出现导致产品过时

C. 竞争对手推出更具竞争力的产品　　D. 消费者偏好的变化

E. 企业内部管理混乱

四、案例分析题。

某新兴饮品品牌“果源纯享”计划进入某一线城市市场。该品牌以“健康、绿色、自然”为核心理念，专注于研发和推广天然果汁饮品，旨在为消费者提供健康、美味的饮品选择。

“果源纯享”品牌源于一个拥有丰富水果种植经验的家族企业，其产品线涵盖了多种口味的果汁，包括苹果汁、蓝莓汁、草莓汁等，所有产品均选用新鲜水果冷压榨取，不添加任何人工色素和防腐剂。

在进入该一线城市市场前，“果源纯享”进行了详细的市场调研和市场营销环境分析。该城市拥有庞大的消费群体，尤其是年轻白领和时尚人群，他们注重生活品质，对健康、绿色的生活方式有着强烈的追求。然而，市场上已经存在多个知名饮品品牌，竞争异常激烈。此外，随着健康饮食观念的普及，越来越多的消费者开始关注饮品的成分和健康价值，这为“果源纯享”提供了广阔的市场机会。

请思考：

1. 为该企业列出其面临的市场营销宏观环境因素，并简要分析这些因素对该企业营销活动的影响。

2. 假设该企业通过SWOT分析发现自身在产品创新方面具有较强的优势（如独特的果汁配方、新鲜的原材料选择等），但在品牌影响力方面存在劣势（如品牌知名度不高、市场份额较小等）。同时，市场对健康饮品的需求不断增长，但竞争也日益激烈。请基于这些信息，为该企业制定一个初步的营销策略。

项目评价

由教师组织填写“项目完成情况评价表”，对本次项目进行综合评估。

表2-6 项目完成情况评价表

组别: 学生姓名:

序号	考核点	考核标准	分值（分）	得分（分）		
				小组评价	自我评价	教师评价
1	态度与纪律	态度认真，学习积极主动，遵守纪律，能够积极参与市场营销环境分析的学习与讨论	10			
2	沟通协调能力	主动沟通，表达能力强，能够清晰地表达市场营销环境分析的观点，并协调解决分析过程中出现的具体问题	10			
3	创新能力	在市场营销环境分析中展现出创新思维，能够提出新颖的分析角度或策略建议	5			
4	团队合作表现	融入团队，积极参与团队合作，与小组成员共同完成项目任务，共同解决分析难题	10			
5	收集资料的能力	能够准确收集市场营销环境分析的相关信息，包括宏观环境、微观环境等方面的资料，应用SWOT分析法收集相关资料，并筛选出有用的信息	10			
6	作业完成情况	市场营销环境分析作业完成及时，内容准确，结构清晰，符合规范要求	5			
7	营销知识的掌握	①深入了解市场营销环境的含义，明确市场营销环境的分类和特点。②能从企业经营管理决策的实际出发，确定环境分析的内容。③能运用SWOT分析法列出企业优势、劣势、机会、威胁	25			
8	专业技能训练完成度	①掌握分析市场营销环境的方法，能够运用所学知识对面包市场所处的营销环境进行分析并制定营销策略。②能从企业经营管理决策的实际出发，进行科学的市场营销环境分析，确定小张投资面包加盟店的可行性。③运用SWOT分析法，对小张面包店投资项目进行全面分析，并给出加盟建议	25			
合计			100			

续表

<table>
<tr><th rowspan="2">序号</th><th rowspan="2">考核点</th><th rowspan="2">考核标准</th><th rowspan="2">分值（分）</th><th colspan="3">得分（分）</th></tr>
<tr><th>小组评价</th><th>自我评价</th><th>教师评价</th></tr>
<tr><td>总评</td><td colspan="6">小组评价（40%）+自我评价（30%）+教师评价（30%）=</td></tr>
<tr><td rowspan="3">总结</td><td>我的优点</td><td colspan="5"></td></tr>
<tr><td>我的不足</td><td colspan="5"></td></tr>
<tr><td>我将作出的改进</td><td colspan="5"></td></tr>
<tr><td>教师评语</td><td colspan="6"></td></tr>
</table>

项目三 消费者购买行为分析

学习目标

1. 了解消费者市场及其特点和消费品的分类；掌握消费者购买决策过程；掌握影响消费者购买行为的因素；熟悉消费者购买行为的类型；了解网络购物的特点及心理；掌握网络购买决策过程及影响因素。

2. 能够根据影响消费者行为的主要因素全面观察和认识消费者行为的特点；能够根据消费者决策过程的特点和要求，形成企业相应营销策略的基本思路；能够根据消费者网络购物的差异化，制定网络营销策略。

3. 树立诚实守信理念和依法经营意识；树立文化自信意识；增强创新意识，树立与时俱进的思想；具备一定的法律意识，谨防网络欺诈。

典故启智　古韵营谋

《晋书 · 谢安传》记载：“安少有盛名，时多爱慕。乡人有罢中宿县者，还诣安。安问其归资，答曰：‘有蒲葵扇五万。’安乃取其中者捉之，京师士庶竞市，价增数倍。”

大概意思就是晋朝时期，谢安才华出众，久负盛名，很多人都仰慕他。有一个同乡人在中宿县被免了官，去拜访谢安。谢安问他回去的盘缠有吗？老乡说有五万把蒲葵扇。于是谢安就拿出一把中等质量的蒲扇，京都士族和庶族见谢安使用蒲扇就争相抢购，扇子价格涨了好几倍，他同乡回去的路费也就够了。

以上是“蒲扇价增”的典故，从市场营销的角度来看，谢安的举动影响了当时人们的购买行为。谢安作为当时的名人，他的日常生活用品自然会受到人们的关注。在谢安使用蒲扇之后，在“趋同心理”的作用下，京都士族和庶族纷纷效仿，争相抢购。这种购买行为并非完全基于蒲扇的实用价值，而是更多地受到了谢安“名人效应”的影响。人们希望通过购买和使用与谢安相同的蒲扇，与名人产生某种联系或共鸣。在现代社会中，企业也可以充分利用相关群体的影响和消费者心理来推动产品的销售和市场拓展。

任务一 认知消费者市场

任务描述

小李打算和朋友一起开个店，专门售卖年轻人喜爱的科技产品，但他们不知道市场行情如何，应该选择哪些科技产品，是什么品牌都卖还是多个品牌混卖；是只卖科技产品还是相关周边也一起卖？而且不同的人购物的出发点不一样，产品选择不当就会严重影响生意。那到底是什么影响了大家的最终购物选择呢？如果是其他企业，它们到底是怎么摸透消费者想法的呢？

任务分析

首先，小李需要了解消费者市场的含义及特征，明确消费品的分类后再来策划他们的产品线。其次，小李需要分析影响消费者购买行为的因素，以此来确定他们售卖的商品及设置对应的营销策略和活动。这不仅有助于解决小李现在面临的实际问题，还为将来可能遭遇的相似挑战提供宝贵的解决思路和实用工具。

知识准备

企业开展市场营销活动的核心目的是销售其生产与经营的产品。然而，产品能否成功销售，重点在于其是否得到了消费者（市场）的认同。因此，企业务必要强化对市场的调研工作，洞悉消费者的心思和想法，以此推动营销目标的达成。

活动1　了解消费者市场

一、消费者市场的含义

消费者市场是指个人或家庭为满足生活消费需要而购买商品或服务所构成的市场。

生活消费是商品和服务流通的终点，因而消费者市场也被称作最终消费市场、消费品市场或生活资料市场。消费者市场是一切市场的基础，是最终起决定作用的市场。对市场营销人员来说，是否认真研究消费者市场购买行为的主要影响因素及其购买决策的整个过程直接决定了开展市场营销活动的成败。

二、消费者市场的特征

消费者市场广阔，购买人数多而分散，具有以下一些特点。

1. 多层次性与多样性

消费者需求是在一定的购买能力及其他条件下合力形成的。在同一时间、同一市场上，不同消费者群体由于社会地位、收入水平和文化教养等方面的差异，必然表现为多层次的需要，绝不会千篇一律。消费者人数众多、差异性极大，由于各种因素的影响和制约，对不同商品或同类商品的不同品种、规格、式样、价格、服务等方面的需要千差万别。随着生产的发展、消费水平的提高和社会习俗的变化，消费者的需求在总量结构和层次上也将日益多样化。

2. 少量性与多次购买

消费者市场以个人或家庭为购买和消费的基本单位，由于受到家庭人数、需求量、购买能力、存储条件、商品有效期等因素的制约影响，消费者一般购买的批量较小、批次较多，特别是对日常生活消费品的购买比较频繁、随机性较大。现代市场商品比较丰富，购买方便，不必大量储存。

3. 可替代性和相关性

可替代性是指消费者某一方面的需求可由其他商品来满足。例如，在饮料市场上，消费者可以在碳酸饮料、果汁、茶饮料等多种选择之间轻易转换。如果某种饮料价格上涨或者质量出现问题，消费者很可能会转向其他品牌或品类的饮料。

相关性是指消费者对某一商品的需求会引起对相关商品的需求。比如，购买了新房的消费者，往往会购买家具、家电等相关产品。

4. 可引导性与伸缩性

消费者的需求有些是本能的、与生俱来的，但大部分是在外界刺激引导下产生的。新商品和新服务的出现，社会文化的发展，宏观经济的波动，企业营销活动的影响，社会交往、人际沟通的启发，以及政府的政策导向等，都能使消费者需求发生变化和转移。比如，某品牌通过推出温馨感人的广告，强调其产品所蕴含的家庭情感价值，引导消费者在购买时更倾向于选择该品牌。

伸缩性是指消费者购买商品和服务的数量、品种、时间，随购买力的强弱和价格的高低而变化。例如，旅游产品在节假日期间需求旺盛，而在非节假日期间需求相对较少，消费者可能会根据价格和时间的变化调整旅游计划。

5. 时代性和发展性

需求受时代精神和社会风尚等因素影响，需求随社会发展而不断变化。当社会科技飞速进步时，人们对便捷、高效的科技产品的需求日益增长；随着环保意识的逐渐增强，对绿色、可持续发展的产品和服务的需求也越发凸显。社会经济的发展带来生活水平的提高，人们开始追求更高品质的生活体验，从而促使其对文化、艺术、旅游等领域的需求不断升级。社会结构的变化同样会引发需求的转变，例如，老龄化社会的到来，使得对养老服务、医疗保健等方面的需求变得更为迫切。

思考交流

结合你自身的日常购物体验，谈谈这些体验体现了消费者市场的哪些特征？

三、消费品的分类

按消费者购买习惯和特点划分，消费品的类别有日用品、选购品、特殊品三种，见表3-1。

表3-1 消费品按消费者购买习惯和特点分类

名称	含义	实例
日用品	是指那些消费者经常使用，即用即买、花最小精力选购的产品	醋、盐
选购品	是指消费者在选购过程中要特别比较其适用性、质量等的产品	家具、服装
特殊品	是指那些具有独特的品质、风格、造型、工艺等特性或品牌和技术性较强的为消费者特别偏爱的商品	家用小轿车、住宅

按消费品的使用寿命长短与消费品的可触性划分，消费品的类别有耐用品、消耗品、劳务三种，见表3-2。

表3-2 消费品按使用寿命长短和可触性分类

名称	含义	实例
耐用品	指寿命较长、多次使用仍完好并保持原有形态的商品	空调、组合音响
消耗品	指只能使用一次或几次就需要更新的商品	食品、牙膏
劳务	指为消费者获得利益或满足而提供的服务	美容、旅游服务

活动2 明确消费者市场购买行为的影响因素

在现代社会经济条件下，随着人们生活水平的不断提高和消费内容的日益丰富，人们的消费水平也在不断提高，消费者市场购买行为的影响因素主要有文化因素、社会因素、个人因素和心理因素。

微课 消费者市场购买行为的影响因素

一、文化因素

文化因素对消费者行为具有最广泛和最深远的影响。文化是人类欲望和行为最基本的决定因素，对人的消费行为有着潜在的、决定性的影响。文化是一个广泛而深刻的概念，它涵盖价值观、信仰、习俗、传统及行为方式等多个方面。这些元素共同构成了消费者的基本信仰和长期导向，在不同的文化背景下，人们对生活的追求、交往方式、对产品与服务的要求等都会有所不同，具体表现为服饰、饮食起居、建筑风格、节日等物质文化生活的各个方面，进而在他们的购买行为中体现出来。比如，党中央提出的24字社会主义核心价值观，从国家层面上看是“富强、民主、文明、和谐”；从社会层面上看是“自由、平等、公正、法治”；从公民个人层面上看是“爱国、敬业、诚信、友善”。

文化因素主要包括区域文化、亚文化和社会阶层。

1. 区域文化

区域文化是指地理环境和自然条件不同，从而导致历史文化背景差异，形成与地理位置有关的文化特征。比如，四川地区因其独特的麻辣口味饮食文化，使消费者在购买调味品时往往倾向于选择花椒、辣椒等调料，同时，火锅底料、麻辣零食等产品在当地市场也极为畅销。而在江南水乡，消费者更偏爱甜食，购买糕点、糖果等甜食的频率远高于其他地区。这种因区域文化不同而产生的消费差异，不仅丰富了市场产品种类，也促进了地方特色经济的发展。

思考交流

你所在地区的文化特点有哪些？这些文化对你的消费活动有哪些影响？并举例说明。

2. 亚文化

每种文化都包含着更小的亚文化群体，亚文化为其成员提供了更为具体的认同和社会化。亚文化可以按照国籍、宗教、种族、职业、性别、年龄、语言、文化与教育水平等标准进行划分。亚文化对购买行为的影响是为消费者提供了更具体、更个性化的身份认同感和归属感。因此，在亚文化的影响下，消费者可能更倾向于购买与其所属群体相符的产品或服务。例如，二次元文化群体热爱虚拟世界，倾向于为动漫、游戏及其周边产品买单。当亚文化发展到足够强大和富裕时，企业通常会制订专门的营销计划来服务该群体。

思政园地

文化兴国运兴，文化强民族强。如果没有高度的文化自信，没有文化的繁荣兴盛，就没有中华民族伟大复兴。新一代青年需要文化自信来支撑他们的成长和发展。通过加强传统文化教育、鼓励文化创新、拓宽国际视野和营造良好的文化氛围等措施，新一代青年将树立更坚定的文化自信，为国家的繁荣富强和中华民族的伟大复兴贡献青春力量。

3. 社会阶层

所有人类社会都存在社会分层，文化也经常以社会阶层的形式体现。社会阶层是在一个社会中具有相对同质性和持久性的群体，他们按等级分层，每一阶层的成员具有类似的价值观、兴趣爱好和行为方式。各社会阶层成员在产品和品牌偏好上会有所不同，他们对产品的质量、价格、品牌形象等方面的关注度和需求也可能存在差异。例如，高收入阶层的消费者可能更注重品牌、品质及个性化服务，而低收入阶层的消费者可能更注重价格和经济实惠。

思考交流

你觉得人生而平等吗？如果是，那为什么又有社会阶层一说？是哪些因素决定他们成为不同的社会阶层？

案例分析3-1

“国潮”澎湃激活文化自信

在文化自信自强、国潮文化复兴的背景下，众品牌也纷纷瞄准了文化赛道，力求与中华传统文化深度链接，推动国潮文化引领新消费潮流。

白酒产业作为传统产业，想要和年轻人打成一片，通过文化沟通显然更容易破冰。深谙这一点的泸州老窖，持续深耕独有的“非遗文化传承”。以泸州老窖·国窖1573封藏大典为例，品牌深度传播中国白酒文化精髓，实现了品牌资产沉淀与非遗文化传承的双向奔赴，从而更有效地实现了品牌营销破圈和生意增长。2021年，封藏大典还入选《泸州市第七批非物质文化遗产项目名录》。泸州老窖·国窖1573封藏大典亮出了泸州老窖乃至中国白酒文化的自信自强，仪式过程中主祭、副祭与众多泸州老窖酒传统酿制技艺传承人，遵循古法，虔诚地感恩天地、祭拜先祖，将中国传统的礼仪文化、酿酒文化等精髓展现得淋漓尽致。

国窖1573封藏大典的成功，一方面归功于其精准的市场洞察。随着传统文化越来越受到重视，消费者对酒的关注不再仅限于酒本身，更在于酒背后所蕴藏的文化，封藏大典恰好契合了这一文化趋势。另一方面，封藏大典的成功也得益于其在传承与创新中找到的完美平衡点。其传承性、神圣性、凝聚性及引领和传播性，在符合时代语境的讲述与演绎方式下得以充分展现，使消费者能够更直观地领略到酒背后深厚的文化底蕴、历史传承、人文启示和国潮风尚。这不仅提升了泸州老窖和国窖1573双品牌的市场价值，也深入消费者，向消费者展示品牌文化、提供情绪价值，进而增加消费者的品牌认同。

资料来源：人民网，内容有删改。

二、社会因素

社会因素主要包括相关群体、家庭、社会角色与地位等。

1. 相关群体

相关群体是指对消费者的态度和购买行为具有直接或间接影响的组织、团体和人群等。消费者作为社会的一员，在日常生活中经常要与家庭、学校、工作单位、左邻右舍、社会团体等进行各种各样的联系，这种联系对其个人的态度、偏好和行为有直接或间接影响。

拓展阅读

相关群体的类型

（1）主要群体

主要群体指与消费者有频繁和密切接触的群体，如家庭成员、亲朋好友、同事和邻居等。他们的意见和行为对消费者的购买决策往往具有直接且重要的影响。比如，您的好友经常向您推荐某一品牌的护肤品，并分享使用心得，这可能会促使您也去购买该品牌的产品。

（2）次要群体

次要群体指与消费者接触不太频繁或关系相对较为疏远的群体，如俱乐部成员、宗教团体、行业协会等。虽然它们的影响相对较弱，但在特定情境下仍可能对消费者的购买产生作用。例如，您参加的某个健身俱乐部成员都在使用某一款运动手表来记录运动数据，这可能会让您在选购运动手表时优先考虑该款产品。

（3）期望群体

期望群体指消费者期望加入或渴望与之建立联系的群体。消费者往往会模仿这个群体的消费行为和偏好，以获得该群体的认可或融入其中。比如，一个年轻人渴望成为某个时尚潮流群体的一员，他很可能会购买该群体中流行的服装和品牌。

思政园地

明星对普通消费者具有很大的影响力，人们在生活方式、衣着打扮和行为举止上常常会仿效名人。因此企业为了提高产品知名度及销量，会请一些明星做产品代言广告。但是消费者也应认识到，明星代言只是一种营销手段，千万不要把明星与高质量产品画等号，消费时还是要理性判断、理性选择。

2. 家庭

家庭是社会中最重要的消费者购买群体。家庭的规模、结构、收入水平，以及家庭成员的角色和地位都会影响购买行为。例如，新婚家庭可能更倾向于购买家具、家电等生活用品；而有孩子的家庭会更多地购买儿童用品和教育相关产品。

家庭因素主要包含三个方面：一是家庭结构，是指家庭中人口的数量、年龄等因素；二是家庭角色，是指成员在家庭中的身份，是父亲、母亲或者子女等；三是家庭生活方式，是指这个家庭成员的生活方式、兴趣爱好等。

拓展阅读

一个家庭也有生命周期。在不同时间段，家庭特征与消费倾向有较大的不同。具体见表3-3。

表3-3　家庭生命周期划分表

序号	家庭生命周期阶段	家庭特征及消费倾向特征
1	单身期	离开父母独居的青年，穿戴比较时髦，参与许多体育、娱乐活动
2	新婚期	新婚的年轻夫妻，无子女，需要购买汽车、家具、电冰箱等耐用消费品，并时常支出一定的旅游费用
3	“满巢”Ⅰ期	有6岁以下婴幼儿的年轻夫妻，需要购买洗衣机、婴儿食品、玩具及支付保育费用等
4	“满巢”Ⅱ期	子女大于6岁，已入学，需要购买大量食品、清洁用品、自行车，以及支付教育和娱乐费用
5	“满巢”Ⅲ期	夫妻结婚已久，子女已长大，但尚未独立，经济实力尚好，不易受广告影响，在孩子用品和教育等方面支出较多，需要更新耐用消费品
6	“空巢”期	夫妻结婚很久，子女已独立居住，仍有工作能力，对旅游、家庭改善、医用护理保健产品感兴趣
7	鳏寡期	独居老人，需要购买特殊食品和保健用品，需要被关注

思考交流

国家政策现在放开“二孩”，鼓励“三孩”，请问这对消费活动会有什么影响？企业应如何应对呢？

3. 社会角色与地位

一个人可以同时属于多种组织，如家庭、俱乐部或其他组织。人在组织中的位置可以用社会角色和地位来定义。比如，某人与父母在一起时，他是儿子；在家里，他是丈夫，是父亲；在单位，他是著名小品演员。社会角色代表一种地位，反映了社会对这种地位的承认。人们常选择代表社会地位的产品，例如，著名小品演员这个社会角色就比儿子这个社会角色在社会中地位显得要高。消费者往往会结合自己的身份和社会地位作出购买选择，许多产品和品牌由此成为一种身份和地位的标志象征。

三、个人因素

消费者在购买决策过程中受到个人特征的影响，如年龄、性别、职业、经济状况、生活方式、个性与自我概念等。

1. 年龄

年龄是影响消费者购买行为的重要因素之一。不同年龄段的消费者有不同的需求和偏好。例如，婴幼儿时期主要需求集中在食品、玩具等必需品上；青少年时期更加注重时尚、潮流和个性化产品；中年时期可能更关注家庭用品、健康产品和教育投资；而老年时期可能更倾向于购买保健品、医疗服务和养老产品。随着年龄的增长，消费者的消费观念和消费习惯也会发生相应的变化。

2. 性别

性别差异在消费者购买行为中同样显著。如在智能家居产品的选择上，大部分男性消费者在对比智能音箱或扫地机器人时，会侧重研究芯片性能、续航时长、系统兼容性等技术指标；大部分女性消费者则可能更在意产品的外观设计是否与家居风格匹配、操作界面是否简洁易懂，以及品牌提供的售后服务响应速度。

3. 职业

职业对消费者购买行为的影响主要体现在职业特点所带来的需求和消费习惯上。不同职业的消费者由于其工作环境、收入水平和社会地位不同，对产品的需求和偏好也会有所不同。例如，白领阶层可能更注重品牌和品质，而蓝领阶层更注重产品的实用性和性价比。

4. 经济状况

经济状况是消费者购买行为的重要基础。消费者的收入水平、储蓄状况、债务情况，以及对支出与储蓄的态度等都会直接影响其购买决策。一般来说，经济状况较好的消费者在购买时更加从容和自信，能够选择更高品质、更高价位的产品；而经济状况较差的消费者可能更加注重性价比和实用性。

5. 生活方式

生活方式是指一个人在生活中所表现出来的活动、兴趣和看法的模式。不同生活方式的消费者对产品的需求和偏好也会有所不同。例如，注重健康生活的消费者可能更倾向于购买有机食品、健身器材等产品；而追求时尚潮流的消费者可能更加关注时尚服饰、潮流配饰等产品。

6. 个性与自我概念

个性是一个人特有的心理特征，它会影响消费者对产品的选择和购买决策。不同个性的消费者在选择产品时会表现出不同的偏好和决策方式。例如，性格内向的消费者可能更倾向于选择低调、实用的产品；而性格外向的消费者可能更喜欢张扬、个性化的产品。此外，自我概念也是影响消费者购买行为的重要因素之一。消费者在购买产品时会考虑产品是否符合自己的身份、地位和价值观等。

思考交流

请回忆一下，你的家人在作出某些购买决策时的不同反应，原因何在？

四、心理因素

一个人的购买选择受四种主要心理因素的影响，即动机、知觉、学习、信念和态度。

1. 动机

动机是推动个体采取行动的内部驱动力。在购买决策中，动机源于消费者的各种需要，这些需要可能是生理性的（如饥饿、口渴）或心理性的（如归属感、尊重、自我实现）。当这些需要达到一定的强度时，就会转化为动机，引导消费者去寻求满足这些需要的产品或服务。根据马斯洛的需要层次理论，人的需要是按层次排列的，从基本的生理需要、安全需要，到更高层次的社会需要、尊重需要和自我实现需要。因此，消费者的购买动机也是多层次、多样化的。

拓展阅读

马斯洛需要层次理论

心理性动机的类型

2. 知觉

知觉是个体对外部刺激信息进行选择、组织、解释和加工的过程。在购买过程中，消费者对产品或服务的知觉受到多种因素的影响，包括产品本身的属性（如外观、质量、价格）、广告宣传、品牌形象、购物环境等。不同消费者对同一产品或服务的知觉可能存在差异，这取决于他们的个人经验、价值观、文化背景等。因此，企业在营销过程中需要注重产品或服务的差异化定位，以更好地满足消费者的知觉需求。

思考交流

请举例说明企业如何利用消费者的知觉实现体验营销。

3. 学习

学习是通过经验或实践获得知识或技能的过程。在购买决策中，学习表现为消费者通过购买和使用产品或服务来积累经验，并根据这些经验调整自己的购买行为。例如，消费者可能会根据以往的使用经验来评价产品的性能和质量，并据此决定是否再次购买该产品。此外，消费者的学习还受到社会环境、媒体宣传、口碑传播等多种因素的影响。因此，企业在营销过程中需要注重消费者的学习和反馈机制，不断改进产品或服务，以满足消费者的需求。

思政园地

学习对于个人成长和社会进步的重要性不言而喻。它像一扇窗，帮助我们拓宽视野，了解世界的多样性和复杂性。通过不断学习，我们能够掌握更多的知识和技能，提升自我竞争力，为未来的职业发展打下坚实的基础。对于国家而言，构建学习型社会是推动社会进步和发展的重要途径。青年学子作为国家的未来和希望，更应该珍惜学习机会，将学习视为一种责任和使命，将所学知识应用于实际问题的解决中，为实现中华民族伟大复兴的中国梦贡献自己的力量。

4. 信念和态度

信念是个体对某一事物所持有的稳定而持久的看法或观点；态度是个体对某一事物所持有的情感倾向和行为意向。在购买决策中，消费者的信念和态度会影响他们对产品或服务的评价和选择。例如，如果消费者认为某个品牌的产品质量可靠、价格合理且服务周到，那么他们就更有可能选择该品牌的产品。反之，如果消费者对某个品牌持有负面信念或态度，那么他们就可能避免购买该品牌的产品。因此，企业在营销过程中需要注重塑造积极的品牌形象和口碑传播，以改变或强化消费者的信念和态度。

思考交流

我们在购买商品时有什么样的想法，哪种因素对我们的影响最大？

实操演练

实训目的：

加深学生对影响消费者购买行为因素的理解；通过角色扮演让学生体验消费者的购买过程，理解消费者购买行为是受多种因素影响的结果，能分析影响消费者购买行为的主要因素并提出相应的营销对策建议；强化学生分析问题和解决问题的能力，培养学生语言表达能力和团队精神。

实训内容：

①学生课前按以下场景进行准备。

某日下午，一家厨具店内迎来三位顾客：衣着朴素的老太太、戴眼镜的男青年和打扮精致的姑娘。营业员察觉到这是长辈和儿子、儿媳购物，便主动介绍货架上不同价位的碗具。沉默中，三人目光各有所向——老太太反复打量100元一套的实惠款，姑娘紧盯1000元的设计师款，男青年则局促地来回张望。

营业员迅速捕捉到微妙氛围：老太太想节省开支，姑娘追求品质，男青年左右为难。她打破僵局，对老太太分析道：“这款百元碗具虽实惠，但质感较差，容易磨损。”转向姑娘时又说：“这款千元碗具虽精质，但设计师款溢价较高。”随即取出一套500多元的碗具：“这款是今年新款，既有质感，性价比也高，库存不多了。”

这番精准推荐顿时化解紧张，姑娘和老太太都比较满意，男青年如释重负，欣然付款。原本胶着的价格拉锯战，在营业员巧妙的折中建议下，终以三方满意的结局收场。

②课堂上根据事先准备的场景，按剧情需要请四位同学分别扮演以上不同的人物，要求用语言和肢体动作充分表现其心理活动。

③分小组讨论：就所发生的故事情景结合生活实际和所学营销知识进行分析，老太太、男女青年在购买碗具时受到哪些因素的影响？该营业员抓住了顾客的哪些购物心理，从而使不同的顾客皆大欢喜？如果你是营业员，你还会用哪些营销对策来激发需求不同的消费者产生购买动机？

④同学之间相互讨论：人们在购买家居用品时主要受哪些因素的影响？

实训过程：小组完成，每组5~6人，其中1人担任组长或发言代表，组织小组学习、模拟情景和讨论，1人担任观察员，负责观察记录。讨论结束后，组长或代表上讲台阐述本组讨论的结果和方案，观察员上台汇报小组成员参与活动的情况。

任务二 消费者市场购买行为认知与分析

任务描述

小李的公司正在筹备一个新的项目，计划推出一款针对大学生的面膜，但他们不确定如何定位产品以满足目标消费者的需求，后期应该如何宣传才能吸引消费者。带着这个任务，小李开始思考：消费者购买决策过程包含哪些阶段？如何通过市场营销策略影响消费者的购买行为？如何根据不同的购买行为类型设计产品和市场策略？

任务分析

为了解决目前的疑问，小李需要先学习消费者购买行为的要素，然后要区分不同类型的购买行为类型，以及了解消费者购买决策的过程有哪些步骤。这样，小李才能针对不同的购买行为制定对应的营销策略，以及根据消费者决策过程的特点和要求，形成相应的营销思路。

知识准备

消费者购买行为是市场营销研究的重要内容，企业在一定程度上围绕着消费者行为制定营销策略，开展营销活动。

活动1　了解消费者购买行为及分类

一、消费者购买行为的内涵

消费者购买行为是指消费者在购买产品或者服务时所采取的行动或者表现出的态度，包括消费者在购买前的购买决策、购买中的购买方式，消费者的购买频率，以及购买后的评价等。

二、购买基本要素分析

通常可以采用5W1H分析法分析消费者的购买行为。5W1H分析法的内容包括以下六个方面。

1. What

购买什么，指的是购买的具体产品或服务。比如，商品的具体类型、规格、品牌、功能等特性，以及这些特性如何满足消费者的需求。

2. Why

为什么购买，探讨购买行为的动机或原因，包括实际需求、心理需求、社会影响等。

3. Who

谁在购买，即识别购买行为的主体。了解购买行为的发起者、影响者、决策者、执行者及产品的最终使用者是谁。

4. When

何时购买，确定购买行为发生的时间点或时间段。分析购买行为的时间规律，有助于企业合理安排生产和库存，以及抓住销售时机。

5. Where

在哪里购买，指出购买行为发生的地点或渠道。分析消费者购买产品或服务的渠道偏好，如线上购物平台、实体店铺等，有助于企业优化销售渠道布局，提升销售效率。

6. How

如何购买，描述购买行为的决策过程和购买方式。了解消费者的购买方式等，有助于企业优化购买流程，提升消费者的体验过程。

思考交流

回忆一下你以前的某次购物体验，分析5W1H分别是如何体现的？

三、消费者购买行为的类型

常见的消费者购买行为类型有以下三种。

（一）按消费者在购买时介入程度和产品品牌的差异程度划分

根据购买者在购买过程中参与者的介入程度和品牌间的差异程度，将消费者的购买行为分为四种类型。

1. 复杂型购买行为

当消费者高度介入购买过程，同时品牌间差异很大时，就会出现复杂的购买行为。例如，购买昂贵的电子产品。在这种情况下，消费者会花费大量的时间收集信息，比较不同品牌的性能、价格、质量、售后服务等多个方面。他们可能会查阅专业评测、咨询朋友或专家的意见、在网上搜索用户评价等。由于品牌差异大，消费者在决策过程中会经历较为复杂的心理活动，对各个品牌进行评估和权衡。

针对这种类型的购买行为，企业应设法帮助消费者了解与该产品有关的知识，并设法让他们知道和确信本产品在重要性能方面的特征及优势，介绍其品牌能给消费者所带来的利益，使他们树立对本产品的信任感，从而影响购买者的最终决策。

2. 协调型购买行为

当消费者高度介入购买过程，但品牌间差异不显著时，就会产生协调型购买行为，也被称为减少失调感的购买行为，比如，购买冰箱等大家电。此时消费者虽然也会认真进行购买决策，但由于品牌间差异较小，选择相对较为困难。他们会在几个较为知名的品牌中进行挑选。购买后，消费者可能会因为担心自己的选择不正确而产生心理上的失调感。为了减少这种失调感，他们会寻找支持自己决策的信息，或者向他人强调自己选择的合理性。

为此，企业应通过调整价格和售货网点的选择，向消费者提供有利的信息，帮助消费者消除不平衡心理，坚定其对所购产品的信心。

3. 广泛型购买行为

当消费者介入程度低，而品牌间差异较大时，就会出现广泛型购买行为，亦被称为寻求多样化的购买行为，如购买零食。消费者在购买这类产品时通常不会进行深入思考和比较，决策过程比较简单。由于品牌间差异大，消费者可能会出于尝试新口味、新品牌的目的而频繁更换购买的品牌。对于这类产品，消费者的忠诚度相对较低，更注重产品的多样性和新鲜感。

面对这种广泛型购买行为，当企业处于市场优势地位时，应注意以充足的货源占据货架的有利位置，并通过提醒性的广告促成消费者建立习惯性购买行为；而当企业处于非市场优势地位时，应以降低产品价格、免费试用、介绍新产品的独特优势等方式，鼓励消费者进行多种品种的选择和新产品的试用。

4. 习惯型购买行为

当消费者介入程度低，品牌间差异也很小时，就会形成习惯型购买行为，比如，购买日常用品如卫生纸、牙膏等。在这种情况下，消费者通常不会花费太多时间和精力去选择品牌，而是基于习惯或便利性进行购买。他们对品牌的忠诚度较高，一旦形成了购买习惯，就会持续购买同一个品牌，除非产品出现重大问题或有更好的选择出现。

对于这类产品，企业通常通过广告宣传、促销活动等方式来维持消费者的购买习惯，同时吸引竞争对手的顾客。

思考交流

请问消费者在购买糖果、牙膏、住房、电视时属于什么类型的购买行为？

（二）按消费者购买商品时的态度与要求划分

1. 习惯型

根据过去的购买经验和习惯进行购买，忠于一个或少数几个品牌，经常到某一家商店去购物；有固定的消费习惯和偏好，购买商品时心中有数，目标明确。

2. 理智型

在作出购买决策之前经过仔细比较和考虑，胸有成竹，不容易被别人说服，不轻率地作决定。

3. 冲动型

容易受产品外观、广告宣传、促销活动等因素的影响，轻率地作出决定，也容易动摇和反悔，是企业各种营销活动中积极争取的对象。

4. 选价型

在购买商品时对价格比较敏感和在意，可进一步分为选择价格高和选择价格低两种类型。

5. 想象型

想象力非常丰富，对产品的象征性特别重视，购买商品时容易受感情因素和外界宣传的影响。

6. 疑虑型

内向型的心理，购买商品行动谨慎、迟缓，疑心重。“三思而后行”，买后还疑心是否受骗上当。

7. 不定型

购买商品缺乏主见，没有固定的偏好，容易接受新的东西，消费心理和习惯处在逐步形成中。

思考交流

消费者在直播间购物属于哪种购买行为？

（三）根据消费者购买目标划分

根据消费者购买目标的选定程度，购买行为可以划分为确定型购买、半确定型购买和不确定型购买。

1. 确定型购买

确定型购买是指消费者在购买商品之前已经有非常明确的购买目标，对商品的信息了解较为全面，购买决策迅速，不易受外界干扰。他们可能已有长期使用的品牌或产品，并持续回购。

2. 半确定型购买

半确定型购买是指消费者在购买商品之前已有初步的购买意向和目标，但对商品的各类特征尚未完全明确。消费者在购买过程中，需要对商品进一步了解、分析和比较，以确定一个明确的购买目标。这种类型的人易受他人观点、广告宣传等外界因素的影响。

3. 不确定型购买

不确定型购买是指消费者在购买商品之前没有任何明确的购买目标，常常是路过、闲逛时偶然发现比较喜欢的商品，激发起购买欲望而实施购买行为。购买决策具有较大的随机性和冲动性。当遇到感兴趣的商品时，可能会因为一时冲动而购买。

案例分析3-2

类别各异的购买行为

小芳要自购一套房屋居住，她不仅反复比较了心仪区域的各个楼盘，从户型、物业、单价、环境、周边配套等多个要素反复衡量，还拉上亲戚朋友一起踩盘，听取他们的意见，并上网查询相关信息，就这样，四个月后她终于决定购置某小区的一套新房。

购房后，小芳需要为所购新房配置电器，她选择在双十一活动期间，将之前了解过的某品牌电器在合适的促销力度下一次性配置齐全。购买结束后，她又回看了自己所购置电器的相关评价，觉得自己买对了。

入住后，小芳邀请亲朋好友来家里做客，因担心大家对零食的口味喜好不同，所以她购买了不同品牌的饼干、巧克力等诸多零食，供大家选择。

最后，小芳又下楼购买了一件自己常喝的矿泉水作为饮用水招待亲朋好友。

请思考：小芳购买房产、电器、零食、饮用水的行为分别对应哪种购买行为？

活动2　掌握消费者购买决策过程

微课 消费者购买决策过程

每一个消费者在购买某一商品时，都会有一个决策过程，但是会因所购产品类型、购买者类型的不同而使购买决策过程有所区别，但典型的消费者购买决策过程一般包括以下五个方面。

一、认识需求

认识需求是消费者购买决策过程的起点。当消费者在现实生活中感觉到或意识到实际与其企求之间有一定差距，并产生了要解决这一问题的需求时，购买的决策便开始了。消费者的这种需求的产生，既可以是人体内机能的感受所引发的，如因饥饿而引发购买食品、因口渴而引发购买饮料，又可以是由外部条件刺激所诱生的，如在朋友圈看见大家都去旅游也打算出去玩一玩、路过水果店看到新鲜的水果决定购买等。当然，有时候消费者的某种需求可能是内、外原因同时作用的结果。

市场营销人员应注意识别引起消费者某种需要和兴趣的环境，并充分注意到以下两方面的问题：一是注意了解那些与本企业的产品实际上或潜在的有关联的驱使力；二是消费者对某种产品的需求强度，会随着时间的推移而变动，并且被一些诱因所触发。在此基础上，企业还要善于安排诱因，促使消费者对企业产品产生强烈的需求，并立即采取购买行动。

二、收集信息

当消费者产生了购买动机之后，就会开始进行与购买动机相关联的活动。如果他所要购买的物品就在附近，他便会实施购买活动，从而满足需求。但是当所需购买的物品不易购到，或者说需求不能马上得到满足时，他便会把这种需求留在记忆中，并注意收集与需求相关和密切联系的信息，以便进行决策。消费者信息的来源主要有以下四个方面。

1. 个人来源

从与家庭、亲友、邻居、同事等个人交往中获得信息。

2. 商业来源

这是消费者获取信息的主要来源，其中包括广告、推销人员的介绍、商品包装、产品说明书等提供的信息。这一信息源是企业可以控制的。

3. 公共来源

消费者从电视、广播、报纸杂志等大众传播媒体获得信息。

4. 经验来源

消费者从自己亲自接触、使用商品的过程中得到信息。

上述四种信息来源中，商业信息最为重要。从消费者角度看，商业信息不仅具有通知的作用，而且一般来说具有针对性、可靠性，个人和经验来源只能起验证作用。而对企业来说，商业信息是可以控制的。消费者可以通过商业信息的渠道了解本企业的产品，进而购买本企业的产品。

三、评估方案

为了满足需求，消费者收集了足以作出判断的信息后，就要对商品进行评价和选择。对所要购买的商品进行全面了解，对同类商品进行综合比较，最终对购买时间、购买地点、价格提出不同的方案，然后比较评价，这是购买过程中重要的阶段。企业营销活动应尽可能为消费者提供信息、提供方便条件，促使其将购买本企业产品作为最佳方案。

拓展阅读

消费者信息评价的依据

消费者对收集到的各种产品信息的评价，主要依据以下五个方面进行：分析产品属性、建立属性权重、确定品牌信念、形成“理想产品”、作出最后评价。

第一，分析产品属性是消费者评价产品的基础，这包括产品的功能、质量、设计、价格等多个维度。消费者会仔细考虑这些属性是否符合他们的需求和期望。第二，建立属性权重，即消费者对产品不同属性的重要性进行排序，这反映了消费者对产品的偏好和重视程度。第三，确定品牌信念。消费者会根据品牌的声誉、历史、服务质量等因素形成对品牌的整体印象和信任度。第四，形成“理想产品”。这是消费者心目中完美的产品形象，它会指导消费者的购买决策。第五，作出最后评价。消费者会根据以上所有因素，对产品进行综合评价，决定是否购买。

四、购买决定

在评估完各个购买方案后，消费者会根据自己的偏好和决策规则，形成购买意图和偏好，并最终作出购买决策。

购买决策可能包括三种情形：一是立即购买，即消费者对商品的品质、款式、价格等都比较满意的情况下就会立即购买；二是暂缓购买，如预算不足、需要进一步比较和评估不同的产品、等待更好的价格或促销活动、个人时间安排等而暂缓购买；三是决定不买，如因失业而减少收入，因产品涨价而无力购买，或者有其他更需要购买的东西等，这一切都会使消费者放弃原有的购买意图。

五、购后行动

产品在被购买之后，就进入了买后阶段，此时，市场营销人员的工作并没有结束。

消费者购买商品后，通过自己的使用和他人的评价，对购买的商品进行评估和反馈。这种评估不仅会影响消费者对商品的满意度和忠诚度，还可能对周围人的购买决策产生影响。购后行为还包括消费者对购买决策的反思和调整。如果消费者对购买结果感到满意，可能会继续购买该品牌或该类型的产品；如果感到不满意，就可能会寻找替代产品或向他人表达不满。市场营销人员应采取有效措施尽量减少购买者买后不满意的程度，并通过加强售后服务、保持与顾客联系、使他们从积极方面认识产品的特性等方式，来增加消费者的满意度。

需要注意的是，消费者的购买决策过程，有时候并不会完整地经历这五个阶段，他们有时候会跳过某些阶段，有时候会倒回到前面的某个阶段。以购买食盐为例，消费者想到要买盐（认识需求），在超市的货架上随手拿起一包盐就放购物车里了（购买决定）。

思考交流

你认为在消费者购买决策的过程中，哪个环节最重要？为什么？

案例分析3-3

消费者购买“雪糕刺客”的决策过程

（1）需求确认

“雪糕刺客”花哨的包装、奇葩的味道，迎合了少部分人的猎奇心理和跟风心态。Z世代人群乐意尝试新事物，他们愿意付高价去购买新奇的体验。包装的设计和产品的高值定价营造了一种奢侈风气，而朋友圈晒图展示了自己消费水平的行为，以“雪糕刺客”的符号化消费来满足这部分人群的社会交往心理。达人种草、直播带货提高了雪糕的推广成本。在小红书等社交媒体的推广使“雪糕刺客”的知名度大大提高。

（2）收集信息

Z世代人群作为“雪糕刺客”的目标顾客，极度依赖互联网来获取信息，而“雪糕刺客”在各大社交媒体上的大面积推广让消费者通过互联网被动接收到了许多信息。

（3）评估方案

在收集完信息后，消费者对于“雪糕刺客”主要有几个评估依据：品牌、价格、口味、包装、原料等。而消费者根据不同的评估依据对购买重要程度的不同，进行综合评估。

（4）购买决策和实施

若在线下购买“雪糕刺客”，购买变数比较多，比如，在便利店购买“雪糕刺客”，在同一冰柜里消费者会进行价格对比，消费者有临时改变决策的可能。若在线上购买“雪糕刺客”，配送的速度也会影响消费者的购买决策和实施。

（5）购后行为

在购买“雪糕刺客”后，消费者对“雪糕刺客”的满意度不同，他们会在网络上分享自己的经验。若满意，则会增强消费者的品牌忠诚度，促使他们进行下一次购买；若不满，消费者则不会再进行购买，并且在网上传播告诉亲友。

备注：Z世代也被称为“网生代”“互联网世代”“二次元世代”“数媒土著”，通常是指1995—2009年出生的一代人，他们一出生就与网络信息时代无缝对接，受数字信息技术、即时通信设备、智能手机产品等影响比较大。

资料来源：微信公众号作者“第四小组”——“‘雪糕刺客’现象下的消费者行为分析”，内容有删改。

实操演练

实训目的：加深学生对消费者购买决策过程的理解；通过亲身参与，让学生体验消费者的购买决策过程，明确营销者在每一阶段应采取的营销对策；增强学生理论联系实际能力、动手操作能力、语言表达能力。

实训内容：①罗列自己近期想要购买的商品，通过多渠道收集商品信息。②对收集到的信息进行分析、整理、比较，确定购买意向。③购买选中的商品，完成交易。④对购买商品和购买过程进行评价。⑤分小组讨论：作为营销员，在消费者购买决策过程的每一阶段应采取哪些营销对策？提出自己的建议和意见，填写表3-4。

表3-4　购买决策过程体验记录

购买决策过程	思考问题	体验、感受等描述	营销对策建议
认识需求	什么唤起或强化了购买的需求		
收集信息	收集商品信息的主要来源有哪些		
评估方案	从哪些方面对商品进行选择评估		
购买决定	决定购买时的状态是怎样的		
购后行动	如何对购买商品和本次购物体验进行评价		

实训过程：小组完成，每组4~5人，其中1人担任组长或发言代表，组织小组学习和讨论，1人担任观察员，负责观察记录。讨论结束后，组长或代表上讲台阐述本组讨论的结果和方案，观察员上台汇报小组成员参与活动的情况。

任务三 消费者网络购买行为分析

任务描述

张女士是一家在线教育平台的市场经理，近期观察到平台上的用户群体在网络购物行为上展现出高度的活跃性，尤其是在购买学习资料、电子设备及教育服务方面。张女士想进一步提升平台内相关产品的销量和用户满意度，可是一时又无从入手。

任务分析

张女士想要提升网购平台内相关产品的销量和用户满意度，就需要深入研究消费者网络购物中的具体行为模式、心理动因，以及影响他们购买决策的关键因素，这样才能更有针对性地提出解决方案。

知识准备

电子商务的兴起和发展为企业营销开辟了新的渠道和契机，使得企业能够更加精准地触达目标消费者，实现个性化营销。因此，研究网络消费者的购买行为对于企业来说意义重大。

活动1 了解网络购买行为

一、网络购买行为的界定

网络购买行为主要指通过互联网进行商品和服务的购买活动，购买活动全部或部分通过电子设备和互联网完成。网络购买行为不仅包括直接的在线购物，如网上购物，还包括其他形式的电子商务活动，如网络消费（在线教育、在线娱乐等）和网络代购等。

二、网络购物新趋势

1. 移动购物

随着智能手机和移动互联网的普及，移动购物已成为网上购物的重要趋势。消费者可以在任何时间、任何地点进行购物，只需在手机上浏览网站或使用应用程序即可。移动购物的便利性和即时性，使得越来越多的消费者选择使用手机进行购物。

2. 社交电商

社交电商是指将社交媒体平台与电子商务相结合的一种新型商业模式。消费者可以在社交媒体上浏览和购买商品，也可以通过社交媒体分享自己的购物体验和评价。社交电商的兴起，使得消费者可以更加方便地了解和购买商品，同时也为商家提供了更多的销售渠道。

3. 跨境电商

随着经济全球化加速和跨境贸易增加，跨境电商已成为网上购物的新趋势。消费者可以在跨境电商平台上购买来自世界各地的商品，包括进口商品和文化产品等。跨境电商的兴起，为消费者提供了更多的购物选择和便利。

拓展阅读

网上购物的未来发展方向

（1）人工智能技术的应用

人工智能技术的应用将为网上购物带来更多的创新和便利。例如，人工智能技术可以通过智能推荐和个性化定制等方式，帮助消费者更加精准地找到他们需要的商品。同时，人工智能技术也可以帮助商家更加智能化地管理和运营他们的店铺。

（2）绿色电商和可持续发展

随着人们对环保和可持续发展的关注度不断提高，绿色电商和可持续发展将成为网上购物的重要趋势。消费者越来越关注商品的环保性和可持续性，同时也关注商家的社会责任和道德标准。因此，未来电商行业将更加注重环保和社会责任，推动绿色电商和可持续发展。

（3）个性化和定制化服务

随着消费者需求的多样化和个性化，个性化和定制化服务将成为网上购物的重要趋势。消费者可以根据自己的需求和喜好，定制自己喜欢的商品和服务。同时，商家也可以通过数据分析和人工智能等技术，更加精准地了解消费者的需求和行为，提供更加个性化的服务和产品。

三、消费者网络购物的特点

1. 方便快捷

互联网购物打破了时间和空间的限制，消费者可以在任何时间、任何地点进行购物，无须亲自前往实体店面，只需要通过计算机、手机或其他智能设备，就能轻松地浏览商品、下订单并完成支付。

2. 多样选择

互联网购物平台提供了海量的商品选择，几乎涵盖了所有品类的商品，从日常生活用品到奢侈品，应有尽有。消费者可以通过比较价格、品牌和用户评价等信息，作出更理性的购买决策。

3. 个性化体验

互联网购物平台通过个性化推荐和定制化服务，能够更好地满足消费者的个性化需求。消费者可以根据自己的喜好和偏好获得相关的商品推荐，提高购物体验和增加满足感。

4. 社交属性增强

消费者在社交媒体上获取商品信息、分享购物心得，并直接在社交平台上完成购买，社交电商模式日益普及。购物过程中的互动性和分享性增强，消费者可以更加便捷地与他人交流购物体验。

5. 安全隐患

与传统购物相比，网络交易的最大特点是虚拟性。通过网络进行交易，消费者只能通过商家的网络展示页面了解商家资质、商品规格与式样、交易条件等重要信息来作出购买决策。如果商家提供的这些信息不真实、不全面，通过第三方进行虚假评价，甚至故意欺诈，那么消费者权益必然受损。

思政园地

随着网络购物的快速发展，我国出台了《中华人民共和国电子商务法》《中华人民共和国个人信息保护法》等专门性法律，强化了平台责任，要求平台对入驻的商家进行更实质性的监管。此外，还通过一系列法规细化了在网购过程中消费者权益保护的具体操作。

四、消费者网络购买心理

消费者网络购买心理涉及多个方面，商家需要深入了解并满足消费者的这些心理需求，以提升消费者购物体验和促进销售。同时，消费者也应该保持理性，根据自己的实际需求和预算作出合理的购物决策。

1. 求便心理

在快节奏的现代生活中，人们往往希望以最便捷的方式满足自己的需求。网络购物不受时间和空间的限制，可以随时随地浏览商品、下单购买，节省了消费者去商场购物的路途往返时间。最重要的是，网上海量的商品也方便消费者进行比价，后台经过计算也能为消费者实时精准推荐，节省了寻找和挑选商品的时间；多种线上支付方式，节省排队结账时间；更有时刻在线的客服随时解答疑虑，让消费者能轻松选购所需商品。

2. 求廉心理

价格是消费者购物时考虑的重要因素之一。网络购物平台通常能够提供较为低廉的价格，这主要是因为网络商家的运营成本相对较低，没有实体店的租金、水电费等高额费用，并且通过网络销售，可以减少经销商、代理商等中间环节，采用订单生产，减少库存，从而降低了成本。此外，网络购物平台还经常推出各种促销活动，如打折、满减、优惠券、试用、兑换等，让消费者能够以更优惠的价格，甚至不用花钱就能购买到心仪的商品。

3. 求新心理

消费者通常对新鲜、时尚的商品充满兴趣。网络购物平台能够快速推出各种新款商品，满足消费者的求新心理。消费者可以在网络上第一时间了解到最新的时尚潮品、科技产品等信息，并进行购买。同时，网络购物平台还提供了用户评价和晒单功能，让消费者可以了解其他消费者对商品的使用感受和评价，从而更好地选择适合自己的新商品。

4. 求安全心理

在网络购物中，消费者担心购买到不适合或者假冒伪劣商品或者遭遇网络诈骗。因此，他们会选择信誉度高、口碑好的购物平台和商家进行购物。购物平台的货到付款、7天无理由退货、咨询已购买家、买贵了退差价等规则，保障了消费者的权益，让他们更有安全感。购物平台通过采取各种措施来保障消费者的权益，如提供担保交易、售后服务、消费者维权渠道等，让消费者购物时更加放心。

5. 求个性心理

现在的消费者越来越注重个性化需求，希望购买到与众不同的商品。网络购物平台提供了丰富多样的商品选择，消费者可以根据自己的喜好和需求进行定制化购买。例如，消费者可以在一些定制商品的网站上，设计自己专属的T恤、手机壳等商品，满足自己的个性需求。

6. 社交心理

网络购物也具有一定的社交属性。消费者可以在购物平台上与其他消费者进行交流和分享，了解商品的使用心得和购物经验。一些购物平台还推出了社交化购物功能，如团购、砍价等，让消费者可以和朋友一起购物，增加购物的乐趣。

7. 从众心理

在网络购物中，消费者往往无法直接接触到商品实物，只能通过图片、文字和视频等信息来了解商品。由于信息不对称和信任缺失，消费者更容易依赖他人的购买决策和推荐来作出选择。电商平台也经常推出热销榜、排行榜等榜单，展示最受欢迎的商品。消费者倾向于购买这些热销商品，认为它们之所以受欢迎，必然有其过人之处。这种心理使得热销商品更加畅销，从而形成良性循环。

拓展阅读

网络消费呈现新趋势

活动2　大数据分析网络购买行为

微课 大数据分析网络购买行为

消费者行为的大数据分析可以从以下五个方面开展。

一、消费习惯分析

消费习惯分析是大数据在网络购物中的核心应用之一。通过分析消费者的购买历史、浏览行为、购物车内容等数据，企业可以深入了解消费者的偏好、购买频率、购买时间等习惯。例如，利用大数据技术分析消费者的购物车中的商品组合和数量，可以了解消费者的购买行为和需求，从而提供更加精准的产品组合和定价策略。企业还可以通过分析季节性趋势、产品类别偏好等，来预测未来的消费趋势，为企业的库存管理和营销策略提供有力的支持。

二、产品评价分析

产品评价分析是提升产品质量和用户体验的重要手段。通过收集和分析消费者对产品的评价、反馈和评分，企业可以了解产品的优点和不足，进而进行产品改进和优化。例如，利用大数据技术对电商平台上的用户评价进行情感分析，可以识别出用户对产品的正面和负面评价，从而快速响应并解决用户的问题。企业还可以通过分析评价中的关键词和主题，来发现用户的新需求和潜在的市场机会。

三、营销效果分析

营销效果分析是评估营销活动成功与否的关键环节。通过大数据技术，企业可以实时跟踪和分析营销活动的数据，如点击率、转化率、ROI（投资回报率）等，从而评估营销活动的效果。企业还可以利用大数据技术对消费者的购买路径进行追踪和分析，了解消费者在不同营销渠道和触点上的行为表现，从而优化营销策略和渠道布局。例如，通过个性化推荐系统向消费者推送符合其需求的商品和服务，可以大大提高营销效果和用户满意度。

四、社交媒体分析

社交媒体分析是了解消费者态度和情感的重要渠道。通过分析社交媒体平台上的用户评论、帖子、帖文分享等内容，企业可以了解消费者对产品和品牌的看法和态度。例如，利用大数据技术对社交媒体上的用户评论进行情感分析，可以识别出用户对产品的正面和负面情感倾向，从而及时调整营销策略和产品策略。还可以通过社交媒体分析来发现潜在的用户群体和市场需求，为企业的市场扩张和产品创新提供有力的支持。

五、地理位置分析

地理位置分析是了解消费者地域分布和购买行为的重要工具。通过分析消费者的地理位置信息，企业可以了解不同地区的消费习惯和市场需求，从而制定更加精准的营销策略。例如，通过分析消费者的购买历史和地理位置信息，可以识别出不同地区的热门商品和购买趋势，从而调整产品供应和库存策略。企业还可以利用地理位置信息来优化物流配送和售后服务等环节，提高客户的满意度和忠诚度。

思政园地

大数据分析在深刻洞察消费者行为、优化服务与体验的同时，也伴随着信息泄露的潜在隐患。因此，在合法合规的前提下，企业需要采取严格的数据保护措施，确保消费者个人信息的安全与隐私得到妥善维护，以平衡数据分析的益处与信息安全的需求。

活动3　网络购买决策过程

随着移动互联网技术和手机等移动设备的普及，移动电子商务时代早已到来，消费者的消费模式又有了一些变化，有学者将其概括为SCIAS模式，这种决策过程要经历5个步骤：主动搜索（Search）、同类比较（Compare）、产生兴趣（Interest）、购买行动（Action）、展示分享（Show）。

一、主动搜索

受移动互联网时代碎片化信息影响的人们更知道自己需要什么，也更有想象力，所以搜索的动因很简单——自身需求。

消费者在现代购物旅程的第一步，往往始于对需求品类的广泛探索。他们充分利用互联网的便捷性，通过搜索引擎、社交媒体上的话题标签、专业购物平台，以及各类App中的推荐功能来寻找心仪的品类或目标商品。此外，随着语音搜索技术的普及，消费者甚至可以通过智能音箱等设备，以更加自然的语言方式表达需求，开启个性化搜索之旅。

二、同类比较

一旦进入比较环节，消费者便展现出高度的主动性和选择性。他们会在电商网站上详细浏览商品信息，利用平台提供的筛选、排序功能，以及用户评价、专业评测等多维度信息，对同类商品或服务进行细致入微的比较。值得注意的是，智能推荐算法也在此过程中发挥重要作用，根据消费者的搜索历史、浏览行为和购买偏好，精准推送相似或更符合其需求的商品，进一步扩大了消费者的选择范围。

三、产生兴趣

经过一番主动了解与比较后，若某款商品在功能、设计、价格或品牌故事等方面触动了消费者的心弦，便会激发他们的兴趣。这种兴趣可能源于商品本身的吸引力，也可能是因为它满足了消费者的特定需求或期待。此时，消费者开始深入研究该商品，查看更多的细节，甚至将其加入购物车或收藏，为后续的购买决策作准备。

四、购买行动

购买行动的完成，依赖于流畅无阻的交易体验。这包括稳定且高速的网络连接、响应迅速的电商平台服务器、安全便捷的支付系统，以及清晰透明的购物流程。当消费者确认购买意向后，他们期望能够迅速完成下单、支付等一系列操作，而无须面对任何障碍或不确定性。只有当整个交易过程流畅且信任感满满时，消费者才会毫不犹豫地按下“立即购买”的按钮，完成购买行动。

五、展示分享

购买并体验了产品或服务后，如果消费者的满意度达到了预期甚至超出预期，他们往往会通过社交媒体这一强大的传播渠道，将自己的购物成果展示给亲朋好友，秀出“宝贝”。无论是发布精美的产品照片、撰写详细的使用体验，还是参与品牌发起的互动活动，消费者都乐于分享这份喜悦与满足。这种展示与分享的行为，不仅是对自己选择的肯定，也是对其他潜在消费者的推荐与引导，进一步促进了商品或服务的口碑传播。

在SCIAS模式里，消费者会根据自身的需求开展主动搜索。消费者甚至在不明确是否有确切的商品和服务的情况下，基于对搜索引擎和网络的信任直接给出相应的消费标准，通过搜索得到相关商品的推荐或是消费策略。因此传统的广告对消费者的消费决策影响越来越小，而一些综合性的导购类、分享型网站得到更多消费者的青睐。此外，随着无线运营公司定位服务的发展成熟，一种基于定位服务的LBS模式（Location Based Services，基于位置服务）兴起，可以根据消费者的定位，为消费者提供精准的周边消费信息，包括周边的美食、停车场、交通、娱乐等多方面的详细信息。

案例分析3-4

SK-II借助AISAS模型征服消费者

活动4　影响消费者网络购买行为的因素

影响消费者网络购买行为的因素主要有以下五点：

一、网络商店的吸引力

1. 网页设计的美观度和方便度

美观的网页设计能够迅速吸引消费者的注意力，提升购物体验。视觉上令人愉悦的页面布局和色彩搭配，能够激发消费者的购买欲望。一个设计糟糕的网页会在消费者下单之前就吓退他们。网页设计从色彩布局到字体，每个元素都会对消费者的心理产生影响。

方便度则体现在网站的导航设计、搜索功能、页面加载速度等方面。一个操作简便、响应迅速的网站，能够减少消费者的时间成本，提高购物效率，从而增加购买的可能性。

2. 商品信息的全面性

消费者在网络购物时无法亲自接触商品，因此商品信息的全面性至关重要。详细的商品描述、高清的图片、视频展示，能够帮助消费者更好地了解商品的功能、材质、尺寸等细节，从而降低购买风险，增强购买信心。

3. 网店的信用水平

网店的信用水平是消费者选择购物平台时的重要考量因素。高信用的网店通常意味着更可靠的商品质量、更完善的售后服务和更安全的交易环境。消费者可以通过查看网店的信誉评级、用户评价等信息来评估网店的信用水平。

4. 网店的知名度

知名度高的网店具有更强的品牌影响力和市场竞争力。消费者在选择购物平台时，往往会倾向于选择那些知名度高、口碑好的网店，因为这些网店通常能够提供更优质的产品和服务。

5. 价格因素

价格是消费者购买决策中的重要考虑因素之一。在具备同等品质和服务的前提下，价格更优惠的网店能够吸引更多的消费者。然而，消费者也会权衡价格与品质、服务等因素，作出理性的购买决策。

二、用户评价

用户评价是消费者了解商品和网店的重要途径之一。通过查看其他消费者的购买体验和评价，消费者可以更加客观地了解商品的质量、性能、售后服务等方面的信息。正面的用户评价能够增强消费者的购买信心，而负面的评价可能会促使消费者放弃购买。因此，许多购物网站会突出用户评价和评分系统，特别是高评分和详细的正面的用户评论，能够大大提升消费者对商品的信任感和购买意愿。

思政园地

许多商家利用消费者依赖消费评价的心理进行“刷单”，这样的行为是违法的。商家与刷手实施的“刷单”行为，其目的是通过虚构交易提供虚假销售状况信息，使消费者对商家所经营的店铺在商品销量方面产生错误认识，选购商家销售的商品。该行为不但误导了消费者，扰乱了电子商务经营者之间公平竞争的市场秩序，也违背了社会公序良俗及相关法律、行政法规。

三、社会因素

社会因素主要是指消费者所处的社会环境对其购买行为的影响。例如，如果消费者周围的朋友、家人或同事都倾向于网络购物，对网络购物持积极态度，那么消费者也更容易接受并尝试网络购物。此外，社交媒体上的推荐、分享和讨论也会影响消费者的购买决策。

思考交流

在网购时，面对众多相似产品的评价和推荐，你是如何平衡个人需求、他人评价及价格因素，最终作出购买决定的？在这个过程中，哪些心理因素起到了关键作用？

四、产品特性

首先，网上市场不同于传统市场，网上消费者的消费需求特性也不同于传统市场，因此并不是所有商品都适合在网上销售。追求商品的时尚和新颖是许多网络消费者，特别是青年消费者重要的购买动机。因此，网上销售的产品一般要考虑产品的新颖性，即产品是新产品或者是时尚类产品，比较能吸引网络消费者的注意。对于普通的网络消费者，他们从网上购买的商品一般来说价格不会太高，对于从网上购买价格很高的商品都比较谨慎。出于安全考虑，许多网络消费者喜欢在网络上购买一些外观新颖时尚、价格便宜的小件商品。当购买成功，对网站的诚信度有所认可后，才会慢慢地购买价格较高的商品。其次，考虑产品的购买参与程度。一些产品要求消费者参与程度比较高，消费者一般需要现场购物体验，而且需要很多人提供参考意见，这些产品不太适合网上销售。对于需要消费者购买体验的产品，可以采用网络营销推广功能，辅助传统营销活动进行，或者将网络营销与传统营销进行整合。

五、配送速度和售后服务

一个高效、快速的配送系统能够大大提升消费者的购物体验，使他们更加倾向于选择那些提供迅速且可靠交付服务的商家。与此同时，当消费者在网络购物中遇到问题时，及时的售后支持、专业的解决方案，以及友好的服务态度能够极大地增强他们的满意度和信任感，从而促使他们更愿意再次选择该商家进行购买，并在社交媒体等平台上分享积极的购物体验，进一步推动口碑传播和销售增长。

实操演练

实训目的：通过调查学生喜爱的某家网店，深入理解消费者在选择购物平台时的偏好和行为模式；分析这些网店如何通过设计、内容、促销等手段吸引并留住消费者；通过实际操作，提升学生的市场调研、数据分析、策略分析等实践能力，为未来的职业生涯打下基础。

实训内容：①选择一家自己喜欢的网店作为调研对象，分析网店是如何设计界面的。②对收集到的信息进行分析、整理。③分小组讨论：这些网店如何通过设计、内容、促销等手段吸引并留住消费者；消费者的网购决策过程又是怎样的。

实训过程：小组完成，每组4~5人，其中1人担任组长或发言代表，组织小组学习和讨论，1人担任观察员，负责观察记录。讨论结束后，组长或代表上讲台阐述本组讨论的结果和方案，观察员上台汇报小组成员参与活动的情况。

项目小结

通过本次项目的学习，我们深入了解了消费者市场，全面掌握了消费者购买决策过程，以及影响消费者购买行为的各类因素，还熟悉了不同类型的消费者购买行为。同时，对网络购物的特点及心理有了清晰认知，掌握了网络购买决策过程及影响因素。在今后的实践应用上，我们应能够依据影响消费者行为的主要因素，全面观察和认识消费者行为特点，根据消费者决策过程的特点和要求，形成企业相应营销策略的基本思路。并且，还能针对消费者网络购物的差异化，制定有效的网络营销策略。同时我们还具备了一定的法律意识，时刻警惕网络欺诈，为未来在市场营销领域的发展筑牢坚实基础。

项目检测

一、单项选择题。

1. 消费者市场的特征不包括（ ）。

A. 多层次性与多样性　　B. 少次多量购买

C. 可替代性和相关性　　D. 时代性和发展性

2. （ ）属于消费者市场购买行为影响因素中的心理因素。

A. 亚文化　　B. 家庭

C. 个性与自我概念　　D. 知觉

3. 消费者购买决策过程的第二阶段是（　　）。

A. 收集信息　　B. 认识需求　　C. 评估方案　　D. 购买决定

4. 消费者在购买产品时追求品牌知名度，按照马斯洛的需要层次理论，应属于（　　）。

A. 生理需要　　B. 安全需要　　C. 尊重需要　　D. 自我实现需要

5. 有些产品品牌差异明显，但消费者不愿花长时间来选择和估价，而是不断变换所购产品的品牌，这种购买行为被称为（　　）。

A. 习惯型购买行为　　B. 协调型购买行为

C. 广泛型购买行为　　D. 复杂型购买行为

6. 下列属于利用大数据分析消费习惯的是（　　）。

A. 分析消费者的购买历史、浏览行为、购物车内容

B. 分析消费者对产品的评价、反馈和评分

C. 分析社交媒体平台上的用户评论、帖子、分享

D. 分析点击率、转化率、ROI等

7. 网络购买决策过程中的A代表（　　）。

A. 主动搜索　　B. 同类比较　　C. 购买行动　　D. 展示分享

8. 个性与自我概念属于消费者市场购买行为影响因素中的（　　）因素。

A. 文化　　B. 社会　　C. 个人　　D. 心理

9. 了解购买行为的发起者、影响者、决策者、执行者及产品的最终使用者属于购买基本要素分析中的（　　）。

A. What　　B. Why　　C. Who　　D. How

10. 网络购物新趋势不包括（　　）。

A. 移动购物　　B. 社交电商　　C. 跨境电商　　D. 线下购物

二、判断题。（正确的打“√”，错误的打“×”）

1. 消费者购买某一产品仅仅取决于产品是否能够满足自己的需要。（　　）

2. 自我实现的需要是马斯洛需要层次理论的最高层次。（　　）

3. 消费者的购买决策过程是静态的，一般不容易受外界干扰。（　　）

4. 对于那些比较熟悉而价格比较低廉的产品，消费者会采用习惯型购买行为。（　　）

5. 不同亚文化群的消费者有相同的生活方式。（　　）

6. 网店的信用水平直接影响了消费者对网店的选择，因此要不惜一切代价提高网店信用水平。（　　）

7. 网络购物虽然带有一定的虚拟性，但也是安全可靠的，完全没有任何隐患。 （ ）

8. 价格是影响消费者购买决策的唯一因素。 （ ）

9. 消费者的购买行为完全基于理性决策。 （ ）

10. 广告对消费者的购买行为没有影响。 （ ）

三、多项选择题。（每题至少有两个以上正确答案）

1. 影响消费者购买行为的主要因素包括哪些？（ ）

A. 个人因素　B. 社会因素　C. 心理因素　D. 文化因素

2. 按消费者购买习惯和特点划分，消费品的类别有（ ）。

A. 日用品　B. 选购品　C. 特殊品　D. 劳务

3. 社会因素如何影响消费者的购买行为？（ ）

A. 家庭成员的期望和偏好　B. 朋友和同事的推荐

C. 社会阶层和地位的象征　D. 文化习俗和传统节日

4. 下面哪些营销策略可以用来影响消费者的购买行为？（ ）

A. 价格促销和折扣　B. 广告和品牌宣传

C. 产品包装和设计　D. 售后服务和客户关系管理

5. 下面哪些因素可能影响消费者的网络购买行为？（ ）

A. 网络商店的吸引力　B. 产品特性

C. 用户评价　D. 配送速度和售后服务

四、案例分析题。

软件界面颜色对网络购买行为的影响

日常生活中，消费者会在网络购物场景中面对不同的影响因素，比如，软件界面设计、商品外观、折扣促销、广告语等客观因素，以及消费者购物时自身情绪等主观因素。有研究证实，情绪是个人对外界环境首要、直接的反应，即便是轻微的积极或消极情绪波动，也会影响消费者对商品的评价。更重要的是，在整个购物过程中的情绪都能够影响购买行为。比如，处于积极情绪状态时会更易因情绪高涨而发生购买行为，而处于消极情绪状态时则更容易因宣泄消极情绪而产生冲动购买行为。另外，网络购物场景中商品的展示方式、折扣促销情况、软件界面设计，以及事前期待等因素都会影响消费者的情绪。值得关注的是，在软件界面设计中，颜色的使用有着重要的作用。颜色是软件界面设计中的重要元素，尤其是主题色，因为它往往占有最大的面积，掌握整个画面的色彩氛围，并且不同的主题颜色会给人带来不同的印象。软件界面的颜色不仅是设计者传达界面信息情感、增加艺术效果的重要方法，还是吸引用户、引发用户情感共鸣的重要手段。因此，软件界面颜色在网络购物软件的设计开发中扮演着重要角色，是影响消费者网络购买行为的重要原因之一。

国内现有的影响力较大的几款网络购物软件的界面颜色都倾向于选择偏暖的颜色，而且主色多为红色或接近红色，这可能是因为红色对高唤醒、高优势、高愉悦情绪的引发作用更强，并且在中国文化背景下，红色更多地与快乐、喜悦、兴奋等积极情绪相关联。由于人们在观看软件界面时，其视觉总是先加工整体，然后选择出更具吸引力的信息进行局部加工，所以为了使消费者更容易接收到来自这些颜色的刺激，软件界面往往会使用鲜明、纯度高、更具吸引力的颜色。有研究发现，当购物者在购物的过程中感到开心、愉快、兴奋等情绪的程度越高，产生冲动购买驱力的可能性也就越大。这说明，颜色刺激势必会对消费者的网络购买行为产生影响。

思考：

1. 软件界面设计颜色如何影响消费者购买行为？

2. 如何利用消费者的文化背景及传统习俗来设计网购软件界面？

项目评价

由教师组织填写“项目完成情况评价表”，对本次项目进行综合评估。

表3-5　项目完成情况评价表

组别：　　　　　　　　　　　　　　　　学生姓名：

序号	考核点	考核标准	分值（分）	得分（分）		
				小组评价	自我评价	教师评价
1	态度与纪律	态度认真，学习积极主动，遵守纪律	5			
2	沟通协调能力	主动沟通，表达能力强，能够协调解决出现的具体问题	10			
3	创新能力	具备一定的创新能力	5			
4	团队合作表现	融入团队、参与度高，积极与他人合作	10			
5	收集资料的能力	能够准确收集信息，筛选有用的信息	5			
6	作业完成情况	完成项目检测的及时性、准确性	5			
7	营销知识的掌握情况	正确理解并掌握影响消费者购买行为的因素，了解消费者市场的特征及消费品的分类；熟悉消费者购买行为的类型，掌握消费者购买决策过程；正确理解并掌握消费者网络购物行为的特征、心理、影响因素及决策过程	30			

续表

<table>
<tr><th rowspan="2">序号</th><th rowspan="2">考核点</th><th rowspan="2">考核标准</th><th rowspan="2">分值（分）</th><th colspan="3">得分（分）</th></tr>
<tr><th>小组评价</th><th>自我评价</th><th>教师评价</th></tr>
<tr><td>8</td><td>专业技能训练完成度</td><td>能够完整演绎任务一实操演练的情景内容，并分析场景中三个人物购物时受到的影响因素，制定对应的营销策略；能根据亲自体验的购买决策过程遇到的实际情况进行分析，并提出可行的营销对策；能针对消费者网购心理特征，对网店装修、设计、内容、促销等手段提出合理的建议，提高专业技能</td><td>30</td><td></td><td></td><td></td></tr>
<tr><td colspan="3">合计</td><td>100</td><td></td><td></td><td></td></tr>
<tr><td>总评</td><td colspan="6">小组评价（40%）＋自我评价（30%）＋教师评价（30%）＝</td></tr>
<tr><td rowspan="3">总结</td><td>我的优点</td><td colspan="5"></td></tr>
<tr><td>我的不足</td><td colspan="5"></td></tr>
<tr><td>我将作出的改进</td><td colspan="5"></td></tr>
<tr><td>教师评语</td><td colspan="6"></td></tr>
</table>

项目四
目标市场选择

学习目标

1. 正确理解市场细分，掌握市场细分的基本要求和标准；掌握目标市场的定义、基本模式和基本策略；正确理解市场定位，掌握市场定位的方法和策略。

2. 能够运用市场细分标准对指定市场进行细分；能够根据不同企业情况进行目标市场策略的分析和选择；能够运用具体要素对指定产品进行市场定位。

3. 培养协作能力、沟通能力和领导力；培养创新思维，激发创新潜能；全面提升市场营销能力和职业素养。

典故启智　古韵营谋

明万历十年赵用贤本《韩非子 · 说林上》中有记载：鲁人身善织屦，妻善织缟，而欲徙于越。或谓之曰：“子必穷矣。”鲁人曰：“何也？”曰：“屦为履之也，而越人跣行；缟为冠之也，而越人被发。以子之所长，游于不用之国，欲使无穷，其可得乎？”鲁人对曰：“夫不用之国，可引而用之，其用益广，奈何穷也？”

大概意思是鲁国有个人自己擅长编织鞋子，妻子擅长编织白绢，他们想搬到越国去。有人对他说：“你搬到越国去必定遇到困境。”鲁国人问：“为什么？”这个人回答说：“鞋是穿来走路的，但是越国人光脚走路；白绢是做成帽子来戴的，但是越国人披散着头发。凭借你们的专长，跑到用不着你们的国家里去，要想不穷困，怎么能办得到呢？”鲁国人就反问他说：“到了不用我们专长的地方，我们可以引导他们穿鞋戴帽，随着用途的不断推广，我们怎么会遭遇困境呢？”

以上就是“鲁人徙越”的典故，从市场营销的角度来看，鲁人决定迁徙到越国，等同于选定了一个与自身资源不太匹配的目标市场，实际上企业在选择目标市场时，需要结合自身的优势和资源，只有将这些优势与细分市场的需求相结合，才能在市场竞争中取得优势。但是从另一个角度来看，企业在进行目标市场选择时，不能仅仅满足于现有的市场需求，还要具有前瞻性和创新性思维。市场细分的重要作用之一就是能够发现潜在的市场机会，开拓新市场。

任务一　进行市场细分

任务描述

小王的父亲积攒了一定的积蓄后决定不再外出打工，回家做点服装小生意。可是小王的父亲看着市场上消费者各种各样的需求，却开始犯了难：到底该卖什么样的服装才好。于是请教了正在市场营销专业学习的小王，让他一起谋划谋划。

任务分析

对于企业而言，市场是巨大的，但是由于资源等条件限制，很多企业无法完全满足市场的所有需求。这就需要先对市场进行细分，才能更好地把握市场走向。想要解决小王父亲的难题，首要工作是要明确市场细分的标准和方法，把市场进行“切割”，以便选择适合自己的市场。

知识准备

在市场竞争日趋激烈的今天，企业要想有效地开展营销活动，就需要从全局和整体上实施营销战略。目标市场选择是企业营销战略的核心内容。企业要选择合适的目标市场，首先需要对市场进行细分，这样才能为营销策略的制定提供客观依据。

微课　市场细分的标准

活动1　认识市场细分

一、市场细分的定义

1. 市场细分的定义

市场细分，是指企业根据消费者在需求上的差异性，将一个总体市场划分为若干个分市场的活动过程。

市场细分是企业打开市场的重要手段，在加强企业市场竞争能力方面起到了重要作用，在指导实践的同时，市场细分理论和方法也得到了不断完善和发展。

市场细分也是企业选择正确目标市场、寻求市场机会的重要手段。在正确理解市场细分的基础上，可以运用市场细分的具体变数和要求，对一个具体市场进行细分。

掌握市场细分的概念，需要明确以下问题：

①不是任何市场都可以或者需要细分的；市场细分的基础是同一产品在需求上的差异性。

②市场细分是为了在需求不同的市场中把需求相同的消费者聚合到一起。它是一个聚集的过程，

而不是分解的过程，是一个求大同存小异的过程。

③市场细分不是对产品进行分类，而是对同种产品需求差异的分类。

思考交流

目前市场上哪类商品较多？是否对市场细分有所影响？

2. 正确理解市场细分

我们可以从以下三方面来理解市场细分：

①谁要对市场进行细分？

②对什么市场进行细分？

③根据什么来进行细分？

一般来说，所有面向市场的企业都需要对市场进行细分，这项工作一般由企业的营销人员来完成。

对市场进行细分，要找准企业所面对的总体市场，不同类型企业的总体市场是不一样的，如服装企业、家电企业和食品企业所面对的总体市场不同。

一个市场之所以能够进行细分，是因为消费者的需求具有差异性。一个市场是否需要进行细分，就要看这一市场的消费者需求是否存在差异性，如果需求不存在差异性，就不需要进行细分。

二、市场细分的作用与要求

（一）市场细分的作用

1. 市场细分是开展营销活动的前提和基础，是营销的首要环节

市场细分作为识别并理解消费者群体差异的过程，是策划并实施有效营销活动的前提和基础，它确保企业能够精准定位目标市场，满足特定消费群体的需求，因此构成了营销策略规划与执行的首要且至关重要的环节。

2. 市场细分有利于发现市场机会，开拓新的市场

每个行业或者市场都在不断发展变化中逐渐成熟完善，所以常常存在着未被完全满足的市场需求或者没有被发现的新的市场机会，这些市场需求或者新的市场机遇不容易被企业发现。这时候，细心的企业会通过大量的市场调研，并且经过市场细分了解顾客的不同需求，从而找到新的市场机会。

3. 市场细分可以让企业更好地选择目标市场

市场细分通过深入分析消费者的需求和偏好，帮助企业精准识别并选择那些最符合其资源和竞争优势的目标市场，从而确保企业能够集中力量满足特定消费群体的独特需求，提高市场渗透率和客户满意度，进而实现业务的可持续增长和竞争优势的构建。

4. 市场细分有利于掌握目标市场的特点，制定营销策略

企业经过市场细分后，整个市场会更加具体地呈现出来，此时企业更容易清晰地了解消费者需求，并确定目标市场。企业也可以针对自身的条件制定与之相对应的市场营销策略。企业在细分市场上也更容易获取市场反馈，并迅速作出营销策略的改变，更好地适应市场变化，提高企业的应变能力。

5. 市场细分有利于企业合理配置资源，扬长避短，增强竞争力

服务市场，避免企业资源的浪费，是每个企业必须考虑的问题。企业在经过市场细分后可以更好地配置企业资源，并且能够提高企业在行业中的地位，扬长避短，增强企业竞争力，提高经济效益。

6. 有利于满足消费者的需求，提高社会效益

随着经济发展，消费者消费水平不断提高，消费者的消费需求也在不断变化。企业运用市场细分策略，可以发现尚未被满足的需求，并填补相应的市场空白。这样，新的发明、新的产品就层出不穷，消费者也能够在市场上有很多选择，消费需求因此得到满足，市场经济活力不断提高。

（二）市场细分的基本要求

对于一个市场的细分，需要从以下四个方面来综合考虑：

1. 有明显的特征

一个分市场内的消费者需求应基本一致，这一分市场与其他分市场有明显不同。

2. 有合理的范围

一个分市场的范围既不能过大，也不能太小，应与企业的营销能力相适应，企业有能力进入和控制该市场。

3. 保证一定的盈利

要考虑到顾客数量、购买力水平，应与企业的营销总目标相适应，使企业有利可图。

4. 有相对的稳定性

一个细分后的市场不可能绝对稳定，因为市场在变，消费需求在变。但细分后的市场要保证一段时间的相对稳定，这样才能保证企业开展正常、有效的营销活动并取得利润。

案例分析4-1

中国汽车市场需求多样化

中国汽车市场近年来持续快速发展，随着消费者需求的多元化和市场竞争的加剧，呈现出对汽车的需求多样化和个性化的特征。

从品牌看，欧系、美系、日系、韩系，几乎世界所有国家的汽车品牌和产品在中国都有生存空间。

从价格区间和车型看，无论是身价百万的奔驰、宝马等高端豪华车，还是吉利等几万元的经济型入门

车；无论是排量3.0以上的大型车，还是1.0以下的微型车；无论是传统燃油车、混合动力车、纯电动车，还是其他新能源车型在中国都有市场。

同时，商务车、越野车、跑车和家用轿车也满足了不同消费者的用途和需求。

近年来，自动驾驶、智能网联、节能环保等汽车技术特色的创新也是深受广大年轻消费者的青睐。

请回答：

汽车市场的细分需要考虑哪些基本要求？

活动2　了解大数据时代的精准细分：用户画像

大数据时代下的市场营销细分标准发生了显著变化，这一过程充分利用了大数据技术的优势，以更精细、更动态的方式划分消费者群体，从而实现更精准的市场定位和营销策略。

用户画像在市场营销中实现市场细分的过程是一个复杂且精细的任务，它主要依赖于对用户数据的分析和挖掘。企业可以根据用户画像中的标签信息来识别不同的细分市场群体，并针对不同群体的特征和需求制定个性化的营销方案。

一、大数据在市场细分中的作用

1. 提供全面数据

大数据技术能够收集和分析来自各种渠道的海量数据，包括消费者行为、购买历史、社交媒体互动、地理位置信息等，这些数据为市场细分提供了全面的基础。

2. 精准洞察需求

通过对大数据的深入挖掘，企业可以更准确地了解消费者的需求和偏好，包括他们的购买动机、使用习惯、满意度等，为市场细分提供有力的依据。

3. 动态调整策略

大数据具有实时性和动态性的特点，企业可以根据市场变化和消费者反馈及时调整市场细分策略，以适应不断变化的市场环境。

二、用户画像实现市场细分的具体步骤

1. 用户画像的构建始于数据的收集

这些数据可以来自多个渠道，包括但不限于市场调研、用户访谈、问卷调查、行为日志、交易记录、社交媒体互动等。

数据类型通常包括定量数据和定性数据，如用户的年龄、性别、收入水平等定量信息，以及用户的生活方式、兴趣爱好、价值观等定性描述。

2. 数据分析

在收集到足够的数据后，需要进行深入的数据分析。这包括统计分析、文本分析、情感分析等方法，以从数据中提炼出有价值的信息，识别用户的行为模式和偏好。

通过数据分析，可以发现不同用户群体之间共性的差异，为后续的细分工作打下基础。

3. 标签体系构建

基于数据分析的结果，构建用户标签体系是用户画像实现市场细分的核心步骤。

标签体系可以根据不同的维度进行分类，如人口统计标签（年龄、性别、收入等）、行为标签（购买频率、浏览行为等）、心理标签（兴趣爱好、价值观等）等。这些标签反映了用户的各种特征和需求，为市场细分提供了基础。

拓展阅读

大数据收集消费者信息的常见方式

（1）交易数据分析

企业通过自身的电商平台或支付系统收集用户的交易数据，包括购买商品的类型、数量、价格、时间等。这些数据直接反映了用户的消费习惯和购买力。

（2）用户行为日志

网站或App通过记录用户的浏览轨迹、点击行为、停留时间等行为日志，了解用户的兴趣和偏好。这些数据对于优化网站布局、提升用户体验和进行精准营销具有重要意义。

（3）社交媒体与在线调查

通过社交媒体平台（如微博、微信、抖音等）收集用户的公开信息，如发布的内容、点赞、评论、分享等，以及通过在线问卷或调查收集用户的反馈意见和需求。

（4）数据共享与购买

企业之间可以通过合作共享数据资源，或者从专业的数据供应商处购买消费者数据。这些数据可能包括用户的基本信息、消费习惯、兴趣爱好等。

（5）物联网设备与移动应用

随着物联网技术的发展，越来越多的设备和应用能够收集用户的行为数据。例如，智能家居设备可以记录用户的家居生活习惯，移动应用可以收集用户的地理位置、使用时长等信息。

（6）爬虫技术

利用爬虫技术从网站、社交媒体等渠道抓取用户的公开信息，如评论、评分、帖子等。这些数据对于分析用户情感、了解市场动态具有重要的价值。

三、大数据技术下面临的挑战与应对

1. 数据隐私与安全

在收集和使用大数据进行市场细分时，企业需要严格遵守相关的法律法规，保护消费者的数据隐私和安全。企业应加强数据安全管理，采用加密技术、访问控制等措施，确保数据不被非法获取和使用。

2. 数据质量与准确性

大数据的质量和准确性对市场细分至关重要。企业需要建立完善的数据质量控制机制，对数据进行清洗、校验和整合，确保数据的准确性和完整性。企业还需要关注数据的时效性和更新速度。

3. 技术更新与人才培养

随着大数据技术的不断发展，企业需要不断跟进技术更新，提升数据处理和分析能力。企业还需要加强人才培养和引进工作，培养具备大数据技术和市场营销知识的复合型人才，为市场细分提供有力的人才保障。

活动3　进行有效的市场细分

一、市场细分的标准

市场细分是企业制定营销策略、选择目标市场及实施差异化竞争的基础。

通过市场细分，企业可以更准确地理解消费者的需求，进而设计出更符合市场需求的产品和服务。

市场细分的标准多种多样，其中最为常见的有地理细分、人文细分、心理细分和行为细分。

1. 地理细分

地理细分是根据消费者所在的地理位置与自然环境、气候条件、城市规模、交通便利性等因素进行的市场划分。不同地区的消费者由于地理环境、经济发展水平、文化习俗等方面的差异，其消费习惯和需求也会有所不同。

地理位置与自然环境：如基于地理位置的差异，我国被划分为七大区域：东北地区、华东地区、华北地区、华中地区、华南地区、西南地区、西北地区。而地理位置的差异又直接决定了自然环境的独特性，包括气候条件、地形特征、资源分布等。如东北地区，冬季寒冷时间较长，对保暖类商品的需求更高；华南地区常年温暖潮湿，制冷家电和快消品市场空间广阔。

气候条件：根据气候条件划分市场，如寒冷地区、炎热地区、湿润地区等，这些条件会影响消费者的购买行为和偏好。

城市规模：大城市、中小城市及农村市场的消费者购买行为和消费能力存在显著差异。城市内的公路密度、铁路覆盖、港口和机场的分布影响着物流速度和运输的成本；交通的便利性直接影响消费者到达销售点的便捷程度和消费频率。

需要注意的是：地理标准是市场细分的基础，而且地理标准是一个不能单独使用的标准，需要结合其他的标准来使用。

2. 人文细分

人文细分是按照消费者的年龄、性别、家庭结构、收入水平、职业与教育等人文因素的不同进行的市场划分。这些因素直接影响消费者的购买力和购买行为。

年龄：不同年龄段的消费者在产品需求和偏好上存在明显差异，如儿童、青年、中年、老年市场的划分。

性别：男性和女性在消费习惯、品牌偏好、购买决策等方面有所不同。

家庭结构：单身、已婚无子女、已婚有子女等家庭结构会影响家庭消费品的购买。

收入水平：收入水平决定了消费者的购买力和消费层次，高收入群体可能更倾向于购买高品质、高价格的产品。

职业与教育：职业和教育程度与消费者的兴趣爱好、生活方式及消费观念密切相关。

3. 心理细分

心理细分是根据消费者的生活方式、个性特征、价值观念、品牌忠诚度等心理因素进行的市场划分，心理细分更深入地揭示了消费者内心深处的需求和动机。

生活方式：不同的生活方式决定了消费者的消费行为和偏好，如追求时尚的年轻人、注重健康的健身爱好者等。

个性特征：消费者的个性特征，如内向、外向、独立、依赖等，会影响其对产品的选择和偏好。

价值观念：消费者的价值观念决定了其对产品价值、品牌理念及社会责任等方面的认同度。

品牌忠诚度：品牌忠诚度高的消费者更可能持续购买某一品牌的产品，并对该品牌产生强烈的情感依赖。如小米的粉丝被称为“米粉”，华为的粉丝被称为“花粉”，他们都对喜欢的品牌有较高的忠诚度。

需要注意的是心理标准是一个使用较为复杂的变数，使用时需要认真考虑。

4. 行为细分

行为细分是根据消费者的使用习惯、购买时机、购买频率与购买量及对产品的态度等因素进行的市场划分。

使用习惯：消费者对产品的使用方式、频率及依赖程度不同，会影响其对产品的评价和需求。

购买时机：消费者购买产品的时机可能受季节、节假日、促销活动等多种因素影响。

购买频率与购买量：高频次、大量购买的消费者可能与低频次、小量购买的消费者在产品需求上存在差异。

对产品的态度：消费者对产品的态度可能是积极的、消极的或中立的，这种态度会影响其购买决策和口碑传播。

行为标准是市场细分的最佳起点，企业只有熟练地运用行为变数进行细分，才能更好地发现市场机会。

案例分析4-2

某品牌牙膏的市场细分策略

某品牌牙膏的市场细分策略主要基于消费者的不同需求和偏好进行，下面是其市场细分策略的详细分析：

1. 按A标准细分

（1）清新系列

本系列主要针对喜欢清新口气、偏好凉爽感的消费者。如某品牌牙膏的清新薄荷系列和清新柠檬系列，分别采用淡蓝和淡黄为主色调，通过独特的天然香料配方，为消费者带来持久清新的口腔感受。

（2）美白系列

本系列针对追求牙齿美白的消费者。某品牌牙膏的美白系列以蓝色为主色调，强调其显著的美白效果，帮助消费者拥有一口洁白的牙齿。

（3）草本系列

本系列强调自然与养生，适合注重口腔健康、偏好天然成分的消费者。这一系列牙膏可能含有多种植物提取物，以温和的方式保护牙齿和牙龈。

（4）抗敏感系列

本系列针对牙齿敏感、易受冷热酸甜刺激的消费者。这一系列牙膏通常采用特定的抗敏感成分，帮助缓解牙齿敏感问题。

（5）防蛀牙系列

本系列注重防蛀功能，适合儿童和其他需要预防蛀牙的消费者。通过添加氟化物等成分，增强牙齿的釉质，防止蛀牙发生。

2. 按B标准细分

（1）儿童系列

针对儿童口腔的特点和需求，设计专门的儿童牙膏。这些牙膏通常具有温和无刺激的配方，并添加儿童喜爱的口味和色彩，以吸引儿童使用。

（2）成人系列

针对成年消费者的不同需求，推出多种功效的牙膏产品。如上述的清新系列、美白系列、草本系列、抗敏感系列和防蛀牙系列等。

3. 按C标准划分

根据消费者的收入水平进行细分，提供不同价格区间的产品以满足不同消费群体的需求。其产品价格涵盖从十几元到几十元不等的多个档次，使得消费者可以根据自己的经济状况选择合适的产品。

请回答：

①在上述资料中，A、B、C分别代表某品牌牙膏运用了哪些市场细分的标准？

②某品牌牙膏市场已经细分出了哪些具体市场？还可以细分出哪些市场？

二、市场细分的方法

任何企业都可以选择地理、人文、心理及行为标准中的具体变数对市场进行细分，但因为经营方向、营销产品及满足消费者的需求不一样，所选择的细分标准、数量、难易程度也不同。针对不同产品选择怎样的变数，需要根据企业的实际情况灵活地决定。市场细分常用的方法主要有以下三种。

1. 单一因素法

根据消费者需求情况，选择某一个变数对市场进行细分，如儿童玩具可以按年龄来进行细分。这种细分一定要建立在企业的实际经营范围、已有的行业经验，以及对客户的了解的基础上。

2. 综合因素法

根据消费者需求情况，选择两个或两个以上的变数，从多个角度对市场进行细分，如服装、化妆品可以根据性别、年龄、收入情况、职业、购买心理、品牌忠诚度等来进行细分。

3. 系列因素法

根据消费者需求情况，选择两个或两个以上的变数，按一定顺序依次对某一市场进行细分。如在服装市场按照性别和年龄进行简单的细分后，可进一步按照收入水平、生活方式等因素细分，使目标市场变得越来越具体。

拓展阅读

微课　市场细分的程序

实操演练

实训背景：中国牛奶市场近年来持续增长，展现出巨大的发展潜力，市场上牛奶品牌众多，涵盖了多个细分市场，并在产品质量、品牌知名度、市场份额等方面有显著优势。

实训目的：了解和掌握企业进行市场细分的标准和方法。

实训内容：以小组为单位，熟悉牛奶市场消费群体的特点，各组选定一种牛奶品牌，分析该品牌产品在对不同市场进行细分时运用的标准和具体变数。

实训过程：

①以小组为单位进行分析和讨论，组长负责组织和协调，同学们积极参与。

②结合所选择品牌的实际情况，找出该品牌在进行市场细分时运用的标准和具体变数。

③分别列举该品牌产品所选择的目标市场情况。

④全班同学积极参与小组讨论，踊跃发言，教师观察各小组讨论的情况，及时指导和启发。

⑤各小组推荐一名同学在全班进行讨论结果分享。

任务二 选择目标市场

任务描述

经过市场细分标准和方法的学习后，小王的父亲对服装市场进行了细分，紧接着又有新的难题出现了，细分出来的众多小市场，小王的父亲觉得有很多都可以去试试看，但是又不知道能不能做得来、资金够不够，只能又请小王给支招了。

任务分析

经过一定标准细分出来的市场，不是企业都要或都能选择的。小王父亲的目标市场选择受哪些因素影响？目标市场选择模式有哪些？目标市场选定后可以采用哪些策略？

知识准备

经过市场细分，总体市场被分成一个个具体的、特征鲜明的分市场，而一个企业的目标市场就是具有相同需求或特征的、企业决定为之服务的购买者群体。

活动1 明确选择目标市场的条件

一、正确理解目标市场

1. 目标市场的定义

目标，是个人、部门或整个组织所期望实现的结果。

目标市场，是指企业在市场细分的基础上，经过比较、评价所选择的最佳服务对象。目标市场是针对具体企业而言的，也就是说，虽然企业是同类型，但目标市场也许是不同的。

2. 选择目标市场的必要性

①资源有限，任何企业都无法满足消费者的所有需求。

②受竞争实力的影响，并不是每一个分市场企业都能够进入。

③从盈利角度考虑，并不是每一个分市场企业都愿意进入。

因此，企业应选择自己的目标市场，集中优势兵力打“歼灭战”。

思政园地

战争时期，中国共产党所采取的“农村包围城市”战略，不仅是一场军事和政治上的伟大实践，也是目标市场选择重要性的生动体现。这一战略的核心是，面对强大的敌人（国民党），中国共产党没有选择与之在城市等中心区域直接对抗，而是将目光投向了看似弱小却潜力巨大的农村市场，最后实现“星星之火，可以燎原”之势。

3. 目标市场的核心点

（1）特定消费群体

目标市场不是泛指所有的消费者，而是指那些具有相似需求、特征或行为的特定消费群体。这些消费者群体因为某些共同的特点而被企业选中，作为其主要的服务对象。企业会根据这些消费者的需求、偏好、购买力等因素，定制相应的产品或服务，以满足他们的期望。

（2）市场需求分析

在选择目标市场之前，企业需要进行深入的市场需求分析。这包括消费者的需求、欲望和购买行为，以及市场上已经存在的竞争产品服务。通过市场调研和数据分析，企业可以明确目标市场的规模、增长潜力、竞争状况，以及消费者需求的变化趋势，从而为企业制定营销策略提供依据。

（3）细分市场选择

目标市场通常是从更广泛的市场中细分出来的。市场细分是指根据一定的标准将整体市场划分为若干个具有相似需求或特征的子市场。企业会根据自身的资源和能力，以及市场机会和风险等因素，选择一个或多个细分市场作为目标市场。在选择细分市场时，企业需要综合考虑市场规模、增长率、竞争强度、进入壁垒，以及自身的竞争优势等因素。

二、选择目标市场的条件

选择目标市场的条件是多方面的，这些条件共同构成了企业制定营销策略和进入特定市场的决策基础。下面是一些主要的选择目标市场的条件。

1. 市场规模与增长潜力

市场规模：目标市场应具有一定的容量，即存在足够数量的潜在消费者，以确保企业能够实现盈利。

增长潜力：市场应处于增长阶段或具有增长潜力，以便企业能够随着市场的发展而扩大业务规模。

2. 消费者需求与偏好

需求明确：目标市场的消费者需求应明确且具体，以便企业能够有针对性地开发产品或服务。

偏好匹配：消费者的偏好应与企业的产品或服务特性相匹配，以确保产品或服务能够满足消费者的需求。

3. 竞争状况

竞争强度：目标市场的竞争强度应适中，既不过于激烈也不过于冷清。过于激烈的市场竞争可能导致企业难以立足，而过于冷清的市场则可能缺乏足够的消费者基础。

竞争优势：企业应具备在目标市场中建立竞争优势的能力，如技术领先、品牌影响力强、渠道优势等。

4. 企业资源与能力

资源匹配：企业资源（如人力、物力、财力）应与目标市场的开发需求相匹配，以确保企业能够顺利进入并运营市场。

能力支撑：企业应具备在目标市场中开展业务所需要的各种能力，如产品研发、市场营销、客户服务等。

5. 分销渠道与物流支持

分销渠道：企业应能够顺利地建立分销渠道，使产品或服务能够正常地进入目标市场。这包括与经销商、零售商等合作伙伴建立稳定的合作关系。

物流支持：物流体系应完善，以确保产品能够及时、准确地送达消费者手中。

6. 法律法规与政策环境

合规性：企业应确保在目标市场中开展业务符合当地的法律法规要求，避免法律风险。

政策环境：政策环境应有利于企业的发展，如政府支持、税收优惠等。

7. 经济效益与社会效益

经济效益：目标市场的选择应能够为企业带来良好的经济效益，包括销售收入、利润等。

社会效益：企业还应考虑目标市场的社会效益，如是否符合社会道德标准、是否有利于环境保护等。

活动2　掌握目标市场选择策略

一、目标市场的基本模式

1. 市场全面化

定义：企业选择覆盖整个市场，企业生产多种产品去满足各种消费者群体的需求。

特点：企业选择所有的细分市场，通过无差异的市场营销策略和差异性的市场营销策略来满足所有消费者的需求。

适用条件：当企业资源充足，实力强大时，可以采用这种模式（如图4-1所示）。

广告语：全家老小来我这里都可以买到满意的鞋。

2. 市场集中化

定义：企业选择一个细分市场作为目标市场，并集中力量满足这个细分市场的需求。

特点：企业专注于少数几个细分市场，通过深入了解和满足这些市场的特定需求来建立竞争优势。

适用条件：当企业资源有限且特定市场需求明确时，市场集中化是一种有效的策略。通过集中资源和服务于特定市场，企业可以更快地提升市场占有率和品牌影响力（如图4-2所示）。

广告语：老人来我这里都能买到满意的布鞋。

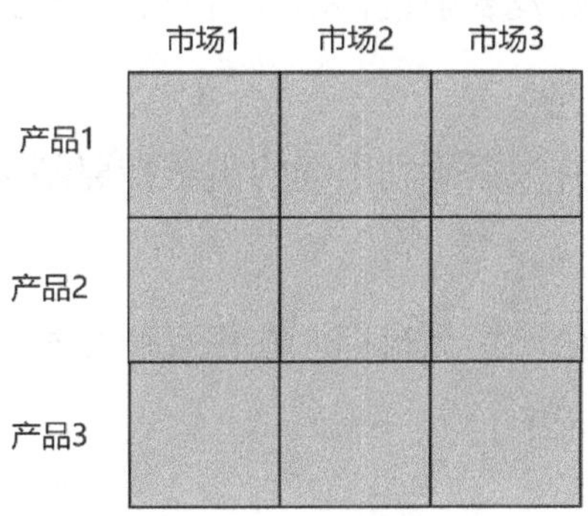

图4-1　市场全面化

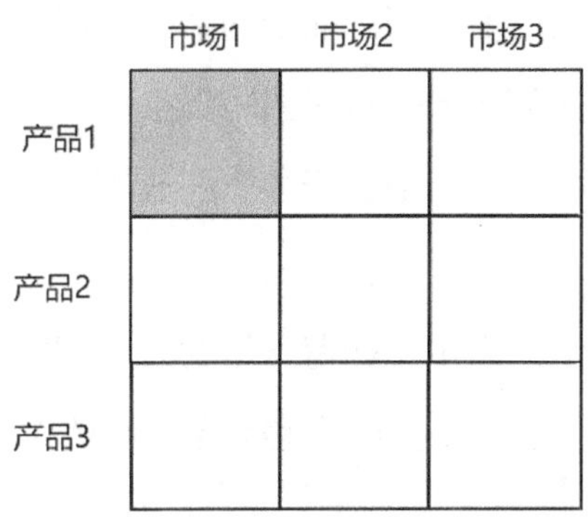

图4-2　市场集中化

3. 产品专业化

定义：企业专注于生产或销售某一类产品或服务，并面向多个子市场进行推广。

特点：企业利用自身在某一类产品上的专业知识和技术优势，向多个细分市场提供该类产品，满足不同消费者的多样化需求。

适用条件：当企业在某一类产品上具有较强的竞争优势且市场需求广泛时，产品专业化是一种有效的市场策略（如图4-3所示）。

广告语：不管是谁，来我这里都能买到满意的皮鞋。

4. 市场专业化

定义：企业专注于满足某一特定消费者群体的各种需求，而不是专注于某一类产品。

特点：企业深入了解并满足某一特定消费者群体的多元化需求，提供一系列与之相关的产品或服务。

适用条件：当企业能够准确识别并满足某一特定消费者群体的多元化需求时，市场专业化可以帮助企业建立稳定的客户关系和市场地位（如图4-4所示）。

广告语：只要是老年人，来我这里，就能买到满意的鞋。

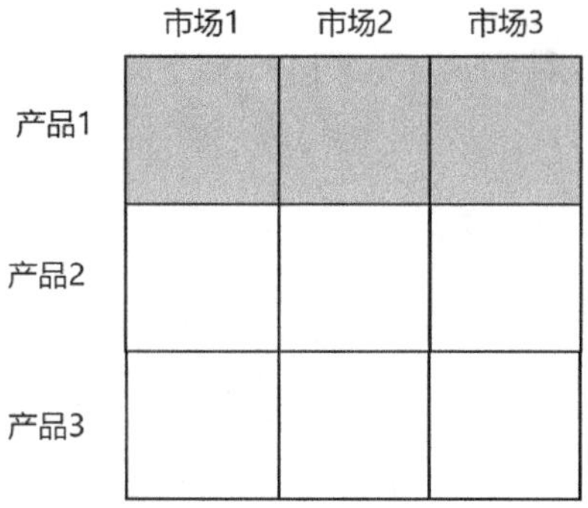

图4-3 产品专业化

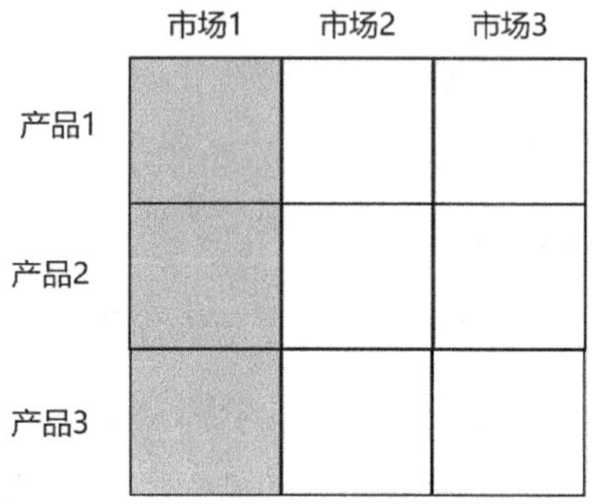

图4-4 市场专业化

5. 选择性专业化

定义：企业根据市场细分的结果，选择若干个具有良好发展前景和盈利潜力的子市场作为目标市场，并分别制定有针对性的营销策略。

特点：企业灵活地选择多个细分市场作为目标市场，并根据不同市场的需求特点制定相应的营销策略和产品组合。

适用条件：当企业拥有一定的资源和能力，且多个细分市场具有相似性和互补性时，有选择的专业化可以帮助企业实现多元化经营和风险控制（如图4-5所示）。

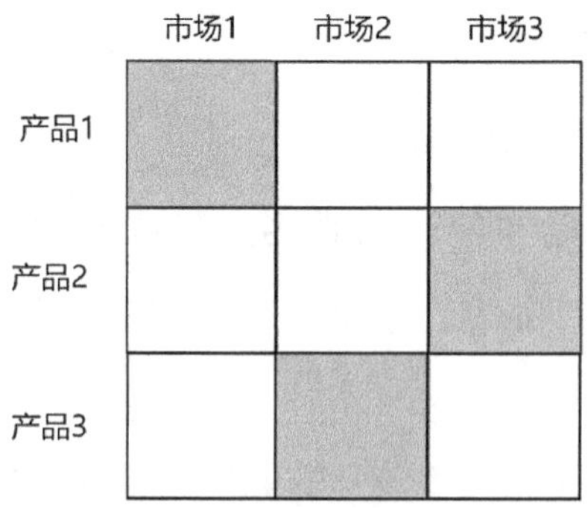

图4-5 选择性专业化

思考交流

①手机企业选择目标市场时应考虑哪些因素？

②手机品牌适合于怎样的目标市场模式？为什么？

③市场上的手机品牌分别采取了怎样的目标市场模式？

二、选择目标市场的基本策略

企业选择目标市场时，通常会考虑三种基本策略：无差异性市场营销策略、差异化市场营销策略和集中化市场营销策略，每种策略都有其独特的适用场景和优缺点。下面是对三种策略的分析。

微课 选择目标市场的基本策略

1. 无差异性市场营销策略

企业忽略市场需求的差异，将整个市场视为一个大的目标市场，提供单一的标准化产品或服务，并采用统一的营销组合策略。例如，20世纪六七十年代，人们的生活普遍贫困，那时候的护肤品有一个通称——擦脸油，就是俗称的蛤蜊油，男女老少都可使用。

（1）无差异性市场营销策略的优缺点

优点：产品标准化和大规模生产，可以降低生产成本和营销费用；统一的品牌形象和产品特性有助于建立强大的品牌认知；减少产品种类和营销策略的复杂性，使管理更加高效。

缺点：无法满足不同消费者的个性化需求，可能会导致部分市场份额的丧失；当市场上多家企业采用相同策略时，竞争会异常激烈；对市场变化和消费者需求变化的反应速度较慢。

（2）无差异性市场营销策略的适用范围

无差异性市场营销策略适用于同质性产品（也就是需求差异性较小的产品，如食盐、面粉、部分蔬菜等）、垄断性的新产品（既供不应求，又缺乏竞争对手的产品，如上市初期的可口可乐）。

2. 差异化市场营销策略

企业针对每个细分市场设计不同的产品或服务，以及相应的营销组合策略，以满足各细分市场的独特需求。如农夫山泉针对不同需求的消费者推出不同的产品，不同的产品有不同的功能、不同的包装、不同的价格。通过塑造与竞争对手不同的企业形象来取得竞争优势。

（1）差异化市场营销策略的优缺点

优点：能够更精准地满足不同消费者的需求，提高客户满意度和忠诚度；通过差异化产品或服务建立竞争优势，减少与竞争对手的直接冲突；在多个细分市场上获得份额，有助于企业整体市场份额的增长。

缺点：由于需要生产多种产品或提供多种服务，以及制定不同的营销策略，成本相对较高；需要更多的资源和精力来管理多个细分市场，包括产品开发、市场推广和客户服务等方面；有时不同的细分市场之间存在重叠，可能导致资源浪费和内部竞争。

（2）差异化市场营销策略的适用范围

差异化市场营销策略适用于需求差异较大，以及品种、规格、式样、等级等复杂的产品。

3. 集中化市场营销策略

企业选择少数几个细分市场作为目标市场，并集中资源在这些市场上建立竞争优势。如元气森林立足于 Z 世代人群对于减肥、健康生活方式的追求，一开始就主打“无糖专门家”的垂直细分领域，也就是 0 糖 0 脂、无糖生活，专注于年轻一代健康好喝的饮料。它的市场定位是要做最受年轻人喜爱的无糖气泡水饮料，以 20~30 岁的年轻群体为目标客户，尤其是以年轻女性为主。

（1）集中化市场营销策略优缺点

优点：能够深入了解目标市场的需求和偏好，提供更专业、更有针对性的产品和服务；由于专注于少数几个细分市场，可以减少与竞争对手的直接冲突；集中资源在有限的市场细分上，可以更有效地利用资源并实现更高的投资回报率。

缺点：如果目标市场需求发生变化或竞争对手进入市场，企业可能面临较大的风险；由于只关注少数几个细分市场，企业的整体市场份额可能受到限制；如果企业想要进一步扩展到新的市场领域，可能需要重新评估和调整其市场策略。

（2）集中化市场营销策略的适用范围

集中化市场营销策略适用于中小型企业（因为资源有限）和新进入市场的企业。

实操演练

实训目的：通过模拟真实的市场环境，使学生理解目标市场选择的过程，掌握目标市场策略的运用，提升学生对市场环境的分析能力。

实训内容：

①学生收集以下两个品牌的相关资料。

资料一：

可口可乐作为全球最大的饮料品牌之一，其目标市场选择策略具有广泛性和深度。可口可乐不仅面向全球消费者推出多样化的产品系列，还针对不同地区、不同文化背景的消费者进行定制化营销。这一策略使得可口可乐能够在全球范围内保持强大的市场影响力和品牌忠诚度。

资料二：

娃哈哈作为中国饮料行业的领军企业之一，其目标市场选择策略注重多元化和本土化。娃哈哈不仅推出了多款适合不同年龄段和消费需求的饮料产品，还积极拓展农村市场和国际市场。通过深入了解消费者需求和市场变化，娃哈哈不断调整和优化产品结构和市场布局，实现了持续稳健的发展。

②根据资料内容，分小组讨论，通过查阅资料并结合所学营销知识分析可口可乐品牌和娃哈哈品牌的产品种类和特点，重点分析两个品牌是如何根据市场环境和消费者的需求进行目标市场的选择，以及目标市场策略的运用，形成书面报告。

实训过程：

①以小组为单位进行分析和讨论，组长负责组织和协调，同学们积极参与。

②结合所选择品牌的实际情况，讨论分析，形成书面报告。

③教师观察各小组的讨论情况，及时指导和启发。

④各小组推荐一名同学在全班进行讨论结果分享。

任务三 明确市场定位

任务描述

经过前面知识的学习，小王的父亲结合自家的现有条件决定售卖儿童汉服，可是市面上同类型的竞争者众多，如何才能在消费者心中树立独特的形象、提高竞争优势又成为新的课题。

任务分析

小王的父亲销售的儿童汉服想要在目标市场上确定自身所处的位置，就需要掌握市场定位的相关知识，如市场定位的步骤、市场定位的原则和方法等，再结合竞争者的情况，最终确定自身的市场定位。

知识准备

企业选择和确定了目标市场及目标市场策略后，就进入了目标市场营销的第三个工作任务阶段——市场定位。

活动1 了解市场定位的含义和作用

一、市场定位的含义

市场定位，是指企业营销人员确定本企业及产品在市场上所处的位置。

市场定位是市场营销学中一个非常重要的概念。具体来说，市场定位是指企业根据竞争者现有的产品在市场上所处的位置，针对消费者或者用户对该产品某种特征或属性的重视程度，强有力地塑造出本企业产品与众不同的、给人印象鲜明的个性或形象，并把这种形象生动地传递给顾客，从而使该产品在市场上确定适当的位置。这一过程旨在使企业的产品和形象在目标顾客的心理上占据一个独特、有价值的位置。

思考交流

你所使用的手机，有没有什么突出的、特别的功能？

二、市场定位的作用

市场竞争越来越激烈，企业要想找准自身及产品在市场上的位置就必须进行市场定位。同时，由于消费者需求具有多变性，企业只有通过市场定位，才能更好地满足消费者需求。

1. 满足消费者需求

市场定位的首要目标是确定目标市场和消费者群体，通过深入了解他们的需求和偏好，企业可以更加精准地提供符合消费者期望的产品或服务。这种有针对性的产品开发和营销策略有助于企业在激烈的市场竞争中脱颖而出，吸引并留住更多潜在的客户。

2. 实现差异化竞争

市场定位有助于企业发现自身与竞争对手之间的差异化优势，避免陷入同质化竞争。通过明确自身的独特卖点和品牌价值，企业可以在消费者心中形成独特的品牌形象，从而提高品牌知名度和美誉度。这种差异化竞争策略有助于企业在市场上占据有利位置，提升市场份额和竞争力。

3. 优化资源配置

明确的市场定位可以帮助企业更加合理地分配资源。通过集中资源在目标市场和具有潜力的产品上，企业可以避免资源的浪费和分散，提高资源利用效率。这种资源配置的优化有助于企业降低成本、提高运营效率，并最终实现更高的投资回报。

4. 指导营销策略制定

市场定位为企业制定营销策略提供了明确的指导方向。基于市场定位，企业可以确定适合的宣传渠道、推广方式和定价策略等，使营销活动更具针对性和有效性。这种精准营销有助于企业更好地与目标市场沟通，提高营销活动的成功率。

5. 促进企业长期发展

明确的市场定位有助于企业形成清晰的发展战略和规划。通过持续关注并满足目标市场的需求，企业可以不断巩固和扩大市场份额，实现可持续增长。市场定位还有助于企业应对市场变化和竞争挑战，保持灵活性和适应性。

思政园地

企业需要明确市场定位，同样，人也需要有准确的自我定位。自我定位决定了一个人的生活方向和目标。明确的价值观和人生目标，以及不断追求自我提升和成长，可以帮助一个人在人生的道路上找到前进的动力和方向。因此，每个人都应对自己有准确的定位，只有这样，才能在合适的领域发挥优势，更好地应对挑战和困难。

案例分析4-3

OPPO手机的
精准市场定位

活动2 明确市场定位战略与策略

一、市场定位战略的定义与意义

1. 市场定位战略的定义

市场定位战略是企业根据市场竞争格局、消费者需求及自身资源与能力，明确自身产品或服务在目标市场中的独特位置和竞争优势的过程。它关乎企业在消费者心中的形象和地位，是制定市场营销组合策略的基础。

2. 市场定位战略的意义

（1）指导方向

市场定位战略为企业指明了发展方向，确保所有营销活动都围绕这一定位展开。

（2）差异化竞争

通过精准定位，企业能够形成与竞争对手的差异化，吸引特定消费群体。

（3）资源优化

定位战略帮助企业集中有限资源于最具潜力的市场细分，提高资源利用效率。

（4）品牌塑造

清晰的定位有助于建立独特的品牌形象，增强品牌认知度和忠诚度。

二、市场定位策略

市场定位的策略包括产品定位策略和企业定位策略。

（一）产品定位策略

1. 产品品质定位

产品品质定位是指通过产品良好的品质进行定位，在营销宣传中突出产品的具体品质，运用各种表现手段让消费者体验产品的优势所在，给消费者留下明确、清晰的印象，以维护自己的产品地位和形象。产品品质定位的关键是改良产品的质量，以接近消费者心目中的理想产品形象。

2. 产品价格定位

产品价格定位是把自己的产品价格定位于一个适当的范围或位置上，以使该品牌产品的价格与同类产品的价格相比较更具有竞争实力，从而占有更多的市场份额。

产品价格定位一般有三种情况：

①高价定位，即把不低于竞争者产品质量水平的产品价格定在竞争者产品价格之上。这种定位一般都是建立在企业的良好品德、产品质量和售后服务优势之上的。

②低价定位，即把自己的产品价格定得远低于竞争者的价格。这种定位的产品质量和售后服务并非都不如竞争者，有的可能比竞争者更好。之所以能采用低价，是因为该企业要么具有绝对的低成本优势，要么是企业形象好、产品销量大，要么是出于抑制竞争对手、树立品牌形象等战略性考虑。

③市场平均价格定位，即把价格定在市场同类产品的平均水平上。

3. 产品用途和利益定位

根据产品给顾客提供的用途或所得到的产品利益进行定位。产品提供给顾客的用途和利益是顾客能切身体验到的，因此可以作为定位的依据。

4. 功效定位

功效定位是指以有别于同类产品的性能为重点，在广告宣传中突出产品的特异功效，使该品牌产品与同类产品有明显区别，以增强竞争力。

5. 产品属性定位

产品属性定位是指根据产品本身所固有的性质（包括产品的制造技术、制造设备、制造流程、产品功能、产品原料、产品产地、产品历史情况等因素）进行产品定位。

6. 使用者定位

使用者定位是指企业找出产品的正确使用者与购买者，并借助使用者代表进行劝说，达到吸引目标消费者的定位策略。

7. 根据市场竞争情况定位

包括竞争性定位和非竞争性定位，这种定位是直接针对某一特定竞争者的，而不是针对某一产品类别。

8. 产品的重新定位

产品的重新定位是指根据市场变化和竞争需要，调整原来的产品定位。

拓展阅读

中心定位的三大类型

不少品牌由于客观环境的变化而要求重新定位，主要有三种类型：

（1）因产品变化而重新定位

由于科技进步，产品在不断地升级换代，所以相关的企业要为自己的品牌、产品重新定位。

（2）因市场需求变化而重新定位

由于环境变化，市场需求也相应变化，所以相关的企业要为自己的品牌、产品重新定位。例如，随着超市、大卖场等业态的发展，服务含量较低的商品纷纷流向超市、大卖场，大型百货公司重新定位，专门经营服务含量较高的商品。

（3）因扩展市场而重新定位

企业在发展过程中，规模有所扩大，市场也进一步扩展，因此相关企业要为自己的品牌、产品重新定位。例如，瓜子二手车前身是赶集好车，赶集好车开展二手车业务已有八九年，在二手车行业也有一定的影响和口碑，但仅仅是提供一个发布卖方产品信息的交易平台。而瓜子二手车是完全不同的发展模式，除了线上发布产品信息，线下还有独立的运营团队，有评估师检测、交易服务及售后等其他服务，所以瓜子二手车模式升级创新后，更符合二手车市场的长远发展。

（二）企业定位策略

企业定位策略即确定企业在市场上的整体形象所运用的定位策略，具体包括：

1. 市场领导者形象定位

是指在市场竞争中居于领导地位的企业所确定的市场定位。

2. 市场挑战者形象定位

是指在市场竞争中居于挑战地位的企业所确定的市场定位。

3. 市场追随者形象定位

是指在市场竞争中居于追随者地位的企业所确定的市场定位。

4. 市场利基者形象定位

是指在市场竞争中于夹缝中生存的企业所确定的市场定位。

思考交流

想想看，以下产品是怎样定位的？

①怕上火，就喝王老吉。

②朵唯女性手机：漂亮又安全，我的贴身保镖。

③云南白药创可贴，有药好得更快些。

活动3　掌握市场定位的步骤

市场定位是企业战略规划的核心部分，决定了企业在竞争激烈的市场中如何独树一帜，吸引并保留目标客户群体。下面是企业进行市场定位的详细步骤，涵盖了从市场分析到策略调整的全过程。

微课 市场定位的步骤

一、分析目标市场

企业需要对整体市场进行深入分析，识别出潜在的细分市场。这包括了解市场规模、增长趋势、消费者行为、竞争格局及行业趋势等因素。

收集并整理市场数据，包括行业报告、消费者调研、竞争对手分析等。运用市场细分工具，如以地理、人文、心理和行为特征等维度，将市场划分为更小的可管理部分。

二、明确竞争优势

在理解目标市场的基础上，企业需要明确自身相对于竞争对手的优势所在。这些优势可以是技术领先、成本优势、品牌影响力、服务质量等。

进行SWOT分析，评估企业的优势、劣势、机会和威胁；比较分析竞争对手的产品、服务、价格、营销策略等，找出差异化的优势点。

三、确定目标顾客

基于市场细分和竞争优势，企业需要进一步确定具体的目标顾客群体。这些顾客应具有相似的需求、偏好和购买行为。

构建顾客画像，详细描述目标顾客的特征，如年龄、性别、收入水平、兴趣爱好、购买动机等。确定目标市场的规模和增长潜力，评估其对企业长期发展的价值。

四、设计定位策略

根据目标市场和竞争优势，企业需要设计出一套明确的定位策略，以指导后续的市场营销活动。

确定品牌的核心价值和独特卖点，明确品牌在市场中的差异化定位。制定产品策略、价格策略、渠道策略和促销策略，确保与品牌定位相一致。

五、塑造品牌形象

品牌形象是市场定位的重要组成部分，它代表了品牌在消费者心目中的形象和感知。

设计统一的品牌识别系统，包括品牌名称、标志、色彩、字体等。通过品牌故事、广告宣传、公关活动等方式，传播品牌的核心价值和理念。

六、传播定位信息

将品牌定位信息传递给目标顾客是市场定位成功的关键。企业需要运用多种渠道和方式，确保信息的有效传达。

选择合适的媒体和渠道，如社交媒体、广告、公关活动、KOL（关键意见领袖）合作等；制订传播计划；明确传播目标、内容、时间和预算。

七、监测市场反馈

市场定位是一个动态过程，企业需要不断监测市场反馈，了解消费者对品牌定位的接受程度和市场反应。

建立市场监测体系，收集并分析消费者反馈、销售数据、市场份额等信息。运用数据分析工具，评估市场定位的效果和效率。

八、调整定位策略

根据市场反馈和评估结果，企业需要及时调整市场定位策略，以适应市场变化和消费者需求的变化。

对市场定位策略进行定期评估，识别存在的问题和不足之处。根据评估结果和市场趋势，灵活调整产品定位、品牌形象、传播策略等方面。

通过以上步骤，企业可以系统地完成市场定位工作，为品牌的长期发展奠定坚实的基础。企业还需要保持敏锐的市场洞察力和灵活的应变能力，以应对不断变化的市场环境和消费者需求。

实操演练

实训目的：通过实训，让学生认识到市场定位的重要性，了解市场定位在企业营销中的应用与实施，学会运用市场定位的方式与策略等知识解决企业的实际问题；能依据任务背景提出对策与建议，培养学生分析与解决问题的能力及实践创新能力。

实训背景资料：

L品牌维生素软糖是国内知名的膳食补充剂品牌，主打“好吃又健康”的概念，目前在维生素软糖市场中位列前三，年销售额突破8 000万元，品牌知名度达35%以上，在儿童及青少年消费群体中占据较高市场份额。然而，市场调研显示，消费者普遍认为L品牌是“小孩吃的糖”“味道好但功效一般”，导致其在成人市场渗透率较低。近年来，随着健康意识的提升，维生素补充剂市场快速增长，尤其是都市白领和健身人群对功能性营养食品的需求激增。与此同时，竞品H品牌推出高端系列“活力胶囊”，主打“科学配比、高效吸收”，正在逐步抢占年轻消费者市场。

L品牌在某市开展了2 000人的问卷调查，结果显示：

现有消费者主要集中于6~18岁学生群体，购买动机是“补充维生素”而非企业主推的“增强免疫力”。

成人消费者更关注产品成分和实际功效，而非口感。

若继续强化“儿童维生素”定位，可能错失成人市场机会；但若转向“全年龄段营养补充”，又可能削弱原有儿童市场的品牌认知。

实训内容：

（1）分小组回答以下问题：

① L品牌原有的目标市场是______________________________。企业现有的市场定位是____________________，定位方式是____________________。

② L品牌的主要竞争对手（H品牌）的目标市场是______________________________。

③ L品牌采用的目标市场营销策略是______________________________，优点是____________________，缺点是____________________。

④ 调研显示，目标市场需求的变化包括______________________________。

⑤ 现有定位的主要问题是______________________________。

（2）小组讨论分析，为解决L品牌维生素软糖市场定位的问题提出对策和建议，填入表4-1。

表4-1　L品牌维生素软糖市场定位问题与对策分析

项目	存在的主要问题	对策与建议
目标市场		
目标市场营销策略		
市场定位策略		
市场定位		

实训过程：

①以小组为单位进行分析和讨论，分析目标市场需求的变化，重点分析顾客对产品属性的重视程度，根据产品特点与企业自身的资源实力选择目标市场营销策略。

②分析L品牌维生素软糖自身实际情况和竞争对手的市场定位情况，确认本企业潜在的竞争优势，进而选择相对竞争优势，并采取恰当的定位策略，以明确显示自己独特的竞争优势，在消费者心目中给予企业准确的定位。

③组长负责组织好本小组的讨论，善于调动和启发同学们参与。

④教师观察各小组的讨论情况，及时指导和启发。

⑤各小组推荐一名同学在全班进行讨论结果分享。

项目小结

通过本项目的学习，我们明白了目标市场选择通常包括市场细分、选择目标市场和明确市场定位三个步骤，其中市场细分是根据地理、人文、心理、行为等因素将整体市场划分为若干具有相似特征的群体；选择目标市场则是从市场规模、增长潜力、竞争程度等方面分析各细分市场的吸引力；企业根据评估结果选择适合的目标市场，并采取无差异性营销、差异化营销或集中化营销等策略。其中影响目标市场选择的因素包括企业自身条件、市场环境以及消费者需求等，企业在选择目标市场时需要注意动态调整策略，避免过度细分市场，同时密切关注竞争对手的动向。通过科学的目标市场选择，企业能够更有效地配置资源，在竞争激烈的市场中占据有利地位。

项目检测

一、单项选择题。

1. （　　）是企业选择正确的目标市场、寻找市场机会的重要手段。

A. 市场调查　　B. 市场分析　　C. 市场细分　　D. 市场定位

2. 一个市场之所以能够进行细分，是因为（　　）存在差异性。

A. 消费者需求　　B. 企业产品　　C. 市场竞争　　D. 地区经济

3. 通过社交媒体平台收集用户的公开信息，如发布的内容、点赞、评论、分享等，以及通过在线问卷或调查收集用户的反馈意见和需求，这种大数据收集信息属于以下哪种方式？（　　）

A. 交易数据分析　　B. 用户行为日志

C. 数据共享与购买　　D. 社交媒体与在线调查

4. 下面属于按人文标准细分市场的因素是（　　）。

A. 收入水平　　B. 城市规模　　C. 个性特征　　D. 价值观念

5. 下面属于按心理标准细分市场的因素是（　　）。

A. 使用习惯　　B. 品牌忠诚度　　C. 家庭结构　　D. 收入水平

6. 农夫山泉针对不同需求的消费者推出不同的产品，不同的产品有不同的功能、不同的包装、不同的价格；还通过塑造与竞争对手不同的企业形象来取得竞争优势。这体现了企业选择目标市场的（　　）策略。

A. 差异化市场营销策略　　B. 无差异市场营销策略

C. 集中化市场营销策略　　D. 分散营销策略

7. 企业营销人员确定本企业及产品在市场上所处的位置，称为（　　）。

A. 市场定位　　B. 产品定位　　C. 企业定位　　D. 综合定位

8. 把在市场竞争中居于追随者地位的企业所确定的市场定位，称为（　　）。

A. 市场领导者形象定位　　B. 市场挑战者形象定位

C. 市场追随者形象定位　　D. 市场利基者形象定位

9. 根据产品给顾客提供的用途或所得到的产品利益进行定位，这属于产品定位策略中的（　　）。

A. 产品品质定位　　B. 产品价格定位

C. 产品用途和利益定位　　D. 产品属性定位

10. 在营销宣传中突出产品的具体品质，运用各种表现手段让消费者体验产品的优势所在，以维护自己的产品地位和形象，这属于产品定位策略中的（　　）。

A. 产品品质定位　　B. 产品价格定位

C. 产品用途和利益定位　　D. 产品属性定位

二、判断题。（正确的打“√”，错误的打“×”）

1. 一个市场之所以能够进行细分，是因为消费者需求存在差异性。（　　）

2. 消费者需求基本一致、没有明显区别的商品，称为异质性商品。（　　）

3. 企业在进行市场细分时，往往采用一类标准进行细分。（　　）

4. 企业要确定目标市场，首先就需要对市场进行细分，如果不对市场进行细分，就无法选择准确的目标。（　　）

5. 大数据技术能够收集和分析来自各种渠道的海量数据，包括消费者行为、购买历史、社交媒体互动等信息，这些数据为市场细分提供了全面基础。（　　）

6. 企业在进行目标市场的选择时，只需要考虑消费者的需求与偏好就可以。（　　）

7. 企业应确保在目标市场中开展的业务符合当地的法律法规要求，避免法律风险。（　　）

8. 企业实力不强，特别是小企业，应采用差别营销策略。（　　）

9. 市场定位旨在使企业的产品和形象在目标顾客的心理上占据独特、有价值的位置。（　　）

10. 产品定位策略不需要调整和改变。（　　）

三、多项选择题。（每题至少有两个以上正确答案）

1. 市场细分包括的标准有（　　）。

A. 地理标准　B. 人文标准　C. 心理标准　D. 行为标准

2. 市场细分需要考虑的基本要求是（　　）。

A. 有明显的特征　B. 有合理的范围

C. 保证一定的盈利　D. 有相对的稳定性

3. 在下面市场细分的标准中，属于地理因素的有（　　）。

A. 气候条件　B. 城市规模　C. 区域划分　D. 价值观念

4. 企业在选择目标市场时，需要考虑的因素有（　　）。

A. 市场需求量　B. 市场竞争状况

C. 企业的营销能力　D. 市场的发展潜力

5. 企业选择目标市场所运用的三种基本策略是（　　）。

A. 无差异性市场营销策略　B. 差异化市场营销策略

C. 集中化市场营销策略　D. 分散营销策略

6. 产品价格定位一般包括（　　）。

A. 高价定位　B. 折扣价定位

C. 低价定位　D. 市场平均价格定位

四、案例分析题。

两面针，这个曾经在中国牙膏市场上占据重要地位的民族品牌，近年来却逐渐失去了往日的光彩。

两面针在上市后，为了寻求更大的业绩增长，开始实施多元化战略，涉足医药、造纸、房地产开发等多个领域。然而，这些领域并未如预期盈利，反而分散了企业的资源和精力，导致主业牙膏业务的竞争力下降。面对市场变化和消费者需求的快速变化，两面针的反应显得迟钝。例如，在竞争对手纷纷推出高端牙膏产品时，两面针未能及时跟进，错失市场机遇。

为了重塑品牌形象和提升市场竞争力，两面针后续推出了高端牙膏产品——两面针中药消肿止痛牙膏，但市场反应平平，未能达到预期效果。随着市场竞争的加剧和消费者需求的快速变化，两面针的品牌形象逐渐老化。年轻的消费者对其品牌的认知度和好感度下降，导致市场份额被新兴品牌抢占。

思考：

1. 两面针品牌市场定位的失败，主要源于哪些因素？

2. 针对存在的问题，两面针可以从哪些方面进行战略调整以提升品牌的核心竞争力？

项目评价

由教师组织填写“项目完成情况评价表”，对本次项目进行综合评估。见表4-2。

表4-2　项目完成情况评价表

组别：　　　　　　　　　　　　　　学生姓名：

序号	考核点	考核标准	分值（分）	得分（分）		
				小组评价	自我评价	教师评价
1	态度与纪律	态度认真，学习积极主动，遵守纪律	5			
2	沟通协调能力	主动沟通，表达能力强，能够协调解决出现的具体问题	10			
3	创新能力	具备一定的创新能力	5			
4	团队合作表现	融入团队、参与度高，积极与他人合作	10			
5	收集资料的能力	能够准确收集信息，筛选有用的信息	5			
6	作业完成情况	完成项目检测的及时性、准确性	5			
7	营销知识的掌握情况	能够正确理解并掌握市场细分、目标市场及市场定位相关概念；掌握市场定位的方法和策略；掌握目标市场选择策略；熟悉市场定位的步骤	30			
8	专业技能训练完成度	准确分析某牛奶品牌对不同市场进行细分时运用的标准和具体变数，并能列举出该品牌产品所选择的目标市场情况；能准确分析可口可乐和娃哈哈两大品牌目标市场的选择、目标市场策略的运用及采用的定位策略；分析Z品牌滴眼液市场定位的问题，提出对策和建议，显示企业独特的竞争优势	30			
合计			100			

续表

<table>
<tr><th rowspan="2">序号</th><th rowspan="2">考核点</th><th rowspan="2">考核标准</th><th rowspan="2">分值（分）</th><th colspan="3">得分（分）</th></tr>
<tr><th>小组评价</th><th>自我评价</th><th>教师评价</th></tr>
<tr><td>总评</td><td colspan="6">小组评价（40%）＋自我评价（30%）＋教师评价（30%）＝</td></tr>
<tr><td rowspan="3">总结</td><td>我的优点</td><td colspan="5"></td></tr>
<tr><td>我的不足</td><td colspan="5"></td></tr>
<tr><td>我将作出的改进</td><td colspan="5"></td></tr>
<tr><td>教师评语</td><td colspan="6"></td></tr>
</table>

项目五 产品策略运用

学习目标

1. 理解、认识产品与产品组合概念；掌握产品生命周期及其不同阶段的特点；掌握产品生命周期不同阶段的营销对策；了解开发与推广新产品程序；了解品牌及包装的策略运用。

2. 能够运用产品与产品组合概念，在市场中进行营销活动；能够准确分析每个产品不同生命周期对应的市场策略；能够运用品牌及包装策略开展相关的营销活动。

3. 培养自主探究学习能力；培养分析及解决问题能力；树立良好的营销素质及营销创新能力。

典故启智　古韵营谋

《韩非子 · 外储说左上》中记载：“楚人有卖其珠于郑者，为木兰之椟，薰以桂椒，缀以珠玉，饰以玫瑰，辑以翡翠。郑人买其椟而还其珠。”

故事的大概意思是：有一个来自楚国的商人，他有一颗非常漂亮的珍珠。为了能把珍珠卖个好价钱，他决定为珍珠做一个漂亮的盒子。商人请来手艺高超的木匠为珍珠做盒子。盒子做好后，木匠用香料把它熏得香气扑鼻。熏完香后，木匠又对盒子进行装饰，让这个盒子立刻变得精美绝伦、与众不同。商人拿过盒子，小心翼翼地将珍珠放进去，抱着盒子快步走向市场。商人把盒子一拿出来，市场上的人就被盒子美丽的外表和香气吸引了。有个郑国人买了这个盒子，可是，那个人没走几步，突然又走了回来。商人以为郑国人后悔了。可谁知，郑国人拿出盒子里的珍珠递给商人，然后拿着盒子，一边欣赏一边走了。商人拿着被退回的珍珠尴尬极了。没想到，精美的盒子在别人眼里竟然超过了珍珠的价值。

以上就是《买椟还珠》的成语故事。从产品策略的角度出发，这个故事为我们提供了深刻的启示和借鉴：商家在制定产品策略时，应掌握产品的整体概念，注重产品包装，因为它能提升产品价值，但也要确保产品包装与产品的协调性，重视消费者价值认知的差异。否则舍本逐末，企业无法满足市场需求，就实现不了可持续发展。

任务一 认识产品与产品组合

任务描述

随着市场竞争的日益激烈，企业不仅需要拥有高质量的产品，还需要通过精心设计的产品组合策略来满足不同消费者群体的需求，以提升市场份额和盈利能力。

小赵作为刚毕业的新人，加入了一家新势力电器生产企业。老板为了考察小赵的能力，给他布置了一个任务：让小赵深入本企业，了解企业的产品，分析市场需求，设计并优化一个本企业的新产品组合策略。你觉得小赵应该怎么办呢？从哪里入手呢？

任务分析

为了完成以上任务，小赵需要认真学习和掌握产品的整体概念，了解产品的分类，了解产品组合概念与要素，掌握不同产品组合策略。只要认真完成以上的学习任务，小赵就可以为该企业出一个新的产品组合策略啦。

知识准备

产品与产品组合是每一家企业立足市场的根本，只有清晰地认识到自身企业的产品是否能够满足消费者的需求，才能更好地服务消费者，站稳市场。

活动1 理解产品整体概念

产品整体概念是市场营销中的核心理论，它超越了产品本身的物理形态或功能特性，是将产品视为一个包含多个层次和维度的综合体系。这一概念由菲利普·科特勒等市场营销学者提出，并广泛应用于产品设计、定位、推广和销售等各个环节，它包括核心产品、有形产品和附加产品（如图5-1所示）。

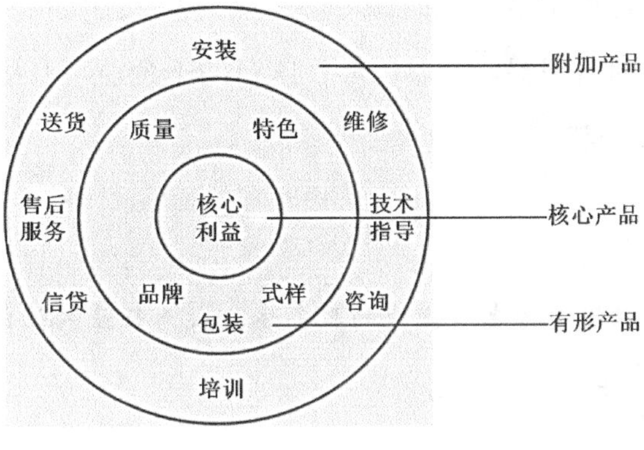

图5-1 产品的整体概念

产品整体概念主要包括以下三个层次：

一、核心产品

这是产品最基本、最核心的层次，指的是消费者购买产品时所追求的基本效用或利益。换句话说，它是消费者真正需要解决的问题或满足的需求。例如，消费者购买一辆新能源汽车，其核心产品可能是“省油、省钱、环保”。

二、有形产品

有形产品是指核心产品借以实现的形式或目标市场对某一需求的特定满足形式。它主要包括产品的品质、式样、特征、商标和包装等。这些因素共同构成了产品在市场上的具体形象。以汽车为例，有形产品可能包括汽车的设计、颜色、内饰、品牌标识及车身的材质等。

三、附加产品

附加产品是指消费者在购买产品时所得到的额外服务和利益。这些附加价值能够增加产品的吸引力，满足消费者的额外需求。对于汽车来说，附加产品可能包括售后服务（如保修期、道路救援）、金融方案（如贷款购车、零利率优惠）等。

产品的整体概念除以上三个主要层次外，还包含期望产品和潜在产品（见表5-1）。

表5-1　期望产品与潜在产品

产品	定义
期望产品	期望产品是指消费者在购买产品时期望得到的一系列属性和条件。这些期望往往基于过去的购买经验、朋友或家人的推荐广告信息等。例如，消费者在购买一部手机时，期待可以获得很好的拍照体验、游戏体验，以及未来良好的售后服务体验等
潜在产品	潜在产品是指产品最终可能实现的全部附加部分和将来会转换成的所有潜在状态的产品。它代表了产品可能的演变趋势和未来的发展前景。例如，随着技术的进步和消费者需求的变化，汽车可能会逐渐发展成为完全自动驾驶、完全零排放、高度智能化的交通工具

掌握产品整体概念有助于企业更全面地把握市场需求，设计出更符合消费者期望的产品，并通过提供优质的附加服务和持续的创新来保持竞争优势，这有助于企业在产品生命周期的不同阶段制定相应的市场策略，确保产品的长期成功。

思考交流

在餐饮行业中，海底捞以使消费者有优秀的服务体验成为行业的佼佼者。尝试分析海底捞的核心产品是什么？附加产品有哪些？

活动2　了解产品分类

一、产品分类的概念

产品分类是指将同一类别的产品按照一定的规则和标准进行划分和归类的过程。不同的产品分类标准可以反映出不同的维度和特征，这对于企业进行产品定位、市场定位、产品开发、营销及生产管理等都具有重要意义。

二、常见的产品分类方法

在复杂多变的市场环境中，对产品进行科学合理的分类不仅有助于企业更好地管理库存、优化供应链，还能有效指导市场定位与营销策略的制定。表5-2是对常见产品分类方法的详细阐述，涵盖了消费品类产品、工业产品类、医疗机械类、电子产品类。

微课 常见的产品分类

表5-2　常见的产品分类

类别	属性
消费品类产品	食品类：包括各种食品，如饮料、零食等 家电类：包括电视、冰箱、空调、洗衣机等家电产品 日化类：包括洗发水、沐浴露、牙膏等日用化妆品
工业产品类	机械类：包括工业机器人、数控机床等 燃料类：包括煤炭、石油、天然气等工业能源 建材类：包括水泥、钢材、化学建材等 化工类：包括化肥、农药、橡胶、塑料等化工原料及制品
医疗机械类	医用影像类：包括超声、X射线机、核磁共振等医疗设备 治疗设备类：包括手术台、体外循环机、呼吸机等 诊断试剂类：包括血压计、血糖仪、免疫分析仪等 手术耗材类：包括手术刀、缝合线、消毒液等
电子产品类	通信类：包括手机、儿童电话手表等通信设备 计算机类：包括台式电脑、笔记本电脑等计算机产品 数码产品类：包括数码单反相机、运动相机等 家庭娱乐类：包括各种家庭影音设备、家用KTV等

除以上常见产品分类之外，还有家居用品、办公用品、运动用品等多种产品。每个产品分类又可以进一步细分，形成更多的具体产品。

总体来说，随着社会科技水平的提高和人们生活质量的不断提高，产品分类和产品数量也在不断增加和丰富，这为人们的生产和生活带来了更多的便利和选择。

思考交流

根据学到的产品分类知识点，回答下面问题：

①我们为什么要对产品进行分类？

②企业进行产品分类的优点有哪些？缺点有哪些？请谈一谈你的想法。

活动3　了解产品组合概念与要素

一、产品组合概念

产品组合是指企业为满足市场需求，根据产品特性、目标市场及营销策略，将多个相关产品组合在一起销售的一种策略。这种组合策略旨在通过产品之间的互补性、差异性或关联性，提升整体销售额、市场占有率和品牌影响力。

二、产品组合要素

产品组合要素是指构成产品组合的关键因素，它们共同决定了产品组合的结构、特点和竞争力。我们将产品组合要素归纳为五个方面：产品线、产品项目、产品组合宽度、产品组合深度、产品关联度。

1. 产品线

产品线是指一组密切相关的产品，这些产品功能相似，能满足同一类消费者的不同需求，或通过同一销售渠道销售给同一消费者群。

重要性：产品线决定了产品组合的宽度，即企业覆盖的细分市场范围。

2. 产品项目

产品项目是指产品线中具体的某个产品，包括不同的规格、型号、款式等。

重要性：产品项目的数量决定了产品组合的长度和深度。长度越长，产品线越丰富；深度越深，越能满足不同消费者的多样化需求。

3. 产品组合的宽度

产品组合的宽度是指企业拥有的不同产品线的数量，产品线数量越多，宽度越宽，反之则越窄。

重要性：产品组合的宽度反映了企业市场覆盖的广度和资源的分散程度。较宽的产品组合可以分散风险，同时增加企业的市场接触面。

4. 产品组合的深度

产品组合的深度是指某一产品线中不同规格、型号、款式等的产品数量。

重要性：产品线深度体现了企业对某一细分市场的专注程度和满足不同消费者需求的能力。较深的产品线可以更好地满足细分市场的需求，提升顾客满意度。

5. 产品关联度

产品关联度是指各产品线或产品项目之间在功能、用途、销售渠道、目标市场等方面的关联程度。

重要性：关联度影响产品组合的整体协同效应和市场影响力。高关联度的产品组合可以增强品牌形象，促进销售协同，降低营销成本。

案例分析5-1

长安汽车计划全面停售传统燃油车

近年来，中国新能源汽车行业正经历着前所未有的变革，多家知名车企纷纷宣布停止或计划停止生产燃油车，标志着中国汽车工业向新能源时代的全面转型迈出了重要一步。

2017年10月19日，长安汽车在北京国家会议中心向世界宣告“香格里拉计划”，同时宣布，该计划的目标是2025年开始全面停售传统燃油车。这是中国新能源汽车史上的里程碑事件。2025年以前，长安汽车将通过全产业链1 000亿元的投入，调动一万人的研发资源，构建开放共赢的产业生态圈，打造具备高品质的新能源汽车。

长安汽车自2017年宣布“香格里拉计划”以来，一直在加快新能源转型的步伐，通过推出多款新能源产品，进一步壮大其在新能源领域的竞争力。长安汽车表示，这一决策是基于对新能源汽车市场发展趋势的深刻洞察和自身战略转型的需要。

资料来源：易车网，内容有删改。

请思考：

①从汽车产品线宽度来看，上述企业取消燃油车是变宽产品线还是变窄产品线？

②上述企业为什么要把燃油车从产品线中取消，而发展新能源汽车？

活动4　掌握产品组合策略

在竞争激烈的市场环境中，企业只有通过合理的产品组合策略来增强市场渗透力、提升品牌形象并实现持续增长，进而更好地站稳脚跟，扩大产品市场占有率。

一、扩大产品组合策略

扩大产品组合策略是企业通过增加新产品线或扩大现有产品线的范围来增长业务的方法。这种策略旨在捕捉新的市场机会，增加市场份额。具体包括：

1. 产品线扩展

在现有产品系列中增加新款式、新功能或新规格的产品，以满足不同消费群体的需求。

2. 市场扩展

将现有产品推向新的地理区域或细分市场，利用品牌影响力和现有产品优势快速占领新市场。

3. 新产品开发

投入资源研发全新产品，以技术创新引领市场潮流，开辟新的市场领域。

二、缩减产品组合策略

当市场环境变化或企业内部资源有限时，缩减产品组合策略成为优化产品结构、提高运营效率的重要手段。主要包括：

1. 产品线削减

去除表现不佳或盈利能力低的产品线，集中资源于更有竞争力的产品上。

2. 市场退出

从某些无利可图或风险过高的市场撤出，减少不必要的市场投入。

3. 成本削减

通过改进生产流程、优化供应链管理等方式降低生产成本，提升整体盈利能力。

三、产品线延伸策略

产品线延伸是指企业在现有产品线的基础上，向上、向下或双向延伸产品线，以满足不同消费层次的需求。这有助于巩固市场地位，扩大市场份额。

1. 向上延伸

推出更高品质、更高价格的产品，以提升品牌形象和市场定位。

2. 向下延伸

生产价格更低、功能更基础的产品，以吸引对价格敏感的消费者群体。

3. 双向延伸

产品线双向延伸是指企业在已经掌握一定市场优势的中档产品线基础上，决定同时向产品线的上下两个方向进行延伸，一方面增加高档产品，另一方面增加低档产品，以便全方位占领市场。这种策略主要是为了扩大市场份额，满足不同消费层次的需求，并提升企业的竞争力。

四、现代化产品组合策略

随着科技进步和消费者偏好的不断变化，现代化产品组合策略成为企业保持竞争力的关键。该策略强调产品的技术升级、设计创新和用户体验优化。

1. 技术升级

采用新技术、新材料提升产品性能，增加产品的附加值。

2. 设计创新

通过独特的设计理念和时尚元素吸引年轻的消费者，提升产品的吸引力。

3. 用户体验优化

注重产品的易用性、便捷性和服务体验，增强用户黏性。

五、其他产品组合策略

在激烈的市场竞争中，企业为了提升市场份额、增强品牌影响力并优化资源配置，常常采用多样化的产品组合策略。这些策略不仅有助于满足不同消费群体的需求，还能促进企业的长期稳定发展。下面是对其他产品组合策略的详细阐述，涵盖单一产品策略、多产品策略、品牌系列化策略（见表5-3）。

表5-3 其他产品组合策略

单一产品策略	专注于某一细分市场，通过深度挖掘和持续改进单一产品来满足特定消费者需求
多产品策略	同时提供多种类型的产品，以满足不同消费者群体的多样化需求，增强市场竞争力
品牌系列化策略	通过创建多个子品牌或产品线，形成品牌家族，覆盖更广泛的市场领域，提升品牌影响力和市场占有率

思考交流

通过学习其他产品组合策略，回答以下问题：

①现代消费市场中还有采用“单一产品策略”的企业吗？

②通过查询互联网列举出相关品牌的系列化策略。

实操演练

实训背景：产品不仅满足了我们的日常需求，也推动着整个社会经济的发展。产品作为企业的立命之本，为企业打开了市场，但也让企业承担着高风险。有的企业在市场中变化，生产更多符合消费者需求的优质产品；有的企业则在变化中逐渐失去往日风采，产品力越来越差，导致企业濒临破产。

实训目的：能够准确分析产品与产品组合策略。

实训内容：以小组为单位，分析某一类型市场中占有率高的企业产品组合策略是怎样的，并且对比同类型市场占有率低的企业产品，谈一谈该企业为什么取得了成功。

实训过程：小组完成，每组4—5人，其中1人担任组长或发言代表，组织小组学习和讨论，1人担任观察员，负责观察记录。讨论结束后，组长或代表上讲台阐述本组讨论的结果和方案，观察员上台汇报小组成员参与活动的情况。

任务二 产品生命周期理论运用

任务描述

小王进入某品牌化妆品企业已经有五年时间了，该企业生产的产品在美妆行业中有着不错的销量，但是一直都不是这个行业的翘楚。小王作为市场部门的负责人深感责任巨大，一直想通过提高产品质量或口碑来增加销量，从而占据更多的市场份额。所以她想延长产品的成熟期，那么有什么好办法呢?

任务分析

当下的产品生命周期取决于市场，取决于消费者需求与消费者认可度。企业要想在现代化市场中取得一席之地，不仅要产品质量好，还需要多倾听消费者的心声。从消费者角度出发，想顾客之所想，才能走得更远。

知识准备

产品的生命周期，就是一种新产品从开始进入市场到被市场淘汰的整个过程。产品和人的生命一样，要经历引入、成长、成熟、衰退这样的周期。

企业只有了解产品不同阶段的特点，制定出相对应的周期策略，才能更有效地管理产品，优化资源配置，实现持续化盈利。

活动1 理解产品生命周期的含义

产品生命周期是指一个产品从准备进入市场开始，到最终被市场淘汰为止的全部运动过程。这一过程由需求与技术的生产周期所决定，是产品或商品在市场运动中的经济寿命。产品生命周期的概念既关注产品本身的技术和使用寿命，也侧重于产品在市场上的表现和消费者需求的变化。产品生命周期一般可以分为以下四个阶段（如图5-2所示）。

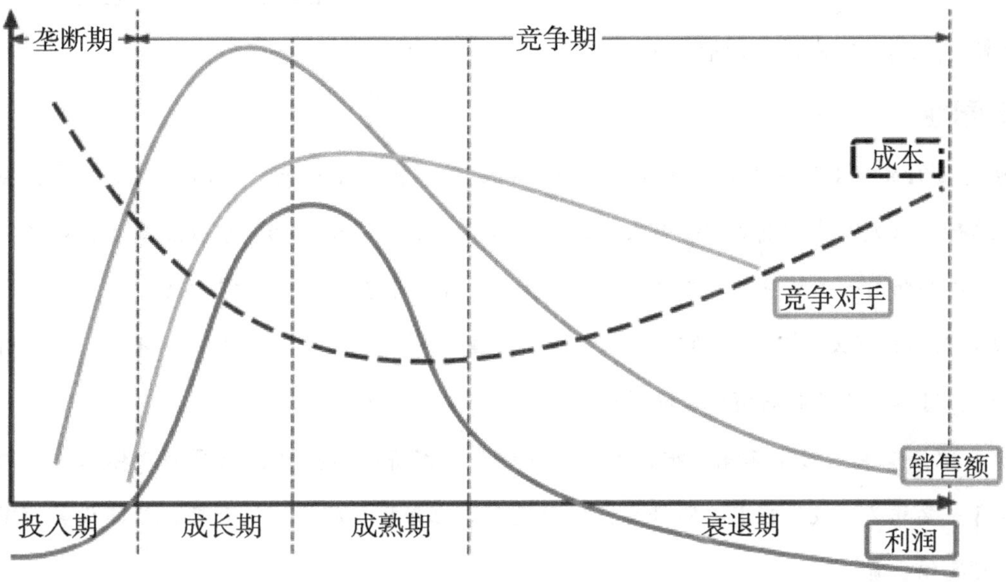

图5-2　产品生命周期曲线

一、引入期

引入期也叫导入期，是新产品刚进入市场的时期，消费者对其了解较少，销售增长缓慢，成本较高，利润可能为负。

二、成长期

产品逐渐被更多的消费者所认可，销售快速增长，市场份额扩大，利润显著增加。由于市场及利润增长较快，容易吸引更多的竞争者进入市场。

三、成熟期

成熟期也叫饱和期，此时产品大批量生产并稳定地进入市场销售，市场需求趋于饱和，销售增长放缓，市场竞争最为激烈。

四、衰退期

衰退期也叫衰落期，随着科学技术的发展，新产品或新的代用品出现，消费者的消费习惯发生改变，转向其他产品，导致原产品的销售额和利润额迅速下降。

产品生命周期的长短与多种因素密切相关，包括产品自身的性能、市场需求、市场环境、国家政策等。不同类型的产品在生命周期的表现上也会有所不同，有些产品种类生命周期中的成熟期可能无限延续，而有些产品可能很快就会进入衰退期。

产品生命周期理论为企业提供了重要的战略指导，帮助企业在不同阶段制定合适的营销策略和管理策略。通过了解产品在市场上的表现和消费者需求的变化，企业可以更加灵活地调整产品组合和市场策略，以实现持续盈利和长期发展。

思政园地

电池是我们日常生活中重要的物品，当电池报废时，我们是如何解决的呢？是随手丢弃还是有针对性地进行回收呢？废旧电池中含有大量的有害物质，如汞、镉、铅等重金属离子，以及镍、钴等有价金属。这些物质如果随意填埋或焚烧，将对土壤、水源和空气造成严重污染，影响生态平衡。

废旧电池中含有大量可回收的有价金属和非金属材料，如铝、铜、铁、塑料等。这些材料通过回收再利用，可以节省原材料消耗，降低生产成本。

所以处理废旧电池对于环境保护、资源循环利用、经济效益提升，以及公众环保意识的增强等方面都具有重要意义。我们应当共同努力，推动废旧电池回收处理工作的开展，为建设美丽中国、实现可持续发展作出贡献。

案例分析5-2

新能源汽车行业大洗牌

截至2024年，新能源汽车行业经历了显著的洗牌过程，由于市场竞争激烈、技术门槛提高、资金压力增大，以及政策环境变化等多重因素的影响，部分新能源汽车企业未能适应市场变化，最终走向倒闭。部分新能源汽车品牌在技术、品质、服务等方面未能满足市场需求，产品竞争力不足，导致销量低迷，进而影响到企业的盈利能力。一些企业因管理层决策失误、内部矛盾激化等问题，导致企业陷入困境。

随着新能源汽车市场的快速发展，政策环境和市场环境也在不断变化。一些企业未能及时适应这些变化，导致市场份额被竞争对手蚕食，最终走向破产。例如，随着国家对新能源汽车补贴政策的逐步退坡，一些依赖补贴生存的企业面临巨大的生存压力。也有一些企业由于自身产品没有及时更新迭代，导致产品生命周期急剧缩短。

所以新能源汽车企业只有不断提高产品品质、完善售后服务体系，延续新能源汽车产品生命周期，才能让自身始终处于市场主导地位。

资料来源：有驾汽车网站，内容有删改。

请思考：

怎样才能延长新能源汽车的产品生命周期？

活动2　掌握产品生命周期不同阶段的特点

一、产品引入期特点

产品引入期是产品生命周期的第一个阶段，通常出现在产品首次推向市场的初期。这个阶段的特点主要体现在以下五个方面。

（一）用户数量有限

1. 用户基础薄弱

在引入期，产品刚刚进入市场，用户数量相对较少。这主要是因为消费者对新产品还不了解，或者由于产品本身的特性（如价格高、技术新颖但不稳定）限制了其受众范围。

2. 高收入用户为主

通常只有那些对新技术、新产品感兴趣的高收入用户会愿意尝试这类产品。

（二）产品和技术的不确定性

1. 设计新颖但质量有待提升

引入期的产品设计通常较为新颖，但质量（尤其是可靠性）可能还有待提升。这是因为产品在技术、工艺等方面可能还存在一些不完善之处。

2. 技术不确定性大

产品技术的不确定性大，可能导致产品在性能、稳定性等方面出现波动，进而影响用户体验和口碑。

（三）市场竞争和市场反应

1. 竞争对手少

在引入期，产品刚刚上市，竞争对手相对较少，但这也可能意味着市场接受度的不确定性更高，因为消费者可能还在观望或比较其他类似产品。

2. 市场反应难以预测

由于用户数量有限且产品特性尚未稳定，市场反应往往难以预测。企业需要通过市场调研、用户反馈等方式不断调整产品策略和市场定位。

（四）营销和销售成本高昂

1. 营销成本高

为了吸引用户注意、建立品牌形象和提升产品知名度，企业需要投入大量的广告和其他营销费用。

2. 销售利润低

由于销量有限且营销成本高，引入期的销售利润往往较低，甚至为负值。企业需要在这一阶段注重长期投资和市场培育，而非短期盈利。

（五）经营风险高

1. 生存风险

引入期的经营风险非常高，企业面临着产品能否被市场接受、能否在竞争中存活下来等不确定性因素。

2. 战略调整需求

企业需要根据市场反馈和竞争态势不断调整产品策略、营销策略和市场定位，以降低经营风险并提升市场竞争力。

二、产品成长期特点

产品成长期是产品生命周期中一个至关重要的阶段，标志着产品从市场初识到逐渐被广泛接受和认可的过程。在这一阶段，产品展现出多个显著的特点，包括销量与利润的增长、市场竞争的加剧、消费者认知的提升、生产成本的降低、渠道的扩展、品质与款式的改进、价格的调整及营销策略的变化等。

1. 销量与利润增长

进入成长期后，随着市场对产品的认可度提高，产品销量开始迅速增长。这一增长趋势不仅体现在销售数量的增加上，还伴随着销售额和市场份额的显著提升。由于生产规模的扩大和成本的逐步降低，产品的单位成本下降，利润空间得以扩大，企业开始实现盈利增长。

2. 市场竞争激烈

随着产品市场扩大和销量提升，越来越多的竞争者开始进入市场，导致市场竞争日益激烈。这些竞争者可能包括新进入市场的品牌、原有品牌的升级产品或替代品等。

3. 消费者认知提升

在成长期，消费者对产品的认知度显著提高。他们开始更加了解产品的特点、优势和用途，并逐渐形成对品牌的忠诚度和偏好。这种认知提升有助于促进销量的增长，并为企业后续的市场拓展和品牌建设奠定了坚实的基础。

4. 生产成本降低

随着生产规模扩大和技术的不断成熟，产品的生产成本逐渐降低。这主要得益于生产设备的优化、生产流程的改进，以及原材料采购成本的降低等因素。生产成本降低进一步提高了产品的竞争力，为企业带来了更大的利润空间。

思考交流

根据成长期特点，回答以下问题：

①一个产品怎样做才能加快成长期？

②你觉得在成长期怎样做才能提高消费者认知？有哪些好的方法？

三、产品成熟期特点

产品成熟期是产品生命周期中的一个重要阶段，标志着产品已经从市场引入和快速成长阶段过渡到全面稳定和成熟阶段。下面是产品成熟期的主要特点：

1. 市场饱和度提升

在成熟期，产品的市场渗透率已经达到较高水平，购买者数量趋于稳定，新增的消费者越来越少。市场已经基本饱和，销量增长的速度明显放缓，销量增量逐渐减少，但销售总量仍然保持在较高水平。

2. 利润趋于稳定

随着销量的稳定和市场份额的巩固，企业利润达到一个高峰。然而，由于市场竞争加剧和成本控制的压力，利润的增量也开始减少，企业需要更加注重效率提升和成本控制来维持盈利能力。

3. 竞争异常激烈

在产品成熟期，市场上同类产品众多，竞争者之间的价格战、广告战等营销手段层出不穷。这种激烈的竞争不仅体现在价格上，还涉及产品质量、服务、品牌形象等多个方面。

4. 产品标准化

在产品成熟期，产品的技术和性能已经逐渐标准化，不同品牌之间的产品差异逐渐缩小。这要求企业在产品设计和制造过程中更加注重细节和品质控制，以提供符合消费者期望的优质产品。

5. 消费者认知成熟

随着产品使用的普及和市场竞争的加剧，消费者对产品的认知已经相当成熟。他们对产品的功能、性能、价格、售后服务等方面都有较为清晰的认识和期望。

6. 生产效率提高

随着生产规模的扩大和生产经验的积累，企业的生产效率在成熟期会得到显著提升。这有助于降低生产成本和提高产品质量，从而进一步增强企业的市场竞争力。

思考交流

根据产品成熟期特点，回答以下问题：

①你认为会有产品一直处在“成熟期”吗？为什么？

②你认为延长产品成熟期的最好办法有哪些？

四、产品衰退期特点

产品衰退期是产品生命周期的最后一个阶段，标志着产品市场吸引力的逐渐减弱和消费者需求的转移。

1. 销量下降明显

进入衰退期后，产品销量开始出现明显的下滑趋势。这主要是市场需求减退、消费者兴趣转移，以及替代品增多等因素导致的。销量的下降不仅影响了企业的收入，还可能对生产线的运营效率和企业的整体盈利能力造成负面影响。

2. 产品老化陈旧

随着科技进步和市场竞争加剧，产品在技术和设计上逐渐显得老化和陈旧。新产品不断涌现，以其更高的性能、更先进的功能和更时尚的设计吸引了消费者的眼球。相比之下，衰退期的产品往往无法满足现代消费者的需求和期望，从而加剧了销量下滑。

3. 竞争加剧缓和

虽然衰退期市场竞争依然激烈，但相对于成长期和成熟期而言，竞争态势有所缓和。这主要是因为市场上多数竞争者已经认识到该产品的市场潜力有限，开始将资源转移到更具潜力的新产品或市场上。

4. 利润大幅缩水

销量下降和产品老化直接导致了企业利润大幅缩水。由于生产成本和市场推广费用等固定支出并未显著减少，而销售收入却大幅下降，所以企业的盈利能力受到严重挑战。

5. 市场需求减退

市场需求减退是产品衰退期的显著特点之一。随着消费者偏好的变化和替代品的增多，原有产品的市场需求逐渐减弱。消费者对产品的需求不再像过去那样强烈和迫切，甚至开始转向其他更具吸引力的替代品。这种需求减退不仅影响了销量和利润，还对企业的市场定位和品牌形象造成了负面影响。

6. 成本逐渐上升

在衰退期，由于生产规模缩小和原材料成本上升等因素，产品的生产成本可能逐渐增加。此外，为了维持市场份额和品牌形象，企业可能需要加大市场推广和售后服务等方面的投入，进一步增加了成本负担。这些成本上升因素加剧了企业的盈利压力，使得企业更加难以应对市场挑战。

思考交流

根据产品引入期、成长期、成熟期、衰退期的特点完成表5-4。

表5-4 产品生命周期不同阶段特点对比

	引入期	成长期	成熟期	衰退期
销售额				
单位成本				
利润				
竞争者数目				
营销目标				

活动3 掌握产品生命周期不同阶段的营销对策

微课 产品生命周期不同阶段的营销对策

一、产品引入期营销对策

产品引入期是产品进入市场的初步阶段，也是最为关键和具有挑战性的时期。这一阶段，产品需要克服消费者认知不足、市场份额有限、竞争对手可能的打压等难题。因此，制定一套全面且有效的营销策略对于产品的成功上市至关重要。

（一）定价策略

1. 渗透定价

在引入期，为了快速占领市场，吸引消费者尝试新产品，可以采取低于市场平均水平的定价策略，即渗透定价。这种策略能够有效降低消费者的购买门槛，促进产品快速渗透市场。

2. 高价值定价

对于技术领先、具有独特卖点或目标消费群体为高端市场的产品，可以采用高价值定价策略，强调产品的独特性和高品质，树立高端品牌形象。

3. 灵活调价

根据市场反馈和竞争态势，灵活调整价格策略，必要时可采取限时优惠、捆绑销售等方式促进销售。

（二）促销策略

1. 试用装推广

在超市、商场等人流密集区域设置免费试用点，让消费者亲身体验产品，增加购买意愿。

2. 社交媒体营销

利用微博、微信、抖音等社交媒体平台，通过KOL合作、话题挑战等方式，扩大产品曝光度，提升品牌知名度。

3. 内容营销

创作高质量的内容，如产品评测、使用教程、用户故事等，通过抖音、微博、公众号等形式传播，建立品牌信任感。

（三）品牌建设

1. 明确品牌定位

基于目标消费群体的需求和偏好，明确产品的品牌定位，包括功能定位、情感定位、文化定位等。

2. 统一品牌形象

设计统一的品牌标识、视觉风格、语言风格等，确保在所有营销活动中保持品牌一致性，增强品牌识别度。

3. 提升品牌价值

通过提供优质服务、积极参与社会公益活动等方式，提升品牌形象，增加品牌附加值。

（四）促销活动

1. 开业大促

在产品正式上市初期，举办盛大的开业促销活动，如折扣优惠、赠品赠送等，吸引消费者关注并促成首次购买。

2. 节日营销

利用重要的节假日、纪念日等时机，推出主题促销活动，增加产品销量，提升品牌关注度。

3. 会员制度

建立会员体系，为会员提供专属优惠、积分兑换等福利，增强用户黏性，促进复购。

二、产品成长期营销对策

在产品生命周期的成长期，产品已经成功进入市场并获得了初步的市场认可，销量逐渐增长，市场份额稳步提升。在此阶段，企业需要把握机遇，通过一系列有效的营销对策来巩固市场地位，进一步拓展市场，推动产品向成熟期迈进。

（一）改进产品质量

1. 持续优化

基于用户反馈和市场需求，不断优化产品性能，提升产品的耐用性、安全性和易用性。

2. 技术创新

加大研发投入，引入新技术、新材料，提升产品竞争力，保持技术领先地位。

3. 质量控制

建立严格的质量管理体系，确保每一件产品都能达到高标准的质量要求。

（二）树立品牌形象，加强营销服务

1. 品牌故事

构建具有吸引力的品牌故事，传达品牌理念和价值观，增强消费者对品牌的认同感。

2. 品牌传播

通过多渠道、多形式的品牌传播活动，提高品牌知名度和美誉度。

3. 社会责任

积极参与社会公益活动，展现企业社会责任感，提升品牌形象。

4. 加强服务

在销售中增加营销人员的岗位培训内容，增强营销人员的服务意识。

（三）适时调整价格

1. 成本分析

根据生产成本、市场需求、竞争态势等因素，合理确定产品价格区间。

2. 价格策略

根据不同市场、不同消费群体制定差异化的价格策略，提高市场占有率。

3. 灵活调整

密切关注市场动态和消费者反应，适时调整价格策略，以应对市场变化。

思考交流

你觉得在产品在成长期阶段还有没有其他相对应的营销策略呢？谈一谈你的看法。

三、产品成熟期营销对策

产品进入成熟期，标志着其在市场上已经建立了稳定的地位，拥有一定的市场份额和消费者基础。然而，这一时期也面临着市场竞争加剧、消费者需求变化等挑战。

（一）创新改良

1. 产品迭代

定期推出产品的升级版本或新款式，融入新技术、新功能，以满足消费者不断变化的需求。

2. 技术创新

加大研发投入，探索新技术、新材料的应用，保持产品在技术上的领先地位。

3. 服务创新

优化售后服务体系，提供更加便捷、高效的服务体验，增强用户满意度和忠诚度。

（二）扩大市场份额

1. 市场细分

进一步细分目标市场，针对不同的消费群体制定差异化的营销策略。

2. 市场拓展

积极开拓新市场，尤其是潜力巨大的新兴市场和未饱和市场。

3. 渠道优化

优化现有销售渠道，同时探索新的销售渠道，如电商平台、社交媒体等，以扩大销售网络。

（三）降低成本增效

1. 供应链优化

通过改进供应链管理，降低采购成本、库存成本和物流成本。

2. 生产自动化

引入自动化生产设备，提高生产效率，降低人工成本。

3. 节能降耗

实施节能减排措施，降低能源消耗，减少环境污染，提升企业形象。

（四）加强品牌形象建设

1. 品牌宣传

加大品牌宣传力度，提升品牌知名度和美誉度。

2. 品牌文化

构建具有特色的品牌文化，增强消费者对品牌的认同感和归属感。

3. 社会责任

积极参与社会公益活动，展现企业社会责任感，提升品牌形象。

（五）增值服务提升

1. 增值服务开发

围绕产品核心功能开发增值服务，如延保服务、培训服务等，增加产品附加值。

2. 服务体验优化

提升服务响应速度和服务质量，为客户提供更加便捷、高效的服务体验。

3. 客户教育

通过举办讲座、培训等活动，提升客户对产品使用方法和维护知识的了解程度。

思考交流

你认为哪些产品适合开展“客户教育”策略这一方法？

四、产品衰退期营销对策

产品进入衰退期，意味着其在市场上的销量逐渐下滑，市场份额被竞争对手蚕食，消费者兴趣减退。在这一阶段，企业需要审时度势，采取合适的营销对策，以应对市场变化，减少损失并规划未来的发展方向。

（一）维持现状策略

1. 稳定客户群

继续服务于现有的忠诚客户，保持稳定的销量来源。

2. 维护品牌形象

继续投入必要的资源维护品牌形象，避免品牌价值的快速贬值。

3. 监控市场动态

密切关注市场变化，了解竞争对手的动态和消费者的需求变化，为后续决策提供信息支持。

（二）集中优势资源

1. 资源优化

评估并重新分配资源，将有限的资源集中在最有潜力或最具价值的领域。

2. 重点市场

选择仍有增长潜力的细分市场作为重点，加大投入，争取更多的市场份额。

3. 高效运营

通过改进生产流程、降低成本等方式，提高运营效率，保持竞争力。

（三）缩减生产与促销

1. 减少产量

根据市场需求变化，适时减少产品产量，避免库存积压和资金占用。

2. 精简促销

调整促销策略，减少不必要的促销活动和费用支出，提高营销效率。

3. 渠道优化

优化销售渠道，减少低效渠道，提高渠道覆盖率和销售效率。

（四）市场转移策略

1. 新市场开发

探索并开发新的市场领域，如新兴市场、海外市场等，寻找新的增长点。

2. 产品改良

针对新市场或特定消费群体的需求，对产品进行改良或创新，提升产品的适应性和竞争力。

3. 品牌延伸

利用现有品牌优势，开发新产品或新服务，实现品牌价值的延伸和拓展。

（五）评估并考虑放弃

1. 全面评估

对产品进行全面的市场、财务和战略评估，明确产品在当前市场环境下的价值和前景。

2. 制定备选方案

根据评估结果，制定多种备选方案，包括继续投资、缩减规模、转型升级或完全放弃等。

3. 决策执行

在充分论证和权衡利弊后，选择最合适的方案并坚决执行。若决定放弃该产品，则应妥善处理库存、渠道关系和客户服务等问题，减少负面影响。

思考交流

你认为哪些产品在衰退期会让企业决定放弃？谈一谈你的看法。

实操演练

实训背景：在当今快速变化的商业环境中，理解并掌握产品生命周期管理对于企业的持续发展至关重要。通过深入分析产品生命周期的不同阶段（引入期、成长期、成熟期和衰退期），企业可以更有效地制定市场策略，优化资源配置，延长产品的生命力。

实训目的：通过具体案例分析，让学生亲身体验产品生命周期管理的实践过程，加深对理论知识的理解与应用能力。

实训内容：选取一款已上市且经历或正在经历产品生命周期各阶段的产品，如智能手机、电动汽车或在线学习平台等。撰写案例分析报告，总结产品生命周期管理的全过程，包括成功经验和遇到的问题。

实训过程：小组完成，每组4—5人，其中1人担任组长或发言代表，组织小组学习和讨论，1人担任观察员，负责观察记录。讨论结束后，组长或代表上讲台阐述本组讨论的结果和方案，观察员上台汇报小组成员参与活动的情况。

任务三　开发与推广新产品

任务描述

随着社会进入智能化时代，你会发现越来越多的产品都变得“智能”了，小到儿童手表、手环、语音音箱、指纹锁，大到自动驾驶系统、智能无人快递车等。小陈这个时候刚好入职一家传统家居生产企业，该企业已经在这个行业做了20年，因为智能化家居产品的出现，导致该企业这几年的销量不如从前。领导找到小陈，要求他迎合时代变化，推出该企业的智能化家居产品。小陈该从哪方面着手完成领导交代的任务呢？

任务分析

为了完成领导交代的任务，小陈应该从市场调研开始，观察、统计市场中销量好的智能化家居，分析每个产品的特点与卖点，从中找到消费者需求。同时，根据企业现有资源及优势研发属于自己企业的全新智能化家居产品，借助20年传统家居的品牌优势，找准消费者需求，推出全新产品，从而解决销量下滑问题。

知识准备

新产品开发与推广是一项系统工程，需要企业在市场调研、竞品研究、技术研发、产品设计、营销策略、渠道选择及推广活动等方面做好充分的知识准备与战略规划。通过持续创新、精准定位、高效执行和不断优化，企业可以成功地推出符合市场需求的新产品，并在激烈的市场竞争中脱颖而出。

活动1　了解新产品的概念、种类

一、新产品的概念

市场营销中的新产品主要是指产品在结构、功能、材质等方面与市面中的相关产品有着明显的差异，或者是第一次出现的产品。

二、新产品的种类

常见的新产品分为以下四种类型。

（一）全新产品

全新产品是指在技术、设计、功能或市场定位等方面与市场上现有产品存在显著差异的产品。这不仅仅是对现有产品的简单改进或升级，而是企业通过技术创新、设计突破和市场定位创新等手段，推出的具有显著差异性和市场竞争力的新产品。

全新产品的种类广泛，根据创新方向和应用领域的不同，大致归纳为以下三个类别。

1. 科技类全新产品

（1）电子产品

电子产品如智能手机、平板电脑、智能手表等，这些产品采用了最新的芯片技术、操作系统和显示技术，为用户带来全新的使用体验。

（2）人工智能产品

人工智能包括智能音箱、智能家居控制系统、智能机器人等，它们利用人工智能算法和机器学习技术，实现更智能的交互和服务。

2. 能源类全新产品

（1）可再生能源设备

可再生能源设备如太阳能光伏板、风力发电机、潮汐能发电设备等，这些产品利用可再生能源进行发电，有助于减少对传统能源的依赖和减少环境污染。

（2）新能源汽车

新能源汽车如电动汽车、氢燃料电池汽车等，它们采用新的能源和动力技术，减少了对石油等传统能源的依赖，并降低了尾气排放。

3. 材料类全新产品

（1）新型材料

新型材料如纳米材料、生物基材料、高性能复合材料等，这些材料具有优异的物理、化学和机械性能，广泛应用于各个领域。

（2）3D打印材料

随着3D打印技术的发展，新型3D打印材料不断涌现，为产品快速制造和定制化生产提供了更多的可能性。

（二）换代新产品

换代新产品是指在原有产品的基础上，通过部分采用新技术、新材料或新结构，从而大大提高产品性能或功能的新产品。这种类型的产品在原有产品的基本原理保持不变的前提下，进行了较大的革新，旨在给使用者带来新的利益和体验。

下面是一些具体的换代新产品种类：

1. 电子产品类

（1）智能手机

随着科技的进步，智能手机不断换代升级，每一代产品都在处理器、摄像头、屏幕等方面进行了显著改进，带来了更快的运行速度、更清晰的拍照效果和更出色的显示效果。

（2）电脑

从最初的台式电脑到笔记本电脑，再到平板电脑，电脑的形态和功能不断换代升级，满足了用户在不同场景下的使用需求。

2. 家用电器类

（1）变频空调

相比传统的定频空调，变频空调采用了先进的变频技术，能够根据室内温度自动调节压缩机转速，实现更精准的温度控制和更节能的运行效果。

（2）智能冰箱

智能冰箱在保留传统冰箱冷藏、冷冻功能的基础上，增加了智能控制、食品管理、健康提醒等功能，为用户提供了更加便捷、智能的使用体验。

3. 交通工具类

（1）新能源汽车

新能源汽车包括电动汽车、混合动力汽车等，这些车辆在动力系统上进行了革新，采用了清洁能源，降低了排放污染，提高了能源利用效率。

（2）智能汽车

智能汽车在传统汽车的基础上增加了自动驾驶、智能互联等功能，通过先进的传感器、雷达和人工智能技术，实现了更加安全、舒适的驾驶体验。

（三）改进新产品

改进新产品是在保持原有产品基本原理和主要功能不变的前提下，通过采用新技术、新材料、新工艺或新的设计思想，对产品进行局部或全面改进，以提高其性能、质量、经济性或扩大其使用功能。

下面是一些具体的改进新产品种类：

1. 电子产品类

（1）智能手机

不断推出新款手机，在摄像头、处理器、屏幕、电池续航等方面进行优化，提升用户体验。

（2）笔记本电脑

通过升级硬件配置、改进散热系统、优化软件兼容性等方式，提高电脑的性能和稳定性。

（3）智能电视

增加了更多的智能功能，如语音控制、智能家居互联、高清画质优化等，使观看体验更加丰富和便捷。

2. 家用电器类

（1）洗衣机

推出更节能、更静音、更智能的洗衣机，如带有智能洗涤程序、自动投放洗涤剂等功能的产品。

（2）冰箱

改进保鲜技术，提高能效比，增加智能温控、食材识别等功能，以满足消费者对食品安全和节能的需求。

（3）空调

通过改进压缩机技术、优化空气流通系统等方式，提高空调的制冷/制热效率，同时降低能耗和噪声。

3. 消费品类

（1）化妆品

改进配方和包装，推出更多适合不同肤质和需求的化妆品，如添加新成分，以增强功效或改善使用感受。

（2）日用品

通过改进材料、工艺或设计，提高产品的耐用性、安全性和环保性，如可降解的塑料制品、无荧光剂的洗涤剂等。

（四）仿制新产品

仿制新产品是指在市场上已有产品的基础上，通过模仿、引进或再创新的方式，研制生产的新产品。这类产品通常保留了原有产品的基本原理和功能，但在某些方面进行了改进或优化，以更好地满足市场需求或提升产品性能。

仿制新产品的种类非常丰富，涵盖多个行业和领域，下面是一些具体的种类：

1. 家电类

（1）仿制冰箱

在外观、尺寸、功能等方面模仿知名品牌冰箱，但可能采用不同品牌或型号的压缩机、制冷系统等部件。

（2）仿制洗衣机

通过模仿市场上热销洗衣机的设计、功能和操作界面，生产出具有相似性能但价格更为亲民的产品。

2. 日常用品类

（1）仿制化妆品

在配方、包装和宣传上模仿知名品牌化妆品，但成分、质量和效果可能有所不同。

（2）仿制运动鞋

模仿知名品牌运动鞋的款式、材料和舒适度设计，生产出价格更为亲民的产品。

3. 电子产品类

（1）仿制智能手机

在外观、系统界面、功能布局等方面与知名品牌手机相似，但采用不同品牌或型号的处理器、摄像头等核心部件。

（2）仿制平板电脑

模仿市场上主流平板电脑的设计、尺寸和操作系统，提供类似的用户体验和性能表现。

思政园地

仿制新产品虽然可以在一定程度上满足市场需求和降低成本，但也存在着知识产权侵权的风险。因此，企业在开发仿制新产品时应严格遵守相关的法律法规，尊重他人的知识产权成果，并注重自身技术创新和品牌建设。

随着市场竞争加剧和消费者需求不断变化，企业还应注重市场调研和产品创新，不断推出具有自主知识产权和差异化竞争优势的新产品，以满足市场和消费者的需求。

思考交流

换代新产品与改进新产品在本质上有区别吗？请谈一谈你的看法。

活动2　明确新产品开发的要求和方向

在快速变化的市场环境中，新产品开发是企业持续发展的重要驱动力。为了确保新产品能够成功占领市场并赢得消费者的青睐，企业需要明确新产品开发的要求与方向。

一、市场需求导向

核心：新产品开发应紧密围绕市场需求进行，确保产品能够满足目标用户的真实需求和期望。

策略：通过深入的市场调研和数据分析，识别市场趋势、用户痛点及潜在需求，为产品定位和差异化策略提供依据。

目标：开发出符合市场需求、具有竞争力的新产品，实现市场占有率的提升。

二、技术创新与可行性

追求：在新技术、新材料、新工艺等方面寻求突破，提升产品的技术含量和附加值。

评估：对技术创新方案进行可行性分析，确保技术成熟、成本可控、生产可行。

目标：通过技术创新，打造具有独特优势的新产品，增强企业的核心竞争力。

三、特色与竞争力

核心：赋予新产品独特的卖点或特色，使其在众多的竞品中脱颖而出。

策略：结合市场需求和技术创新，设计差异化的产品功能、外观或用户体验。

目标：提升产品的市场辨识度和用户忠诚度，增强市场竞争力。

四、高效化与多能化

方向：提高产品的运行效率和使用的便利性，同时增加产品的多功能性。

措施：采用先进的设计理念和制造技术，优化产品结构和性能；集多种功能于一体，满足用户多样化的需求。

目标：提升产品的使用价值和用户满意度，增强市场竞争力。

五、智能化

趋势：随着人工智能、物联网等技术的快速发展，智能化成为新产品开发的重要方向。

应用：将智能技术融入产品设计中，实现产品的自动化、智能化控制和管理。

目标：提升产品的智能化水平和用户体验，满足现代消费者对便捷、高效、智能生活的追求。

六、环保无污染

责任：企业应承担起环保责任，开发环保无污染的新产品。

措施：采用环保材料、节能减排的生产工艺和技术，设计可回收、可降解的产品包装和废弃物处理方案。

目标：实现产品的绿色生产、绿色消费和绿色回收，促进可持续发展。

案例分析5-3

海南省大力推广新能源车船应用

据海南省政府网2022年8月22日消息，海南省人民政府印发《海南省碳达峰实施方案》（以下称《方案》）。《方案》提出，大力推广新能源车船应用。落实新能源汽车车辆购置税优惠政策和相关扶持政策，分阶段分领域逐步推进全省各类汽车清洁能源化，建设世界新能源汽车体验中心。到2025年，公共服务领域和社会运营领域新增和更换车辆使用清洁能源比例达100%。到2030年，全岛全面禁止销售燃油汽车。

资料来源：海南省人民政府网站。

请思考：

从新产品开发要求方向，谈一谈未来汽车的趋势？

活动3　掌握新产品开发的程序

开发新产品通常要经历以下七个阶段（如图5-3所示）：新产品构思、产品筛选、产品初步设计、产品可行性研究、产品试制和鉴定、新产品试销、新产品正式投产和上市。

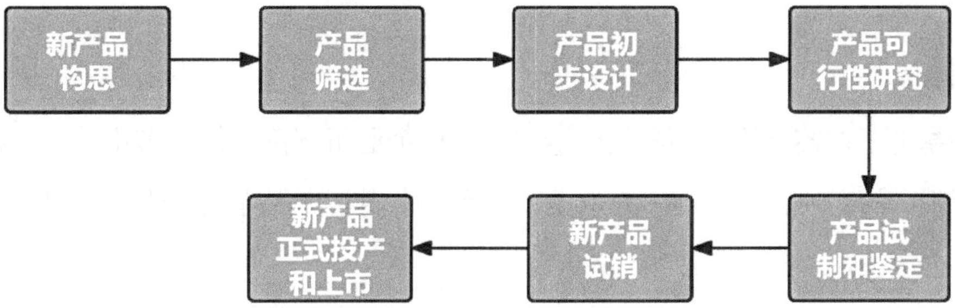

图5-3　新产品开发程序

一、新产品构思

新产品构思是一个创造和创新的过程，需要企业充分发挥想象力和创造力，并结合市场调研、用户反馈、技术评估等多方面信息，形成具有前瞻性和市场竞争力的新产品概念。通过有效的构思过程，企业可以为后续的产品开发提供明确的方向和目标，从而确保新产品的成功推出和市场接受度。

二、产品筛选

产品筛选是指企业在众多潜在的新产品构思候选项目中，通过一系列评估、分析和决策过程，筛选出具有市场潜力、技术可行性和经济效益的新产品项目，以便进一步开发推向市场的过程。在新产品筛选过程中，企业需要注意以用户需求为导向、注重技术创新、关注成本效益、灵活应对市场变化。通过科学的新产品筛选流程，企业可以更加精准地把握市场需求和技术趋势，提高新产品开发的成功率和市场竞争力。

三、产品初步设计

产品初步设计是指在新产品开发过程中，对产品进行初步的形态、结构、功能、界面等方面的规划和设计。

四、产品可行性研究

在产品初步设计的基础上，对新产品方案进行可行性研究，是进一步决定产品取舍的重要环节。

五、产品试制和鉴定

产品试制和鉴定是新产品开发过程中的重要环节，它通过实际制造和测试，验证了产品设计的合理性和生产工艺的可行性。通过这一阶段的工作，企业可以及时发现并解决产品存在的问题，为后续的批量生产奠定坚实的基础。同时，试制报告也为后续的市场推广和销售提供了有力的支持。

六、新产品试销

新产品试销是把经过鉴定的样品投入少量生产，按企业所制订的营销策略计划，将产品小范围投放市场，以观测用户的反映，并把用户的意见及时反馈，对新产品作进一步的改进后再试销。这个过程有时要反复多次。

七、新产品正式投产和上市

新产品经过试销获得成功后，企业就可以把产品正式投入大批量生产。在新产品正式投产和上市过程中，企业需要保持高度的市场敏感性和灵活性，及时应对市场变化和竞争挑战。加强与供应商、销售渠道和消费者的沟通和合作，建立稳定的供应链和市场关系。不断优化产品设计和生产工艺，提高产品质量和生产效率，降低生产成本和市场风险。

活动4　明确新产品推广的思路

新产品推广是企业为了将新开发或新引入市场的产品成功地推向市场，提高产品知名度、吸引潜在客户、促进销售和市场份额增长的一系列活动和策略。这些活动旨在向目标市场传递产品的信息、价值和优势，以激发消费者的购买欲望，从而实现销售目标和市场份额的提升。

常见的新产品推广有以下六种方式。

微课 明确新产品推广的思路

一、市场调研与定位

明确目标市场：通过市场调研，了解潜在客户的年龄、性别、职业、兴趣等特征，以及他们的需求和购买习惯，从而明确目标市场。

产品定位：根据市场调研结果，确定产品在市场中的独特位置，明确产品的差异化特点，以区别于竞争对手。

二、品牌建设

品牌形象塑造：设计独特的品牌标识，包括品牌名称、Logo（标志）、标语等，以建立鲜明的品牌形象。

品牌价值传递：通过各种渠道和方式，向目标市场传递产品的品牌价值和核心理念，增强品牌识别度和好感度。

三、数字化营销

社交媒体营销：利用微信、微博、抖音等社交媒体平台发布吸引人的内容，与客户互动，增强品牌曝光度和用户黏性。

搜索引擎优化（SEO）：优化网站内容和结构，提高搜索引擎排名，增加产品的网络可见度。

搜索引擎营销（SEM）：通过付费广告形式在搜索引擎中展示产品广告，吸引潜在客户的点击和转化。

内容营销：通过文章、视频教程等形式提供有价值的内容，提升品牌形象和信任度，间接促进产品销售。

四、线下推广

参加行业展会：通过参展，企业可以直接与潜在客户和合作伙伴交流，展示产品优势，获取市场反馈。

举办活动：如研讨会、讲座、产品发布会等，邀请行业专家和潜在客户参加，提升品牌影响力。

体验式营销：开展体验活动，让消费者亲自试用产品，感受产品的独特魅力和优势，从而激发购买欲望。

五、合作与联盟

合作营销：与其他企业或品牌进行合作，通过联名产品或活动实现资源共享和互利共赢。

KOL/网红合作：与知名KOL或网红合作，通过他们的推荐和分享，扩大产品的曝光度和影响力。

六、促销策略

限时优惠：设定特定时间段内的优惠活动，如打折、买赠等，刺激消费者的购买欲望。

积分奖励系统：建立积分体系，鼓励客户多次购买和推荐新客户，增加客户黏性和忠诚度。

实操演练

实训背景：假设你是一家科技创新公司的产品经理，负责一款面向年轻职场人士的智能健康管理手环的开发与推广项目。该手环旨在通过精准的健康数据监测、智能提醒与个性化健康建议，帮助用户改善生活习惯，提升工作效率与提高生活质量。

实训目的：成功开发并推广这款手环，实现市场份额的有效增长，同时建立品牌在用户心中的良好形象。

实训内容：提交一份关于该手环详细的设计方案及推广方案（以Word文档形式）。

实训过程：小组完成，每组4—5人，其中1人担任组长或发言代表，组织小组学习和讨论，1人担任观察员，负责观察记录。讨论结束后，组长或代表上讲台阐述本组讨论的结果和方案，观察员上台汇报小组成员参与活动的情况。

任务四 品牌策略的运用

任务描述

小张是一位有着十年创业经验的商人，在这十年的时间里，他将自己最初一辆手推车卖卤鹅的小生意发展成了当地小有名气的卤味连锁店。然而，小张并不满足于目前的成就，他渴望将自己的连锁店推广到周边城市，实现更大的发展，这个愿望意味着他将会有更多的机会、更多的顾客和更多的利润。

任务分析

为了实现这个目标，小张需要采取有效的推广策略，从品牌角度出发，通过打造独特的品牌形象、提供优质的产品和服务、运用有效的市场营销手段，在周边城市中树立起自己连锁店的知名度和美誉度。只有这样，小张才能实现他的梦想，使他的连锁店在周边城市获得更大的成功。

知识准备

品牌策略是企业为构建、维护并提升品牌形象与价值所采取的一系列系统性规划与行动方案。它不仅关乎产品本身，也深入消费者认知、情感连接及市场定位等多个层面。品牌策略需要企业在多个方面进行精心策划和有效执行。通过合理运用品牌策略，企业可以提升品牌形象，增强市场竞争力，从而实现可持续发展。

活动1　理解品牌的内涵

微课　理解品牌的内涵

一、品牌

品牌是一个复杂且多维度的概念，它远远超出了简单的商标或产品标识的范畴。品牌是企业在市场中的身份象征，是消费者与产品或服务之间建立的情感联系和认知总和。具体来说，品牌包含以下七个关键要素：

1. 标识和视觉识别

品牌的视觉元素，如标志、颜色、字体和整体设计风格，这些元素共同构成了品牌的独特形象，帮助消费者在众多选择中快速识别出该品牌。

2. 价值主张

品牌所传达的核心价值和信念，解释了品牌为什么存在，以及它如何满足消费者的需求或解决消费者的问题。价值主张是品牌与消费者建立连接的基础。

3. 产品或服务质量

品牌背后的产品或服务是品牌的物质基础。高质量的产品或服务能够增强消费者对品牌的信任度和忠诚度。

4. 消费者体验

消费者体验包括购买前、购买过程中和购买后的所有与品牌相关的互动。这些体验塑造了消费者对品牌的整体印象和感受。

5. 声誉和信任

品牌在市场上建立的声誉和消费者对其的信任度是品牌价值的重要组成部分。良好的声誉和信任可以吸引和保留更多的消费者。

6. 情感联系

品牌不仅是产品或服务的提供者，还承载着消费者的情感寄托和身份认同。成功的品牌能够与消费者建立深厚的情感联系，使消费者愿意为品牌付出更多。

7. 一致性和持续性

品牌在各个渠道和触点上展现的形象和信息需要保持一致，以确保消费者对品牌的认知不会混乱。品牌需要长期持续地进行品牌建设和维护，以保持其在市场中的竞争力和影响力。

二、商标

商标是一种法律上的标志，它用于区分一个企业或品牌的商品或服务与其他企业或品牌的商品或服务。商标可以是文字、图形、字母、数字、三维标志、颜色组合和声音等，以及上述要素的组合，具有显著特征，便于识别。商标的本质功能是区分商品或服务的来源，保护商标的持有者不受侵权行为的侵害。商标的主要特点包括显著性、独占性、价值性、竞争性和法律性。

1. 显著性

商标必须能够明显区分商品或服务的来源，使消费者能够轻易地将特定品牌与其提供的商品或服务联系起来。

2. 独占性

商标注册后，商标的所有者享有商标的专用权，有权禁止他人在相同或类似商品上使用与其注册商标相同或近似的商标，防止混淆和误认。

3. 价值性

商标是企业重要的无形资产，它代表着企业的声誉、品质和市场影响力。一个知名的商标可以为企业带来巨大的商业价值。

4. 竞争性

商标是市场竞争的重要手段之一。企业可以通过注册商标来保护自己的品牌形象和市场份额，也可以通过商标诉讼来打击侵权行为，维护市场的公平竞争。

5. 法律性

商标是受到法律保护的。各国都有专门的商标法规来规范商标的注册、使用和管理，并对侵犯商标权的行为进行处罚。

在商标的实际应用中，企业需要仔细选择和注册合适的商标，并在市场推广和营销过程中积极维护商标的形象和声誉。企业还需要注意遵守商标法规，避免侵犯他人的商标权，以维护自身的合法权益。

思政园地

国家市场监管总局发布2023年知识产权执法十大典型案件。其中成都爱尔眼科医院未经授权擅自使用成都大运会标志，被罚3000元。2023年7月28日，四川省成都市青羊区市场监管局接到第31届世界大学生夏季运动会执行委员会的投诉，称成都爱尔眼科医院有限公司未经许可在微信公众号宣传稿中使用了成都大运会会徽及标志。经查，成都爱尔眼科医院有限公司在未取得第31届世界大学生夏季运动会执行委员会的授权许可下，在其微信公众号推文中使用了与成都大运会会徽相同的文字、图形。微信公众号推文发表于2023年7月25日，并于2023年8月1日删除。

商标侵权具有严重的危害性，不仅扰乱市场秩序、损害合法权益和影响消费者利益，还涉及法律责任风险。因此，企业和个人应当加强商标保护意识，严格遵守商标法律法规，共同维护良好的市场秩序和公平竞争环境。

资料来源：相关内容公众号，内容有删改。

案例分析5-4

MINISO（名创优品）宣布全球品牌战略升级

2023年8月，MINISO在成立十周年之际宣布全球品牌战略升级，以崭新的姿态引领兴趣消费浪潮。

如图5-4所示，新logo是一个红色的购物袋，最大的区别是上面的文字采用了新的无衬线字体。此外，购物袋的高度也有所变化。新版购物袋压缩了高度，现在看上去更像是一个正方形。

MINISO成立于2013年，其logo以购物袋创意为主体形象，设计简约时尚，在与品牌的行业属性完美融合的同时，突出购物、消费的概念。字标旁边的笑脸表达了名创优品带给全球消费者轻松愉悦享受美好生活的初心，通过打造“好看、好玩、好用”的产品，让惊喜更简单，让美好生活触手可及。

图5-4　名创优品logo新旧对比

资料来源：标志情报局，内容有删减。

请思考：

①名创优品新logo的设计理念及其所传达的寓意？

②讨论名创优品logo升级对市场产生的影响及消费者反馈？

活动2　掌握品牌设计思路

品牌的设计思路是一个全面且系统的过程，需要从品牌定位、名称与标志设计、视觉识别系统、广告宣传与品牌传播，以及持续的品牌管理与优化等多个方面入手。通过精心规划和执行，企业可以打造出独特且具有影响力的品牌形象。

下面是一些主要的设计思路。

一、品牌策略规划

1. 明确品牌定位和核心价值

①深入研究市场趋势、消费者需求、竞争对手状况等，为品牌找到独特的定位。

②确定品牌的核心价值，即品牌希望传达给消费者的主要信息和价值主张。

2. 制定品牌使命、愿景和价值观

①明确品牌存在的目的、未来发展的愿景，以及品牌所坚持的核心价值。

②这些元素将指导品牌后续的所有活动和决策。

二、品牌名称与标志设计

1. 品牌命名

①创造一个有吸引力、易于记忆且与品牌定位相符的名字。

②确保品牌名称未被注册过，避免侵犯他人的知识产权。

2. 标志设计

①标志是品牌形象的核心元素，包括颜色、形状、图像和字体等。

②设计时应遵循简洁醒目、清晰可辨的原则，使品牌能在一瞬间吸引消费者的注意。

③标志应具有独特性，与竞争品牌有明显区别，并切实反映出企业或产品的特征。

三、品牌视觉识别系统

1. 设计辅助图形

①创造一系列辅助图形和元素，如标准字、标准色、装饰图案等，与logo搭配使用。

②设计元素应与品牌整体形象保持一致，增强品牌的识别度。

2. 应用规范

①制定品牌视觉元素的应用规范，确保在不同场合和媒介中保持品牌形象的一致性。

②能够提升品牌的整体形象和专业度。

四、广告宣传与品牌传播

1. 制定传播策略

①根据品牌定位和目标受众，规划品牌传播的渠道和内容。

②选择合适的广告渠道，如电视、网络、社交媒体等，确保品牌信息能够精准传达给目标消费者。

2. 执行传播活动

①执行品牌推广计划，包括广告、公关活动、社交媒体营销等。

②通过创意的内容和活动形式，吸引消费者的关注和参与，提升品牌知名度和影响力。

五、持续的品牌管理与优化

1. 监控品牌表现

①定期评估品牌的市场表现和客户反馈，了解品牌在消费者心中的形象和地位。

②通过数据分析等手段，发现品牌存在的问题和机会点。

2. 调整品牌策略

①根据市场反馈和品牌发展情况，适时调整品牌策略和设计。

②保持品牌的灵活性和创新性，以应对不断变化的市场环境。

六、文化与情感连接

1. 品牌故事

①创造一个引人入胜的品牌故事，讲述品牌的起源、发展历程和核心价值观。

②通过故事化的方式加深消费者对品牌的认知和记忆。

2. 情感连接

①建立品牌与消费者之间的情感联系，使消费者对品牌产生归属感和忠诚度。

②通过优质的产品和服务、良好的客户体验，以及积极的品牌形象塑造来实现这一目标。

活动3　运用品牌决策

在竞争激烈的市场环境中，品牌不仅是产品或服务的标识，也是企业价值观、文化和个性的体现。有效的品牌决策能够帮助企业树立独特的市场地位，增强消费者的认知与忠诚度。常见的品牌决策有以下七点。

一、品牌定位策略

品牌定位是品牌决策的基础，它决定了品牌在目标市场中的位置和角色。品牌定位策略需要明确品牌的目标消费群体、核心竞争优势，以及独特的价值主张。通过市场调研和竞争对手分析，企业可以确定差异化的品牌定位，从而在消费者心中占据独特的位置。

二、品牌命名与标识

品牌命名与标识是品牌识别的关键要素。品牌名称应具有独特性，易于记忆和发音，并能准确传达品牌的核心价值。标识则通过视觉元素如颜色、形状、字体等强化品牌识别度，形成独特的品牌形象。优秀的品牌命名与标识设计能够迅速吸引消费者的注意，提升品牌记忆点。

三、品牌形象塑造

品牌形象是消费者对品牌的整体认知和感受，包括品牌的视觉形象、产品特性、服务体验等多个方面。品牌形象塑造需要企业通过一系列的市场活动，如广告宣传、公关活动、产品展示等，向消费者传达品牌的核心价值和个性特征。同时，企业还需确保品牌形象的一致性和稳定性，以便在消费者心中形成深刻的品牌印象。

四、品牌传播计划

品牌传播计划是企业为实现品牌目标而制定的信息传播策略。它涉及传播渠道的选择（如传统媒体、社交媒体、线下活动等）、传播内容的规划（如品牌故事、产品特性、优惠信息等），以及传播效果的评估。有效的品牌传播计划能够扩大品牌知名度，提升品牌美誉度，并促进消费者购买行为的转化。

五、品牌延伸管理

品牌延伸是指将现有品牌名称用于新产品或服务的推广。品牌延伸管理需要企业谨慎评估新产品与现有品牌的一致性、市场需求及竞争环境等因素。成功的品牌延伸能够增强品牌的整体实力和市场占有率，但失败的延伸也可能损害品牌形象和消费者信任。

六、家族品牌策略

家族品牌策略是指企业决定其生产或提供的各种不同种类、不同规格、不同质量的产品和服务，是统一使用一个品牌名称，还是分别使用不同的品牌名称，或者采用其他组合方式的一种策略。这种策略的核心是如何有效地利用和管理品牌资源，以实现企业的整体战略目标。

七、多品牌策略

多品牌策略是指企业在同一产品品类中，有意识地使用多个品牌进行市场布局和竞争的一种品牌战略。这种策略的核心是通过不同品牌来满足不同消费者群体的需求，从而更广泛地占领市场份额，提高品牌竞争力。

实操演练

实训背景：根据所学“任务四 品牌策略的运用”知识内容，结合市场营销知识，完成一次自创品牌的设计，该自创品牌可以是任何行业（品牌符合正确的价值观即可）。

实训目的：进一步掌握了解品牌的含义及意义，可以运用品牌策略完成项目实操内容。

实训内容：

①自创品牌名称的创作与介绍。

②自创品牌VI（视觉识别）系统（包括logo、标准色、字体等）设计。

③自创品牌的品牌推广策略说明。

④以小组形式展开完成，最后提交PPT完成任务汇报。

实训过程：小组完成，每组4—5人，其中1人担任组长或发言代表，组织小组学习和讨论，1人担任观察员，负责观察记录。讨论结束后，组长或代表上讲台阐述本小组讨论的结果和方案，观察员上台汇报小组成员参与活动的情况。

任务五 包装策略的运用

任务描述

小赵很早就进入奶茶行业创业了，经过几年的发展，自营品牌的奶茶店生意很稳定。但是随着奶茶行业的竞争越来越激烈，小赵的生意开始受到影响，甚至很多老顾客都不再光顾小赵的奶茶店。经过调查发现，很多顾客不再光顾小赵的奶茶店不是因为其奶茶口感不好，而是因为小赵的奶茶包装太过于传统，不新颖，不够时尚，难以引起顾客的兴趣。于是，小赵找到一家产品包装设计公司，想为他的奶茶店重新设计一个新的奶茶包装，你觉得该公司该如何着手呢？

任务分析

产品包装在保护产品、促进销售、传递品牌价值、提升消费者体验，以及环境保护与可持续发展等方面都发挥着重要作用。因此，设计公司应该高度重视产品包装的设计和开发工作，通过不断优化和创新来提升小赵奶茶店的产品市场竞争力和品牌形象。

知识准备

包装策略的运用是企业在产品推广和销售过程中，通过精心设计的包装来增强产品吸引力、提升品牌形象和促进销售的重要手段。通过灵活运用不同的包装策略，企业可以提升产品的吸引力，增强品牌形象，促进销售增长并实现可持续发展。

活动1 理解包装的内涵

包装是为了在流通过程中保护商品、方便储运、促进销售，按一定方法采用的容器、材料及辅助物等的总体名称。它也包括为了达到上述目的而采用的容器、材料和辅助物的过程中施加一定技术方法等的操作活动。

包装在商品流通和市场营销中发挥着重要作用，具体表现在以下四个方面。

一、保护商品

包装的首要功能是保护商品免受外界因素的损害，如物理冲击、化学腐蚀、微生物污染等。对于易燃易爆、放射、污染或有毒物品，包装还能防止意外事故发生，避免造成环境污染。

二、方便储运

良好的包装有助于商品的储藏和运输。它使商品便于陈列、计数、计价、运输、装卸和贮藏，提高了物流效率。

三、促进销售

精美的包装能够吸引消费者的注意力，激发购买欲望。包装不仅是商品的“外衣”，也是品牌形象的延伸，能够提升商品的市场竞争力。

四、增加盈利

通过合理的包装设计，可以在保护商品、方便储运的基础上，进一步增加商品的附加值，提高售价，从而增加企业的盈利空间。

思政园地

近年来产品的过度包装已经成为社会的焦点话题，那么产品的过度包装会带来哪些危害呢？产品过度包装的危害是多方面的，主要体现在以下五个方面。

①过度包装会消耗大量的原材料，如纸张、橡胶、玻璃、钢铁、塑料等，这些材料大多来源于木材、石油、钢铁等紧缺资源。

②消费者在使用商品后，往往会将包装物作为废弃物处理。过度包装产生的废弃物数量庞大，加重了环境负担。这些废弃物如果得不到妥善处理，就会对土壤、水源和空气造成污染。

③过度包装往往意味着商品价格虚高，因为包装成本最终会转嫁到消费者身上。消费者在购买商品时，不仅要支付商品本身的价值，还要为不必要的包装费用买单。

④过度包装助长了市场上的不正当竞争行为。一些企业为了吸引消费者的眼球，不惜在包装上花费大量资金，导致商品价格虚高。这种行为不仅损害了消费者的利益，也扰乱了市场经济秩序，使得那些注重产品质量的企业难以在市场上立足。

⑤过度包装往往追求奢华、浮夸的视觉效果，这与中华民族朴实、节俭的传统美德格格不入。长此以往，过度包装会助长社会上的奢靡之风，不利于建设节约型社会。同时，这种风气也会误导消费者的消费观念，使人们更加注重外在形式而非内在品质。

活动2 掌握包装策略

微课 包装策略的运用

一、包装设计内容

包装设计作为产品与市场沟通的重要桥梁，不仅关乎产品的外在形象，还直接影响消费者的购买决策和品牌认知。一个成功的包装设计需要综合考虑以下七个方面。

1. 品牌标识设计

品牌标识是包装设计的核心元素之一，它直接关系到品牌的识别度和忠诚度。在包装设计中，品牌标识（如logo、品牌名、标语等）的呈现方式至关重要。设计师需要确保品牌标识在包装上的位置醒目、比例协调，并与整体设计风格相契合，以强化品牌形象，提升品牌忠诚度。

2. 色彩与图案规划

色彩与图案是包装设计中吸引消费者注意的重要元素。色彩的选择需要根据产品的属性、目标消费群体的喜好，以及品牌调性来决定，从而营造恰当的氛围和情绪。图案的设计应具有创意性和辨识度，能够直观地传达产品信息和品牌特色。色彩与图案的搭配需要和谐统一，以提升包装的视觉美感和吸引力。

3. 结构与尺寸确定

包装的结构与尺寸直接关系到产品的保护和运输效率。设计师需要根据产品的形状、大小、重量，以及保护需求来设计合理的包装结构，如盒型、瓶型、袋型等。尺寸的确定需要考虑货架陈列的便利性和运输成本的优化，确保包装既能够保护产品又能够方便消费者使用和携带。

4. 材质选择与测试

材质的选择对包装的外观、质感、成本，以及环保性能都有着重要影响。设计师需要根据产品的特性、目标市场的环保法规，以及成本控制要求来选择合适的包装材料，如纸张、塑料、金属、玻璃等。在选择材料后，还需要进行必要的性能测试，以确保包装能够满足产品的保护需求和使用安全。

5. 文案与标签设计

文案与标签是包装设计中传递产品信息、指导消费者使用的重要部分。文案需要简洁明了，能够准确地传达产品的功能、特点、使用方法及注意事项等关键信息。标签包括产品名称、生产日期、保质期、成分表等必要信息，需要按照相关法规进行设计和标注。设计师需要确保文案与标签的排版美观、信息准确无误，以提升消费者的信任度和购买意愿。

6. 开窗与透视效果

开窗与透视效果是一种能够直观展示产品内部内容的包装设计手法。通过开窗或透视设计，消费者可以在不打开包装的情况下直接看到产品的外观或颜色等特征，增加购买的信心和兴趣。设计师需根据产品的特性和展示需求来选择合适的开窗位置、大小和形状，以确保展示效果最佳。

7. 互动与便利设计

互动与便利设计旨在提升消费者与包装之间的互动体验和使用的便利性。例如，设计易于开启的封口、便于抓握的手柄、可重复密封的包装等，以提高消费者的使用体验。此外，还可以通过增加二维码、互动游戏等互动元素，引导消费者参与品牌活动或了解更多的产品信息，增强品牌与消费者之间的互动和黏性。

二、包装设计策略

产品包装策略是企业在市场营销中采用的一种重要手段，旨在通过精心设计的包装来吸引消费者注意、提升品牌形象、保护产品并促进销售。下面是一些常见的产品包装策略。

1. 类似包装策略

定义：企业对其生产的产品采用相同的图案、近似的色彩、相同的包装材料和相同的造型进行包装，便于顾客识别出本企业产品。

优点：有助于提升品牌识别度，增强消费者对品牌的忠诚度，节省包装的设计、制作费用。

适用场景：适用于质量相同或相近的产品，对于品种差异大、质量水平相差较大的产品则不宜采用。

2. 差异化包装策略

定义：针对不同消费者群体或市场需求，采用不同风格、材质或设计的包装。

优点：能够更好地满足消费者的个性化需求，提升产品的市场竞争力；通过独特的包装设计吸引消费者注意，增加购买欲望。

适用场景：适用于产品线丰富、目标市场多样化的企业。

3. 系列化包装策略

定义：对同一品牌下的不同产品采用统一的形态、色彩、装饰纹样及文字等设计元素，形成统一的包装风格。

优点：有助于提升品牌整体形象，增强品牌的识别度和记忆度；方便消费者辨认和选择产品，提高购买的便利性。

适用场景：适用于产品线较长、产品种类繁多的企业。

4. 文化包装策略

定义：将企业文化、地域文化或民族特色融入包装设计中，通过包装传达文化价值。

优点：能够提升产品的文化内涵和品位，增强消费者对产品的情感认同；有助于塑造品牌形象，提升品牌忠诚度。

适用场景：适用于具有深厚的文化底蕴或地域特色的企业。

5. 其他包装策略

附赠包装策略：在包装内附赠小礼品或优惠券等，吸引消费者购买。

组合包装策略：将多种相关联的产品组合在一起进行包装销售，方便消费者购买和使用。

思考交流

生活中产品的包装随处可见，有哪些好的产品包装给你留下了深刻的印象呢？给大家分享一下吧。

实操演练

实训背景：设计一款面向青年消费者的健康零食包装策略。

实训目的：掌握包装的基本概念及其在市场营销中的重要性；了解、分析包装如何作为产品的“第一推销员”，影响消费者的购买决策。

实训内容：提交一份包含产品目标市场定位、产品特性分析、产品包装材料选择、产品包装视觉设计创意、产品包装与品牌形象五个方面内容的书面报告，要求逻辑清晰、条理分明、论据充分。

实训过程：小组完成，每组4—5人，其中1人担任组长或发言代表，组织小组学习和讨论，1人担任观察员，负责观察记录。讨论结束后，组长或代表上讲台阐述本组讨论的结果和方案，观察员上台汇报小组成员参与活动的情况。

项目小结

通过对本项目的学习，我们掌握了产品策略是企业满足消费者需求、实现市场竞争优势的关键手段。它不仅仅是产品的设计与开发，还包括品牌管理、包装策略、产品定位、生命周期管理等多个方面。通过学习产品的整体概念与产品线及产品组合策略，知道企业可以通过调整产品线长度、产品组合宽度，实现资源优化配置，增强市场竞争力。通过学习产品生命周期理论，清晰了解产品从引入期、成长期、成熟期到衰退期的各阶段特征及应对策略。这有助于企业依据产品所处阶段，精准制订价格、促销等营销方案，实现效益最大化。通过学习品牌与包装策略，明白了品牌定位、形象塑造、包装策略和品牌延伸的重要性。成功的品牌策略与包装策略能提升品牌知名度与美誉度，培养消费者的忠诚度，为产品赋予更高附加值。

项目检测

一、单项选择题。

1. 下面哪个不属于产品概念中的三个层次？（　　）

A. 附加产品　B. 核心产品　C. 有形产品　D. 全新产品

2. 当产品处于（　　）的时候，可以采用产品线缩短策略。

A. 引入期　B. 衰退期　C. 成熟期　D. 成长期

3. 在产品的引入期我们常用的定价策略是（　　）。

A. 高价格定价　B. 比较定价　C. 渗透定价　D. 市场定价

4. 产品的生命周期是由（　　）决定的。

A. 企业与市场　B. 需要与技术　C. 质量价格　D. 促销服务

5. 产品组合的宽度是指产品组合中所拥有的（　　）的数目。

A. 产品项目　B. 产品线　C. 产品种类　D. 产品品牌

6. 对老产品的性能、结构功能加以改进，使其与老产品有较显著的差别，属于（　　）。

A. 全新产品　B. 换代产品　C. 改进产品　D. 仿制产品

7. 市场中用奶龙、奥特曼等塑料玩具包装的糖果很受儿童欢迎，这是用了（　　）。

A. 类似包装策略　B. 系列化包装策略

C. 文化包装策略　D. 差异化包装策略

8. 做好产品包装，对企业营销有很大的作用，但不包括（　　）。

A. 保护商品　B. 促进销售　C. 宣传服务　D. 商标识别

9. 比亚迪汽车由王朝和海洋系列组成，这种产品组合属于（　　）策略。

A. 单一产品策略　B. 多产品策略

C. 品牌系列化策略　D. 集中产品策略

10. 新产品开发的程序中，最开始进行的程序是（　　）。

A. 新产品试销　B. 产品可行性研究

C. 产品筛选　D. 产品构思

二、判断题。（正确的打“√”，错误的打“×”）

1. 整体产品包含三个层次，其中最核心的层次是形式产品。（　　）

2. 产品生命周期就是产品使用寿命周期。（　　）

3. 在产品成熟期，采用“快速掠夺”策略是为了薄利多销，便于企业长期占领市场。（　　）

4. 一旦新产品在市场试销成功，就意味着新产品能迅速被消费者接受，企业能获得丰厚的利润。（　　）

5. 企业继续生产已处于衰退期的产品，将会无利可图。（　　）

6. 品牌包括品牌名称、品牌标识两个部分。（　　）

7. 新产品的开发关键是市场需求分析。（　　）

8. 进入衰退期的产品在特定的条件下还有可能进入新的成长期。（　　）

9. 将企业文化、地域文化或民族特色融入包装设计中，通过包装传达文化价值，这属于文化包装策略。（　　）

10. 在原有产品的基础上，通过部分采用新技术、新材料或新结构，从而显著提高产品性能或功能的新产品，属于全新产品概念。（　　）

三、多项选择题。（每题至少有两个以上的正确答案）

1. 产品组合要素主要有（　　）方面。

A. 产品线　　B. 产品项目

C. 产品组合的宽度与深度　　D. 产品关联度

2. 从下面（　　）产品生命周期开始，换代产品就应该提上日程开始着手准备。

A. 引入期　　B. 成长期　　C. 成熟期　　D. 衰退期

3. 下面（　　）策略是产品成熟期营销对策。

A. 创新改良　　B. 扩大市场份额

C. 试用装推广　　D. 加强品牌形象

4. 常见的新产品推广有（　　）。

A. 合作与联盟　　B. 市场调研与定位

C. 品牌建设　　D. 数字化营销

5. 下面（　　）不属于商标的特点。

A. 独占性　　B. 情感和联系　　C. 差异性　　D. 法律性

四、案例分析题。

如今，两轮电动车市场已经趋于饱和。有关数据显示，截至2023年年底，全球两轮电动车保有量约有4亿辆，平均每5户家庭就拥有4辆两轮电动车。在这样的存量市场中，企业之间的竞争越发激烈。为了打出差异化优势，摆脱困局，不少两轮电动车品牌开始借助智能化趋势进行产品升级，九号公司就是其中之一。

自创立伊始，九号公司在电动两轮车业务上秉承“智能化、高端化、年轻化”的发展战略，基于核心创新科技的积累与研发突破，不断实现技术创新上的突破和升级，进而打造了一系列备受认可的智能两轮电动车产品，为消费者带来了更满意的智能化出行体验。

以其中九号电动车A2z举例来说，它配备全新升级的VA仪表盘，时间、电量、车况信息一目了然，让用户可随时掌握车辆动态。这款电动车还支持NFC刷卡解锁、App解锁、蓝牙感应解锁等多种无钥匙解锁方式，用车便捷性更高，再加上全场景智能骑行辅助，骑行更省心省力。此外，这款电动车还能通过九号出行App来远程控制和车辆状态查询，通过手机就能查看电池电量、车辆位置、骑行轨迹等，用车更安心。

在致力于提升产品智能化表现的同时，九号公司也没有忽视对产品品质的把控，通过加大对生产端的投入，保证产出的每一款电动车都足够高品质。也正是因为九号公司在智能化方面的持续探索和对产品品质的不妥协，才使其核心竞争力不断增强，门店不仅覆盖国内1 100多个市县，线下开设6 200多家专卖店，还在2022年和2023年连续两年取得中国智能两轮电动车销量第一的耀眼成绩。

思考：

1. 为什么九号公司要不断研发、推出新的产品面向市场？
2. 尝试用产品整体概念的三个层次及品牌策略来分析九号电动车取得成功的原因。

项目评价

由教师组织填写“项目完成情况评价表”，对本次项目进行综合评估。

表5-5　项目完成情况评价表

组别：　　　　　　　　　　　　　　学生姓名：

评价内容	考核点	考核标准	分值（分）	得分（分）		
				小组评价	自我评价	教师评价
营销素养	项目理解能力	能够准确理解项目内容	10			
	团队协作能力	积极融入团队、与小组成员一起协同完成好各项目内容	10			
	项目沟通能力	积极参与小组讨论，踊跃承担项目并上台汇报任务	10			
	创新思维能力	能够在小组讨论中发表建设性意见，进行头脑风暴	10			

续表

<table>
<tr><th rowspan="2">评价内容</th><th rowspan="2">考核点</th><th rowspan="2">考核标准</th><th rowspan="2">分值（分）</th><th colspan="3">得分（分）</th></tr>
<tr><th>小组评价</th><th>自我评价</th><th>教师评价</th></tr>
<tr><td rowspan="5">知识技能</td><td>认识产品与产品组合</td><td>充分理解、掌握产品与产品组合策略</td><td>10</td><td></td><td></td><td></td></tr>
<tr><td>产品生命周期</td><td>运用产品生命周期理论知识分析各产品在不同周期的特点及采用的营销对策</td><td>10</td><td></td><td></td><td></td></tr>
<tr><td>开发与推广新产品</td><td>能够正确理解并进行新产品的开发流程设计与营销推广</td><td>10</td><td></td><td></td><td></td></tr>
<tr><td>品牌与包装策略</td><td>掌握品牌的含义，可以运用品牌与包装知识完成项目实操</td><td>10</td><td></td><td></td><td></td></tr>
<tr><td>实操项目完成情况</td><td>小组能够完成实操项目演练，并进行项目汇报</td><td>20</td><td></td><td></td><td></td></tr>
<tr><td colspan="3">合计</td><td>100</td><td></td><td></td><td></td></tr>
<tr><td>总评</td><td colspan="6">自我评价（40%）＋小组评价（30%）＋教师评价（30%）＝</td></tr>
<tr><td rowspan="3">总结</td><td>我的优点</td><td colspan="5"></td></tr>
<tr><td>我的不足</td><td colspan="5"></td></tr>
<tr><td>我将作出的改进</td><td colspan="5"></td></tr>
<tr><td>教师评语</td><td colspan="6"></td></tr>
</table>

项目六 价格策略运用

学习目标

1. 了解企业的定价目标；掌握影响产品定价的因素、企业定价导向、产品定价的几种策略。

2. 能够根据企业的不同类型计算企业产品的定价；能够综合分析企业所处的环境与产品的性质，从而制定企业的定价策略。

3. 提升对价格策略运用的兴趣热情，提高探究式学习、合作学习的意识，增强分析问题、解决问题的能力，厚植家国情怀，掌握基本的法治常识，为衔接未来的工作岗位培养良好的职业素养。

典故启智　古韵营谋

《晋书·左思传》记载：及赋成，时人未之重。……司空张华见而叹曰："班、张之流也。使读之者尽而有余，久而更新。"于是豪贵之家竞相传写，洛阳为之纸贵。

用现在的话说就是西晋时期，文学家左思耗费十年心血创作了《三都赋》，这部作品一经发布，便因其卓越的文学成就广受赞誉。当时的人们为了传抄这部作品，纷纷购买纸张，导致洛阳市场上的纸张需求量激增，而供给跟不上需求的速度，最终导致纸张价格大幅上涨。后人据此典故概括出成语"洛阳纸贵"。

在经济学中，供求关系是决定商品价格的基本因素。当商品的供给量少于市场需求量时，消费者为了获得该商品，愿意支付更高的价格，从而推高了商品的市场价格。反之，如果供过于求，价格则会下降。"洛阳纸贵"的现象正是供求关系失衡的直接体现。

从市场营销定价策略的角度来分析，准确预测和把握市场需求是定价策略的关键，企业需要深入了解消费者的需求和偏好，以便制定有效的营销策略。那如何应对"洛阳纸贵"现象呢？企业应优化生产流程，提高生产效率，建立稳定的供应链，以应对需求波动；应了解产品的需求价格弹性，适时调整价格策略，当需求旺盛时，可以适当提高价格，而当需求下降时，可以通过降价来刺激消费；应建立灵活的市场监测机制，及时调整生产和销售计划。通过对"洛阳纸贵"典故的多角度了解，可见企业只有在市场竞争中应更好地把握定价权，才能实现经济效益的最大化。

任务一　了解定价原理

任务描述

小王的表哥准备开一家服装店，最近为了给产品制定最合适的价格，找到学习市场营销专业的小王，想让小王给他提提建议。他问小王：“服装店应该如何给不同的服装进行定价？需要考虑哪些因素？”

任务分析

价格是市场营销过程中一个十分敏感而又难以有效控制的因素。定价不但直接影响企业盈利目标的实现，而且直接关系到顾客对产品的接受程度。小王的表哥开服装店要获得最佳结果，就必须借助科学且行之有效的定价方法仔细制定所售产品价格。因此，小王要学习掌握定价目标和影响产品定价因素的知识内容，以便帮助表哥给出设定价格的合理建议。

知识准备

一般来讲，当企业要将其新产品投入市场，或者将某些产品通过新的途径投入市场或新的市场，或者竞争投标时，都必须给其产品制定适当的价格。价格一向是影响购买选择的主要因素。定价问题是一切营销管理者所面临的主要问题之一。价格是市场营销组合中十分敏感且又难以控制的因素，它涉及生产者、经营者、消费者等各方面的利益，影响市场需求和企业利润的多少。

活动1　了解影响产品定价的内部因素

微课　定价目标介绍

影响产品定价的内部因素包括定价目标、产品成本、产品差异性和企业的销售能力。

一、定价目标

定价目标是指企业在对其生产或经营的产品制定价格时，有意识地要求达到的目的和标准。定价目标取决于企业的总体目标。不同行业的企业，同一行业的不同企业，以及同一企业在不同时期、不同市场条件下，都可能有不同的定价目标。

一般来说，企业的定价目标越清晰，价格越容易确定。而价格的确定又影响利润、销售收入及市场占有率的实现，所以确定定价目标是制定价格的前提。

1. 利润目标

获取利润是企业从事生产经营活动的最终目标，是企业经营的直接动力。利润目标一般分为以下三种。

（1）以获取合理利润为定价目标

采用这种定价目标的企业必须有充足的后备资源，并打算长期经营。以合理利润为目标确定的价格既可以使企业避免不必要的竞争，又能使企业获得长期利润。企业的目的是减少风险、保护自己，或限于自身力量不足，只能在补偿正常情况下平均成本的基础上，加上适度利润作为产品价格。

（2）以获取投资收益为定价目标

采用这种定价目标的企业，一般是根据投资额规定的收益率，计算出单位产品的利润额，加上产品成本作为销售价格。但必须注意两点。

第一，要确定适度的投资收益率。一般来说，投资收益率应该高于同期的银行存款利息率，但不可过高，否则消费者难以接受。第二，企业生产经营的必须是畅销产品。与竞争对手相比，产品具有明显优势。

（3）以获取最大利润为定价目标

采用这种定价目标的企业希望制定一个能使当期利润最大化的价格。利润最大化取决于合理价格所推动的销售规模，因而追求最大利润的定价目标并不意味着企业要制定最高单价。最大利润既有长期和短期之分，又有企业全部产品和单个产品之分。有远见的企业经营者，都着眼于追求长期利润的最大化。当然并不排除在某种特定时期及情况下，对其产品制定高价以获取短期的最大利润。对于一些多品种经营的企业，经常使用组合定价策略，即有些产品的价格定得比较低，有时甚至低于成本以招徕顾客，借以带动其他产品的销售，进而谋取最大的整体效益。

2. 市场占有率目标

市场占有率又被称为市场份额，是指企业的销售额占整个行业销售额的百分比，或者是指某企业的某产品在某市场上的销售量占同类产品在该市场上销售总量的比重。市场占有率是企业经营状况和企业产品竞争力的直接反映。作为定价目标，市场占有率与利润的相关性很强。较高的市场占有率，可以保证企业产品的销量，巩固企业的市场地位，从而使企业利润稳步增长。以提高市场占有率为定价目标，企业通常有两种做法，即定价由低到高和定价由高到低。定价由低到高，就是在保证产品质量和降低成本的前提下，企业入市产品的定价低于市场上主要竞争者的价格，以低价争取消费者，打开产品销路，挤占市场，从而提高企业产品的市场占有率。待占领市场后，企业再通过增加产品的某些功能，或提高产品的质量等措施来逐步提高产品的价格，旨在维持一定市场占有率的同时获取更多的利润。定价由高到低，就是指企业对一些竞争尚不激烈的产品，入市时定价可高于竞争者的价格，利用消费者的求新心理，在短期内获取较高利润。待竞争激烈时，企业可适当调低价格，赢得主动，扩大销售量，提高市场占有率。

3. 稳定价格目标

企业对竞争者的行为十分敏感，尤其是价格的变动状况。价格是影响厂家、经销商、顾客和产品市场前途的重要因素，制定合适的价格，是维护厂家利益、调动经销商积极性、吸引顾客购买、战胜竞争对手、开发和巩固市场的关键。稳定价格目标是以保持价格相对稳定，避免正面价格竞争为目标的定价。稳定的价格通常是大多数企业获得一定目标收益的必要条件，市场价格越稳定，经营风险也就越小。当企业准备在一个行业中长期经营时，或某行业经常发生市场供求变化与价格波动需要有一个稳定的价格来稳定市场时，该行业中的大企业或占主导地位的企业率先制定一个较长期的稳定价格，其他企业的价格与之保持一定的比例。这样，对大企业是稳妥的，中小企业也避免遭受由于大企业的随时随意提价而带来的打击。按这种目标定价，可以使市场价格在一个较长的时期内相对稳定，减少企业之间因价格竞争而带来的损失。在钢铁、采矿、石油化工等行业内，稳定价格目标应用得最广泛。

4. 企业形象目标

树立企业形象需要多方面努力。从长期发展战略来看，它是企业经营活动中最宝贵的资源。良好的企业形象是企业的无形资产，对其不可小觑。以树立和维护企业形象为目标，第一，产品的价格要使人感到质价相符。企业可以考虑产品质量领先这样的目标，并在生产和市场营销过程中始终贯穿产品质量最优化的指导思想。产品优质优价的同时，还应辅之以相应的优质服务。第二，要考虑价格水平能否被目标顾客所接受，是否有利于整体策略的有效实施。

思考交流

一些新推出的产品，在生命周期的早期阶段，为迅速打开市场赢得一定批量的顾客，应选择哪一种定价目标？

二、产品成本

成本是构成价格的主要成分。从长远来看，任何产品的销售价格都必须高于成本，只有这样，才能以销售收入来抵偿生产成本和经营费用，否则企业就无法经营。在实际工作中，产品的价格是按成本、利润和税金三部分来制定的。成本又可分解为固定成本和变动成本。就产品的市场价格而言，主要是受社会平均成本影响。

思考交流

产品的定价就是成本、利润、税金的总和，所以企业处理好这三者的关系，产品定价就无后顾之忧了。这种说法准确吗？

三、产品差异性

所谓产品差异性，是指企业在提供给顾客的产品上，通过各种方法营造足以引发顾客偏好的特殊性，使顾客能把它同其他竞争型企业提供的同类产品有效区别开来，从而达到使企业在市场竞争中占据有利地位的目的。拥有差异性的产品，其定价灵活性较大，可以使企业在行业中获得较高的利润。

四、企业的销售能力

企业的销售能力对于企业市场营销目标的实现和企业的生存发展有实质意义。可以从两方面衡量企业的销售能力对定价的影响：一方面，如果企业销售能力弱，对中间商依赖程度大，那么企业最终价格决定权所受的约束就大；另一方面，如果企业独立开展促销活动的能力强，对中间商依赖程度小，那么企业对最终价格的决定所受的约束就小。

活动2　了解影响产品定价的外部因素

影响产品定价的外部因素包括消费者需求、政府干预、竞争因素和其他因素。

一、消费者需求

消费者需求往往是多方面的、不确定的，需要去分析和引导，很少有消费者，尤其是消费品的购买者能对自己要购买的消费品有非常精确的描述。也就是说，当一位消费者站在面前时，他对产品有了极大的兴趣但仍然不知道自己将要买回去什么样的产品。所谓消费者需求，就是人们为了满足物质和文化生活的需要而对物质产品和服务具有货币支付能力的欲望和购买能力的总和。消费者需求对产品定价产生的影响主要体现在以下三个方面。

1. 需求能力

企业产品的定价应充分考虑消费者愿意并且能够支付的价格水平，它决定企业产品在市场中的价格上限。

2. 需求强度

需求强度是消费者对某种商品需求的迫切程度。消费者对某一产品的需求强度大，其价格敏感度低；消费者对某一产品的需求强度小，其价格敏感度高。例如，购买智能手机，由于人们收入水平和消费心理的不同，对手机的功能、款式、价格有不同的需求强度。收入高的人，喜欢高档名牌，因此对品质和功能的要求就高，而对价格需求不强烈，企业产品可据此制定高价。而对于低收入的工薪族，他们追求价廉物美，以实惠为原则，因此对价格和服务的要求高，价格高、服务差，是他们产生不满的主要因素，而对功能的要求则不高。在此情况下，企业产品应制定低价。

3. 需求层次

不同需求层次的消费者对同一产品的需求强度不一样，因而对其价格的敏感度亦有所不同。一般来说，高需求层次的消费者对价格的敏感度低，而低需求层次的消费者对价格的敏感度高。因此，对高需求层次的消费者应采取高价格政策与之相适应，反之亦然。

案例分析6-1

消费者盯上“金包银”

2024年10月，金价再触历史高位后维持在高位震荡态势，消费端金价也水涨船高，同花顺财经记者探访市场发现，金店足金挂牌价大多已超770元/克，距800元/克的关口已是不远。金价高企让不少消费者购买金饰出现观望情绪，与此同时，“金包银”产品作为纯金平替品受到关注，在电商平台上更是火爆。

所谓“金包银”产品通常是在银的表面覆盖一层薄薄的黄金，使其外观呈现出与纯金相似的黄色。它的含金量远低于纯金，因此价格也相对便宜，不是足金材质。在社交平台上，有许多用户分享其购买“金包银”首饰产品的攻略和感受，不少网友表示“金包银”产品外表是足金的，有黄金产品的质感，而且特别便宜，对于喜欢金饰品的消费者来说值得拥有。据悉，“金包银”产品在一些电商平台上的生意尤其火爆。

在某购物网站一家销售“金包银”产品的店内，其售价1 318元总重约30克的金包银产品受到众多消费者追捧，该店铺已获万人以上“种草”。工作人员表示“这款产品是用千元价格体验万元价值”。据介绍，其产品外层是足金，里层是用999足银打造，工艺和色泽都很好，“外表和纯金产品一样，硬度比纯金产品好，价格只有纯金产品的十分之一不到”。公开报道显示，一名短视频平台商家出示的直播数据表明，其店铺6月金包银饰品的成交订单量接近3 000单，成交金额环比增长156.78%。

尽管不少“金包银”商家宣称产品还可以回收，但在不少专业人士看来，金包银产品如果作为一种金饰品使用并非不可以，但如果指望回收或者投资则要保持足够的谨慎和理性。对于金饰品，普通消费者按需购买即可，即使要投资黄金产品，也一定要注意分散投资风险。

资料来源：同花顺财经，内容有删改。

二、政府干预

世界各国政府对价格的直接干预和控制是普遍存在的，只是干预和控制的程度不同而已。我国政府同样对产品的价格有着一定的控制。我国有实行国家定价的产品，有实行国家指导价的产品，有实行自由定价的产品。企业的价格政策必须遵循政府的经济法规，如西方国家的反倾销法和反托拉斯法等，在不同方面和不同程度上制约着企业的定价行为。政府对企业价格策略的干预包括规定毛利率，规定最高、最低限价，限制价格的浮动幅度，规定价格变动的审批手续，以及实行价格补贴等。

思政园地

《中华人民共和国价格法》所禁止的经营者不正当价格行为有哪些？

①相互串通，操纵市场价格，损害其他经营者或者消费者的合法权益。

②在依法降价处理鲜活商品、季节性商品、积压商品等商品外，为了排挤竞争对手或者独占市场，以低于成本的价格倾销，扰乱正常的生产经营秩序，损害国家利益或者其他经营者的合法权益。

③捏造、散布涨价信息，哄抬价格，推动商品价格过高上涨。

④利用虚假的或者使人误解的价格手段，诱骗消费者或者其他经营者与其进行交易。

⑤提供相同商品或者服务，对具有同等交易条件的其他经营者实行价格歧视。

⑥采取抬高等级或者压低等级等手段收购、销售商品或者提供服务，变相提高或者压低价格。

⑦违反法律、法规的规定牟取暴利。

⑧法律、行政法规禁止的其他不正当价格行为。

三、竞争因素

市场竞争也是影响价格制定的重要因素。根据竞争的程度不同，企业定价策略也会有所不同。按照市场竞争程度，可以分为以下四种情况。

1. 完全竞争

完全竞争也被称为自由竞争，它是一种理想化的极端情况。在完全竞争条件下，买方和卖方都大量存在，产品都是同质的，不存在质量与功能上的差异，企业自由地选择产品生产，买卖双方能充分地获得市场情报。在这种情况下，无论是买方还是卖方都不能对产品价格进行干预，只能在市场既定条件下进行生产和交易。

2. 不完全竞争

不完全竞争是指一个市场中有许多厂商生产和销售有差别的同种产品的市场组织。其竞争程度较大，垄断程度较小，比较接近完全竞争。

3. 完全垄断

完全垄断是完全竞争的反面，是指一种商品的供应完全由独家控制，形成独占市场。在完全垄断竞争的情况下，交易的数量与价格由垄断者单方面决定。完全垄断在现实中很少见。

4. 垄断竞争

垄断竞争是一种既有垄断又有竞争，既不是完全竞争又不是完全垄断的市场结构，它位于完全竞争和完全垄断之间。在这种市场中，既存在着激烈的竞争，又具有垄断的因素。市场中存在大量的生产者和消费者，每个厂商的市场份额较小，无法单独影响市场价格。

5. 寡头垄断

寡头垄断介于完全垄断和垄断竞争之间，是指某种产品的绝大部分由少数几家大企业控制，每个大企业在相应的市场中占有相当大的份额，对市场的影响举足轻重。

四、其他因素

企业的定价策略除受消费者需求、政府干预及竞争因素的影响外，还受到其他多种因素的影响。

1. 经济条件

经济条件对企业的定价策略有很大影响，如经济增长和衰退、通货膨胀和利率等因素会影响产品的生产成本，以及消费者对产品和价值的看法。

2. 消费者心理和习惯

价格的制定和变动对消费者心理上的影响也是价格策略必须要考虑的因素。在现实生活中，很多消费者存在"一分钱一分货"的观念。面对不太熟悉的商品，消费者常常从价格上判断商品的好坏，从经验上把价格同商品的使用价值挂钩。消费者心理和习惯上的反应是很复杂的，某些情况下会出现完全相反的反应。例如，在一般情况下，涨价会减少购买，但有时涨价会引起抢购，反而会增加购买。因此，在研究定价对消费者心理的影响时，要持谨慎态度，更要仔细了解消费者心理及其变化规律。

思政园地

"12315"是消费者投诉举报专线电话和全国互联网平台，专门用于受理消费者投诉举报。根据《中华人民共和国消费者权益保护法》第三十九条规定，消费者和经营者发生消费者权益争议的，可以通过下列途径解决：

（一）与经营者协商和解；

（二）请求消费者协会或者依法成立的其他调解组织调解；

（三）向有关行政部门投诉；

（四）根据与经营者达成的仲裁协议提请仲裁机构仲裁；

（五）向人民法院提起诉讼。

3. 企业或产品的形象因素

有时企业根据企业理念和企业形象设计的要求，需要对产品价格做出限制。例如，企业为了树立热心公益事业的形象，会将某些有关公益事业的产品价格定得较低；为了树立高水准的企业形象，也会将某些产品的价格定得较高。

实操演练

实训背景：你和朋友打算开一个小商店卖衣服，小店的地址在一个比较高档的社区（或以某一社区类似商店为例完成实操任务），分析你对产品定价的考虑。

实训目的：通过实训，运用所学的企业定价目标、影响企业定价因素等知识，熟悉产品定价的步骤，具有对一般产品定价的业务能力。

实训内容：从要售卖的衣服中选3件产品，写出它的定价范围（最高价、最低价），然后计算产品的售价。描述你的定价目标，并解释你的产品的最终售价是如何得出的。

实训过程：

①每6位同学为一组，完成本实操演练任务。

②认真学习有关企业定价目标，影响定价的内外部因素等知识，搜集企业定价方面的典型案例。

③实地到类似的小店了解同类产品的进价，销售过程中的费用项目及费用金额、产品售价的范围（最高价、最低价）。

④根据调查的资料，结合你所选产品的情况，把相关内容填入表6-1中。

表6-1　产品定价步骤实操演练表

产品	定价目标	定价范围 最高价/最低价	说明你得出最终售价的理由
××服装			

⑤各个小组把调查结果整理成演示文稿形式，在班级进行交流。

任务二　学习定价方法

任务描述

小王为了给开服装店的表哥提供科学合理的定价建议，认真学习了市场营销专业中的企业定价目标和影响因素等知识内容，但是该如何进行具体产品的定价又犯了难，于是他虚心向老师求教。

任务分析

价格是营销组合中最灵活的因素之一，购买者和营销者都特别关注价格。小王要想帮助表哥制定出合理的价格，先要学习不同的定价方法，以此来匹配想要实现的定价目标。同时，还要掌握定价的具体步骤，以便适时调整，达到预期设想。

知识准备

定价是企业一项十分复杂且又难以准确掌握的工作。购买者所支付的价格决定了他们所做交易的价值，也决定了购买者对购买决策的满意度，而营销者所制定的价格影响着他们能否收回成本和预期利润的大小。在当前市场竞争非常激烈的情况下，任何企业都不能像过去一样随意定价，否则会给自己带来竞争压力。因此，企业定价时必须借助科学且行之有效的定价方法。

活动1　明确定价的方法

根据企业定价目标的不同，定价方法的类型包括成本导向定价法、需求导向定价法和竞争导向定价法。

一、成本导向定价法

成本导向定价法就是以商品总成本为基础，加上一定的预期利润和应缴税金而确定的销售价格。

成本导向定价法的定价思路为：产品成本+预期利润＝产品售价。

因为首先考虑的是企业自身利益，与现代营销观念强调“以消费者为中心”格格不入，所以成本导向定价法的使用有一定的局限性。

成本导向定价法具体包括成本加成定价法、目标利润定价法和变动成本定价法。

1. 成本加成定价法

成本加成定价法是以生产（经营）该产品的总成本为基础，加上预期利润来定价。其计算公式如下：

$$产品单价=平均成本\times（1+预期利润率）=平均成本\times（1+加成率）$$

这种方法的特点：简便易行；按此方法能保证企业获得预期利润；应用范围较广；因为只从卖方利益考虑，所以忽视了市场需求和竞争因素的影响；预期利润率是一个估计数值，缺乏一定的科学依据，确定的价格难以被消费者接受。

思考交流

某企业固定成本为100万元，计划销售量为20万件，单位变动成本为6元，加成率定为10%，该产品的销售价格应该是多少？

2. 目标利润定价法

目标利润定价法也被称为投资收益率定价法，是在总成本的基础上，根据预计销售量来确定目标利润，再确定销售价格的方法。其计算公式如下：

产品单价=（总成本＋目标利润）÷预计销售量

这种方法的特点：计算过程较简单；可以保证企业目标利润的实现；先确定销售量，后计算单价的方式有悖常理。此方法适用于需求弹性较小的商品及在市场上有一定影响力的企业。

思考交流

某企业固定成本为100万元，计划销售量为20万件，单位变动成本为6元，今年的投资额为200万元，该产品的投资收益率若定为15%，则该产品的销售价格应该是多少？

3. 变动成本定价法

变动成本定价法又被称为边际成本定价法，用该方法定价时只考虑变动成本，不考虑固定成本。

变动成本定价法的基本思路及公式如下：

产品单价=平均变动成本＋单位边际贡献

单位边际贡献=产品单价－平均变动成本＞0

产品单价＞平均变动成本

思考交流

为什么只考虑变动成本？

提示：前提条件是企业生产能力过剩、开工不足、产品供过于求，需要寻找销路。

二、需求导向定价法

需求导向定价法就是根据消费者的需求情况和能够接受的价格作为定价依据，按买方意图定价。

需求导向定价法的定价思路为：**产品售价−预期利润＝产品成本**。

因为企业在定价之前考虑了消费者的需求和能够接受的价格，符合现代营销观念的要求，所以需求导向定价法是一种全新的定价方式。

需求导向定价法具体包括需求差异定价法、理解价值定价法和反向定价法等。

1. 需求差异定价法

需求差异定价法就是根据消费者在需求上的各种差异实行不同定价的方法。

消费者的主要差异表现在购买时间、地点、数量、年龄、性别、消费水平、职业、受教育的程度等方面。

需求差异定价法的主要形式有以下五种。

（1）以顾客为基础的差别价格

公司对同一种产品，根据顾客的需求强度不同和专业程度不同而定出不同的价格。例如，供电公司对居民用电收费高，是因为其需求弹性小；对工业用电收费低，是因为其需求弹性大。如果对工厂的收费高于厂内发电设备运转的费用，工厂就会自己发电。

（2）以产品改进为基础的差别价格

以产品改进为基础的差别定价是需求差别定价法的一种，是对一项产品的不同型号确定不同的价格，但是价格上的差别并不和成本成比例。

（3）以地域为基础的差别价格

根据同一种产品在不同地理位置的市场存在不同的需求强度，确定不同的价格。需要注意的是，定价的差别并不和运费成比例。例如，我国出口的传统产品如茶叶、生丝、桐油等在国际市场上有较为强劲的需求，定价就应该比国内高得多。再如，旅游景点和名胜古迹附近的宾馆住宿及餐饮价格通常也高于一般地区。

（4）形象定价

同样的产品采用不同的包装后，定出不同的价格。例如，同样的白酒，加上精致的包装盒，价格就会高出一倍甚至更多。

（5）时间定价

价格随季节、日期或钟点的变化而变化。当产品的需求随着时间的变化而有所变化时，对同一种产品在不同的时间段应制定不同的价格。例如，在不同的旅游季节，旅游景点的门票及宾馆住宿费用也会发生变化等。

2. 理解价值定价法

理解价值定价法就是根据消费者对商品价值的理解程度来定价的方法。

消费者之所以接受一种商品的价格，关键是对这一商品价值的理解程度，也就是通常所说的“物有所值”。否则，消费者是不能接受该定价的。

理解价值定价法的具体操作步骤如下。

①确定消费者对这一产品的理解价值，即消费者认为这一产品到底值多少钱。

②根据消费者的理解价值来确定该产品的初始价格。

③在初始价格下预测该产品能达到的销售量。

④在预测的销售量的条件下再预测目标成本。

单位产品目标成本＝单位产品初始价格－单位产品的目标利润－单位产品税金

⑤进行决策，将目标成本与实际成本比较：当目标成本大于实际成本时，按初始价格定价；当目标成本小于实际成本时，可通过降低成本或目标利润维持初始价格或放弃这一定价方法。

3. 反向定价法

反向定价法就是根据已知的市场售价来确定进价的定价方法。因为它与一般定价顺序相反，所以被称为反向定价法。一般定价的顺序是已知进价，确定售价，而反向定价的顺序是已知售价，确定进价或成本。

其计算公式如下：

单位产品进价＝售价－预期利润额

预期利润额（加成额）可按如下方式确定：

预期利润额＝售价×预期利润率

因此，单位产品进价公式可进一步推导为：

单位产品进价＝售价×（1－预期利润率）

思考交流

一种商品的市场零售价为120元，零售商加成率为10%，批发商加成率为8%。试用反向定价法计算零售商的进价和批发商的进价。

案例分析6-2

新高的沃尔玛：
中国消费强于美国

三、竞争导向定价法

竞争导向定价法就是以市场上主要竞争者的价格作为定价依据，在此基础上确定本企业产品的价格。

竞争导向定价法的定价思路为：

1. 分析竞争对手的价格变化

如果竞争者的价格变了，即使本企业的产品成本没变，一般也要改变产品价格。如果竞争者的价格没变，即使本企业的产品成本变了，一般也不要随意降低价格。

2. 对竞争各方的力量进行对比

如果本企业是市场领导者或挑战者，可以主动改变商品价格；如果本企业是市场追随者或利基者，只能根据市场价格变化调整自己的产品价格。

竞争导向定价法具体包括：

1. 随行就市定价法

根据同行业的现行价格水平定价，是一种比较常见的定价方法。它既可以追随市场领先者定价，也可以采用市场的一般价格水平定价。

2. 密封投标定价法

它是招标人通过引导投标者竞争的方法来寻找最佳合作者的一种有效途径，主要用于建筑包工、产品设计和政府采购等方面。其基本做法是：招标者首先发出招标信息，说明招标内容和具体要求；投标者在规定时间内密封报价和其他有关文件，参与竞争；招标人根据投标者的报价来选择最优的价格。

3. 拍卖定价法

它是指卖方委托拍卖行，以公开叫卖的方式引导买方报价，从中选择最高价格成交的定价方法。

活动2　掌握定价步骤

定价步骤，是指企业对影响定价的诸多因素进行分析评估，并结合企业自身和产品的具体情况决定产品价格的一系列步骤。通常包括以下六步。

微课 掌握定价步骤

一、选择定价目标

定价目标是企业在定价时有意识要达到的目的。企业必须按照既定的战略目标来制定价格。

二、测定需求价格弹性

要测定需求价格弹性，应调查了解市场需求结构，了解不同价格水平上人们的购买数量；分析需求的价格弹性。

三、估算成本

产品成本一般分为两类：一类是固定成本，一类是变动成本。固定成本包括厂房设备折旧费、房地租金、利息、办公费用、高级管理人员薪金等。这些费用不随生产和销售产品数量的变化而变化，即使未开工也必须负担。所以当产量等于零时，总成本等于固定成本。变动成本是随产品的产量和市场投放量的变化而变动的成本，主要是生产和市场营销支出方面的费用，包括原料、燃料、工资、储存费用、运输费用、促销费用等。固定成本和变动成本之和为全部成本。

四、分析竞争者的产品和价格

产品的最高价格取决于市场需求，最低价格取决于产品的总成本费用。在最高价格与最低价格的幅度内，企业究竟给产品定多高的价格，取决于竞争对手的同种产品的价格水平。企业必须了解和研究竞争者的产品质量和价格，作为自己制定和调整价格的依据。

五、选择定价策略和方法

企业通过对成本、供求状况、竞争环境等一系列因素的分析研究后，可采用适宜的定价策略和方法制定价格或调整价格。定价目标、定价策略实质上是实现定价目标的思路和措施，定价方法是对产品价格进行计算或确定的方法，是将定价策略与具体价格水平联系起来的重要环节。

六、制定最终价格

在制定最终价格时还需要分析政府有关政策法规、企业的定价政策、消费者心理、企业的合作伙伴等方面的意见，经过计算分析，最终确定产品价格。

思政园地

《中华人民共和国价格法》第十三条对明码标价，以及违反明码标价的违法行为作了规定：“经营者销售、收购商品和提供服务，应当按照政府价格主管部门的规定明码标价，注明商品的品名、产地、规格、等级、计价单位、价格或者服务的项目、收费标准等有关情况。”“经营者不得在标价之外加价出售商品，不得收取任何未予标明的费用。”

案例分析6-3

讨价的艺术

实操演练

实训目的：通过了解中小企业定价的一般方法和定价策略，掌握定价的基本思路、基本方法和技巧，培养学生对常用产品定价的业务能力。

实训内容：调查校园内、校园附近的副食店、附近较大的超市等三家以上的商店，每个商店记录三种不同品牌商品的价格（三个商店记录的三种商品是相同的）。从不同商店的定价中总结他们的定价方法和技巧。分析这些商店使用的是成本导向、需求导向还是竞争导向定价方法。

实训过程：

①每6位同学一组，以2位同学为一组，负责走访三家商店调查了解一种商品。

②认真学习有关成本导向、需求导向、竞争导向定价的基本方法，学习企业定价的基本策略，搜集有关企业定价方面的典型案例。

③实地调查走访三家企业。2人负责记录一种相同品牌的商品在不同商店的价格（可以多记录几种商品，然后选择其中一种），并详细了解不同商店的地理位置、最近竞争者的距离、各店的目标顾客、本大类产品在该店中的比重等相关内容。

④将搜集到的资料按照要求整理商品定价实训报告，各组以演示文稿方式进行展示。

⑤各组选出代表在班级讲解调查报告内容。

任务三　定价策略的运用

任务描述

小王为了给表哥开服装店提供科学合理的定价建议，学习掌握了企业定价目标和影响因素等知识内容，还虚心向老师求教掌握了常见的定价方法和定价步骤。现在他还想到，如果表哥新店开张，应该怎么运用定价策略？比如，新店开张的新产品应运用怎样的定价策略？如何根据消费者心理确定定价策略？如何配合新店开张促销活动在定价上做文章？

任务分析

想要准确地运用定价策略，还需要小王根据市场环境、产品特点、消费心理、销售条件等因素，运用灵活的定价技巧，适时地对产品的基本价格进行调整和修正，以促进销售，增加盈利。

知识准备

定价策略是企业市场营销组合策略中一个极其重要的组成部分。定价策略是指企业根据市场中不同的变化因素对商品价格的影响程度采用不同的定价方法，制定出适合市场变化的商品价格，进而实现定价目标的企业营销战略。

价格策略不能同企业的其他营销策略分离。产品的价格可能会影响市场对这一产品的认识，也会影响与此产品一起出售的其他产品的市场情况，还会影响广告效果和分销过程中人们对这个产品的注意程度。它们之间的相互作用反映在两方面：一方面，产品、广告、销售渠道这三个因素会影响价格策略；另一方面，尽管定价过程是一个独特的营销行为，价格策略毕竟还是整体战略中的一部分。公司的营销组合包括四方面：产品设计、促销、价格和分销。只有这四方面互相协调，营销活动才能取得成功。

活动1　新产品定价策略

新产品的价格影响产品投入市场的效果。制定新产品定价策略的原则是：能高则高，该低就低。考虑的因素是鼓励消费者采用新产品，给消费者带来经济利益，提高企业研究和开发新产品的积极性，鼓励推广使用新技术、新工艺、新材料；增强企业产品的竞争能力，提高企业的经济效益。新产品定价策略通常有撇脂定价策略、渗透定价策略和满意定价策略三种。

一、撇脂定价策略

所谓撇脂定价，是指在产品生命周期的最初阶段，把产品的价格定得很高，以攫取最大利润，就像从鲜奶中撇取脂肪一样。企业之所以这样做，主要是为了尽快收回垫付资本，并断定竞争终究要使价格趋于下降，并且还因为有些购买者主观认为某些商品具有很高的价值。

撇脂定价策略的优点是：企业能够在短期内获得高额利润，尽快收回投资；有利于企业树立高档名牌的形象，有利于抑制市场需求的过快增长，使企业的生产能力与市场需求相适应；有利于企业根据市场变化调整价格。

撇脂定价策略的缺点是：由于高价厚利的吸引，竞争对手迅速加入市场，因而不能保持企业长期的稳定收益；不利于企业迅速拓宽市场，提高市场占有率；不利于企业改进产品质量、结构和性能；高价会使广大消费者难以接受。

从市场营销实践来看，具备以下条件的企业可以采取撇脂定价策略。

①市场有足够的购买者，他们的需求缺乏弹性，即使把价格定得很高，市场需求也不会大量减少。

②高价使需求减少，因而产量减少，单位成本增加，但这不会抵消高价所带来的利益。

③在高价情况下，仍然独家经营，别无竞争者。有专利保护的产品就是如此。

④某种产品的价格定得很高，使人们产生这种产品是高档产品的印象。

二、渗透定价策略

所谓渗透定价，是指企业把其新产品的价格定得相对较低，以吸引大量顾客，提高市场占有率。在市场竞争激烈的环境中，采用此策略有积极的作用，同时因为定价低，在市场潜力大、竞争者容易渗透的情况下，给予竞争者一个价低利少、无利可图的印象和感觉，从而抑制了竞争者的渗透。

渗透定价策略的优点是：低价可以刺激市场需求迅速增长，使新产品迅速打开市场，快速提高市场占有率；能有效阻止竞争对手加入，因而可以相对垄断市场；有利于扩大生产规模，降低单位产品的生产成本；能较长期地占领市场，取得长远利益。

渗透定价策略的缺点是：企业要在较长时期内才能收回投资和获得收益；不利于树立名牌形象；有可能失去获得巨额利润的机会；遇到强有力的竞争者时，会造成重大损失；降价空间比较小。

从市场营销实践看，企业采取渗透定价策略需具备以下条件。

①市场需求显得对价格极为敏感，因此，低价会刺激市场需求迅速增长。

②企业的生产成本和经营费用会随着生产经营经验的增加而下降。

③低价不会引起实际和潜在的竞争。

思考交流

电脑和家居服装哪一种适合采用撇脂定价？哪一种适合渗透定价？为什么？

三、满意定价策略

这是一种折中价格策略，它吸取上述两种定价策略的长处，采取比撇脂价格低、比渗透价格高的适中价格。既能保证企业获得一定的初期利润，又能为消费者所接受，由此而制定的价格被称为满意价格，也被称为“温和价格”或“君子价格”。

案例分析6-4

娃哈哈电商平台涨价潮起，定价策略有何玄机？

2024年3月继娃哈哈纯净水线上卖断货后，部分渠道的产品涨价了。早在2月中旬，淘宝网一家销售多种品牌的饮用水门店，5桶14.8升的娃哈哈纯净水只需要95元，3月26日，同样的产品需要120元。以此计算，涨价幅度约为25%。另一款娃哈哈的明星产品AD钙奶也被指价格上调。2024年1月在美团平台购买的24瓶220g的AD钙奶为31.99元，现在同样的链接中，同样的产品需要46.99元。拼多多平台上的AD钙奶近期也涨价了。在电商渠道上，目前不同商家售卖的娃哈哈产品的价格有所不同。在“饿了么”平台上，4瓶220g的AD钙奶的价格是8.9元～12元。

据调查，涨价的电商平台都不是娃哈哈的官方或者授权店铺。厂家卖给一级经销商、二级经销商的价格是统一的，经销商卖给零售商的价格也是有统一定价的，但是零售商对于纯净水和饮料的定价空间还是相对自由的。零售商需要考虑产品的运输成本、门店租金成本、人力成本等来定价，以确保合理的利润。但是零售商一般都会在合理的范围内定价，以免消费者向物价局投诉。

请思考：根据案例提示查找相关背景信息后，回答：娃哈哈的产品在电商平台上的定价策略有何玄机？

资料来源：第一财经，内容有删改。作者：揭书宜

活动2　产品组合定价策略

产品组合是一个企业生产经营的全部产品大类和产品项目的组合。对于大多数企业来说，如何从企业总体利益出发，为每一种产品定价，发挥出每一种产品的有关作用，是企业定价中经常遇到的问题，企业需要制定产品系列的价格，从而使整个产品组合取得整体的最大利润。根据具体情况，企业可分别采用以下产品组合定价策略。

一、产品线定价

产品线定价，是指产品线内的不同产品，根据不同质量和档次、消费者的不同需求和竞争者产品的情况确定不同的价格。例如，某服装店对某型号女装制定了三种价格：160元、280元、450元，在消费者心目中形成低、中、高三个档次，人们在购买时就会根据自己的消费水平选择不同档次的服装。如果一味地定成一个价格，效果就不好了。一般情况下，如果相邻两种型号的商品价格相差大，买主多半会买便宜的；如果价格相差较小，买主则倾向于买好的。

当企业生产的系列产品存在需求和成本的内在关联性时，为了充分发挥这种内在关联性的积极效应，可采用产品线定价策略。在定价时，首先，确定某种产品的最低价格，它在产品线中充当领袖价

格，吸引消费者购买产品线中的其他产品。其次，确定产品线中某种商品的最高价格，它在产品线中充当品牌质量和收回投资的角色。最后，产品线中的其他产品也分别依据其在产品线中的角色不同而制定不同的价格。

二、选择品定价

许多企业在提供主要产品的同时，还会附带一些可供选择的产品。如购买汽车可以订购电子开窗控制器、扫雾器和减光器等。对选择品定价是一件棘手的事，汽车公司必须确定价格中应包括哪些产品，又有哪些产品可以作为选择对象。汽车制造商只希望对简便型汽车做广告，来吸引人们到汽车展示厅参观，故将展示厅的大部分空间用于展示昂贵的、特征齐全的汽车。饭店也面临同样的定价问题，顾客除了选择饭菜外，也选择酒类。许多饭店的酒价很高，而食品的价格相对较低。食品收入可以弥补食品的成本和饭店的其他成本，而酒类可以带来高额利润。这就是服务人员极力要求顾客购买饮料及酒类的原因。也有饭店会将酒价制定得较低，而对食品制定高价，来吸引喜欢饮酒的消费者。

思考交流

顾客去饭店吃饭，除了点饭菜之外，可能还会点酒水、饮料、烟等，许多饭店酒水价格很高，而饭菜的价格相对较低，有的饭店却相反，你认为哪一种定价策略效果更好？

三、互补产品与替代产品定价

互补产品指需要配套使用的产品，如剃须刀架和刀片、照相机与胶卷、计算机的硬件和软件等。企业对互补产品定价，常常把主要产品的价格定低一些，而将与其互补使用的产品定价高一些，借此获取利润。如Canon喷墨打印机的价格较低，而墨水的价格却定得较高，以墨水的高价弥补损失获得整体效益。吉列公司也是采用剃须刀架低价、刀片高价的互补产品定价策略获得市场的成功。这里应注意的是，互补产品的定价不能过高，否则互补产品可能会被仿造，利润就被其他厂商所侵吞了。

替代商品是指功能和用途基本相同，消费过程中可以互相替代的产品。替代产品定价策略是企业为达到既定的营销目标，有意识地安排本企业替代产品之间的关系而采取的定价措施。

四、副产品定价

某些行业，如肉类加工、石油化工等，企业在生产过程中会生成副产品。副产品价值的高低和处理费用的多少直接影响到主要产品的定价。若副产品价值高，能为企业带来收入，则主要产品价格在必要的时候可定低一些，以提高产品的竞争力；若副产品价值低、处理费用高，则主要产品的定价必须考虑副产品的处理费用。

五、产品系列定价

企业经常将其生产和经营的产品组合在一起，制定一个成套产品的价格。成套产品的价格低于分别购买每件产品的价格总和。这种定价策略就是产品系列定价策略。常见的有化妆品组合、学生用具组合、名贵药材组合和旅游套餐组合等成套产品定价。该价格策略通过以畅销品带动滞销品，提高了每一次交易的交易量，减少了库存积压。在应用该策略时应注意：一是成套产品的价格必须有吸引力；二是成套产品的销售一定要有单件产品的配合销售，以便让消费者进行比较。

活动3　心理定价策略

在制定价格时，除了考虑以上客观因素，还有一个因素不可忽略，即定价策略中的心理因素。心理定价策略是充分了解、分析和利用消费者不同的消费心理，在采用科学定价方法的基础上，对价格进行一些灵活的甚至是艺术的调整。这并不是制定产品价格的主要因素，但有着明显的促销作用。心理定价策略一般有以下五种形式。

一、尾数定价

尾数定价策略是企业或者零售商为产品制定一个与整数有一定差额的价格，使顾客产生心理错觉，从而促使其购买的一种价格策略。许多产品的价格，宁可定为9.8元或10.2元，而不定为10元，是适应消费者购买心理的一种取舍，尾数定价使消费者产生一种“价廉”的错觉，使消费者反应积极，促进销售。在大多数消费者看来，带零头的价格是经过合理、精确的方法产生的，给人以货真价实的感觉，适应了消费者求廉、求信、求准的心理。当然，尾数定价一般适用于价值比较低的产品。

拓展阅读

心理学家的研究表明，价格尾数的微小差别，能够明显影响消费者的购买行为。一般认为，5元以下的商品，末位数为9最受欢迎；5元以上的商品末位数为95效果最佳；百元以上的商品，末位数为98、99最为畅销。尾数定价法会给消费者一种经过精心计算的、最低价格的心理感觉；有时也可以给消费者一种是原价打了折扣、商品便宜的感觉；同时，顾客在付钱的期间，也可能会发现和选购其他商品。

二、整数定价

整数定价策略与尾数定价策略正好相反，有的产品不定价为9.8元，而定为10元，同样使消费者产生一种错觉，迎合消费者“便宜无好货，好货不便宜”的心理。为了显示产品的高档，带有尾数，反而有失身份，这是针对自尊心理较强的顾客所采用的定价策略。整数定价对低价产品来说有主观之嫌，但对高价产品却是适宜的。如一本书定价为199.80元，会让顾客产生虚假的感觉，而定为200元可能会更好一些。

三、声望定价

一些购买者通过联想与想象，把产品价格与个人的愿望、情感、个性心理结合起来，通过这种比拟来满足心理上的需要或欲望。比如，有的消费者热衷于追求时尚、高档、名牌的产品，以价格的高昂来炫耀自己的富有、能耐和社会地位，他们以拥有这类产品而获得心理上的满足。定价时可利用这种比拟心理，对有声望的产品制定比市场同类产品高的价格，即为声望定价策略。

这种定价法有两个目的：一是提高产品的形象，以价格说明其名贵；二是满足购买者的地位欲望，适应购买者的消费心理。有些产品由于企业多年的苦心经营，在顾客中有了一定的声誉，顾客对它们也产生了信任感，所以即使价格定得比一般产品高一些，顾客还是能够接受的。这种定价策略特别适合药品、饮食、化妆品及医疗等质量不易鉴别的行业产品。这种策略能有效地消除购买心理障碍，使顾客对产品或零售商形成信任感和安全感，顾客也能从中得到荣誉感。例如，用于正式场合的西装、礼服、领带等产品，服务对象多为企业经理、律师、外交官等职业的消费者，这些产品都应该采用声望定价，否则，这些消费者就不会去购买。

这种定价策略一般由那些具有较高声望的企业和较高声誉的著名品牌所采用，即所谓的“名牌高价”。对于在质量上高于市场同类产品或市场上尚无竞争者的产品，或者是可以作为礼品的产品，定高价不但是可能的，而且是必要的，因为定高价会满足一部分顾客的虚荣心，也会激起他们的购买欲望。

四、习惯定价

消费者在长期的、大量的购买活动中，对某种产品需要支付多少金额会产生牢固的印象，渐渐地在购买时形成了一种价格定式。这种价格定式心理对消费者的购买行为有着重要影响，他们往往根据习惯价格联想和对比价格的高低涨落，以及产品质量的优劣差异。企业对这类产品定价时，要充分考虑消费者的这种心理定式，不可随意变动价格，应比照市场同类产品价格定价。否则，一旦破坏消费者长期形成的消费习惯，就会使之产生不满情绪，导致购买的转移。比如，曾有商家出售一瓶白酒的价格为2.80元，消费者早已习惯，但因厂家涨价，零售商标价为3.00元，消费者就接受不了了，极其愤怒，扭头就走。或者降低0.2元，消费者会因为质量变差而变得犹豫不决。可想而知，产品降价后，反而吃力不讨好，因此，对于这种类型的产品只能采取习惯性定价策略。若产品确实需要调整价格，应预先做好宣传，让顾客充分了解调价原因，先让价格被消费者心理所接受，然后再调价。

思考交流

金利来领带一上市，就以优质高价定位，有质量问题的金利来领带，绝不上市销售，更不会降价处理。这样给人的印象是低价销售的金利来领带不是真正的金利来产品，这是为什么呢？

五、招徕定价

企业可利用节假日，举行“大减价”活动，采用让利招徕定价法。如有一家著名的商店，所售商品一律定价99元，甚至彩电也是99元一台（每天仅供应10台），借此招徕顾客。企业利用开业庆典或开业纪念日或节假日等时机，降低某些产品的价格，以吸引顾客购买。如一些商店利用寒暑假开学前的时机，降低学习用品的价格，以吸引学生购买。

一些超市和百货商店将某几种产品的价格定得特别低，以招徕顾客前来购买正常价格的产品。采取招徕定价方式时，要注意两个方面：一是特廉价格产品的确定，这种产品既要对顾客有一定的吸引力，又不能因价值过高以致大量低价销售会给企业造成较大的损失；二是数量要充足，保证供应，否则没有购买到低价产品的顾客会有一种被愚弄的感觉，会严重损害企业形象。

招徕定价法的目的是吸引顾客，利用的是注意力的扩散，引起顾客注意是增加销售额的前提，当消费者因低价等因素前来的时候，一定要注意采取措施使顾客的注意力发生分散，如将特价产品放置在商店靠里的位置或在现场增加其他商品的POP（焦点）广告，不能让顾客进店后拿上特价产品就走。

拓展阅读

当企业发现其主要竞争对手以更低的价格出售相同的产品时，很自然地会倾向于也降低价格或把对手的价格压下去。虽然削价以后，看着顾客涌来很具诱惑性，但也存在危险。连续几轮的削价可能导致整个行业所有竞争者的利润都减少的价格战。或者更糟糕，对一件产品打折就会在顾客头脑中留下该产品便宜的印象，使销售者长期保持可观价格的能力减弱。所以，竞争对手削价时，企业如何保持其定价权利是必须认真思索的问题。

案例分析6-5

醉翁之意不在酒——定价的艺术

珠海九洲城里有一个价值3 000元港币的打火机。许多观光客听到这个消息，无不为之咋舌。如此昂贵的打火机，该是什么样子呢？于是，九洲城又频增了许多慕名前来一睹打火机“风采”的顾客。

这个名曰“星球大战”的打火机看上去极为普通，它真值这个价钱吗？站在柜台前的观光者人人都表示怀疑，就连售货员对此亦未知可否地一笑了之。这只打火机被搁置在柜台里很长时间无人问津，但它旁边的3元港币一个的打火机却是购者众多。许多走出九洲城的游客坦诚相告："我原是来看那只'星球大战'的，不想却买了这么多东西。"

无独有偶，日本东京都滨松町的一家咖啡屋，竟然推出了5 000日元一杯的咖啡，就连一掷千金的豪客也大惊失色。然而消息传开，抱着好奇心理的顾客却蜂拥而至，使往常冷冷清清的店堂一下子热闹了，果汁、汽水、大众咖啡等饮料格外畅销。

请讨论：珠海九洲城和日本东京都滨松町咖啡屋运用的是哪种定价方法呢？

活动4 折扣定价策略

折扣定价策略是利用各种折扣和让价吸引经销商和消费者，促使他们积极推销或购买本企业产品，从而达到扩大销售、提高市场占有率的目的。这一策略能增加销售上的灵活性，给经销商和消费者带来利益和好处，因而在现实中经常被企业所采用。常见的价格折扣主要有以下四种形式。

一、数量折扣

数量折扣，是指按顾客购买数量的多少给予不同的价格折扣，是企业运用最多的一种价格折扣策略。一般来说，顾客购买的数量越多或数额越大，折扣率越高，以鼓励顾客大量购买或一次性购买多种产品，并吸引顾客长期购买本企业的产品。数量折扣分为累计数量折扣和非累计数量折扣。累积数量折扣是指在一定时期内累计购买超过规定数量或金额而给予的价格折扣，其优点是鼓励消费者成为企业的长期顾客。非累计数量折扣是指按照每次购买产品的数量或金额确定折扣率，其目的是吸引顾客大量购买，有利于企业组织大批量销售，以节约流通费用。企业采用数量折扣有助于降低生产、销售、储运和记账等各环节的成本费用。

思考交流

对批发商、零售商的折扣一样吗？折扣策略的实行，对中小企业来说是一种公平竞争吗？

二、现金折扣

现金折扣，是指企业为了鼓励购买者尽早付清货款，加速资金周转，规定凡提前付款或在约定时间付款的买主可享受一定的价格折扣。运用现金折扣策略，可以有效地促使顾客提前付款，从而有助于盘活资金，减少企业的利率和风险。折扣大小一般根据付款期间的利率和风险成本等因素确定。

三、季节折扣

季节折扣，是指企业对生产经营的季节性产品，为鼓励买主提早采购，或在淡季采购而给予的一种价格折让。在季节性产品销售淡季，资金占用时间长，这时如果能扩大产品销售量，便可加快资金周转，节约流通费用。在这种情况下，卖方以合适的折扣来鼓励买方在淡季购买产品，并向其转让一部分因节约流通费用带来的利润，这对买卖双方都具有积极意义。厂家在中间商之间采用季节性折扣，可以促使中间商提早进货，保证企业生产能够正常进行。而零售企业在销售活动中实行季节折扣，能促进消费者在淡季提前购买产品，减少过季产品库存，加速资金周转。

四、业务折扣

业务折扣也被称为功能折扣，是指生产厂家给予批发企业和零售企业的折扣，折扣的大小因商业企业在产品流通中的不同功能而各异。对批发商来厂现场进货给予的折扣一般要大些，零售商从厂方渠道进货的折扣低于批发企业。

案例分析6-6

电商“双十一”
启幕:“最低价”隐身
回归生意本质

活动5　地理定价策略

地理定价策略是指与地理位置有关的修订价格的策略。一般一个企业的产品，不仅卖给当地顾客，还要卖给外地顾客。而卖给外地顾客，把产品从产地运到顾客所在地，需要花一些装运费。地理定价策略，就是企业要决定对于卖给不同地区（包括当地和外地不同地区）顾客的某种产品，是分别制定不同的价格，还是制定相同的价格，也就是说，企业要决定是否制定地区差价。地理定价的形式主要有以下五种。

微课　地理定价策略

一、FOB定价

FOB定价即原产地定价，就是顾客（买方）按照厂价购买某种产品。企业（卖方）只负责将这种产品运到产地某种运输工具（如卡车、火车、船舶、飞机等）上交货。交货后，从产地到目的地的一切风险费用均由顾客承担，这是很合理的。但是这样定价对企业也有不利之处，即距离较远的顾客有可能不愿购买这个企业的产品，而购买其附近企业的产品。

二、统一交货定价

统一交货定价形式和FOB定价正好相反，企业对于卖给不同地区顾客的某种产品，都按照相同的出厂价加相同的运费（按平均运费计算）定价。也就是说，对全国不同地区的顾客，不论远近，都实行一个价格。因此，这种定价又叫邮资定价。

三、分区定价

分区定价形式介于FOB定价和统一交货定价之间。企业把全国（或某些地区）分为若干价格区间，对于卖给不同价格区间顾客的某种产品，分别制定不同的地区价格。距离企业远的价格区，价格定得较高；距离企业近的价格区，价格定得较低；在各个价格区范围内实行一个价。企业采用分区定价也存在一些问题：一是在同一价格区内，有些顾客距离企业较近，有些顾客距离企业较远，前者就不划算；二是处在两个相邻价格区界两边的顾客，虽然相距不远，但是要按高低不同的价格购买同一种产品。

思考交流

某三位顾客，甲在沈阳，乙在杭州，丙在兰州，分别向广州的同一企业订货，那么企业考虑运输销售等成本后应该怎样定价呢？

四、基点定价

基点定价是指企业选定某些城市作为基点，然后按一定的出厂价加上从基点城市到顾客所在地的运费来定价，而不管货物是从哪个城市起运的。有些公司为了提高灵活性，选定许多个基点城市，按照顾客最近的基点计算运费。

五、运费免收定价

有些企业因为急于和某些地区做生意，便负担全部或部分实际运费。这些卖主认为，如果生意扩大，其平均成本就会降低，因此足以抵偿这些费用开支。采取运费免收定价，可以使企业加快市场渗透，并且能在竞争日益激烈的市场上占据有利地位。

活动6 价格调整策略

企业产品定价后，由于自身或竞争者的情况发生了变化，产品价格也需要经常调整。价格调整包括降价策略和提价策略两种方式。

一、降价策略

降低价格是企业在经营过程中经常采用的营销手段。企业降价的原因有以下四个方面：①存货积压。②生产能力过剩，形成了供大于求的市场局面。③竞争压力。很多企业因为竞争对手率先降价而不得不跟进以保持现有的市场份额。④成本优势。企业在经营过程中掌握了成本优势，就会主动降低价格。

常用的降价方式有以下三种：①实行价格折扣，如数量折扣、现金折扣、津贴等。②采用营业推广方式。此时产品的标价不变，只是在销售时赠送商品或购物券，或实行有奖销售，允许顾客分期付款或赊销等。③增加产品价值。在产品标价不变的情况下，增加产品的附加价值，如提高产品质量、改进产品性能、提供免费送货及安装服务、延长产品的免费保修服务期、免费提供技术培训等。

需要注意的是，降价一般会受到消费者的欢迎，但也可能会引起一些消费者的疑惑，他们可能会认为产品降价是因为质量、性能方面出了问题，所以企业在采取降价措施时，应当同时提供一个令人信服的理由，尽量打消消费者的疑惑。

二、提价策略

企业提价的原因主要有以下五个方面：①成本上升。②产品供不应求。企业提价，不仅能平衡供需，还能使企业获得高额利润。③竞争策略的需要。当市场上有一家厂商率先提价时，其他企业很可能会随后跟进。④改进产品。企业对产品做了较大改进，价格自然会提高。⑤通货膨胀。出现了通货膨胀的情形，产品价格也会提高。

企业提价方式有以下五种：①取消原有的价格折扣。②目录价格不变，减少产品分量及附赠产品，或是降低产品质量、减少功能、简化包装等。③目录价格不变，但减少产品的附加服务或是对原来免费的服务收取服务费。④在通货膨胀的情况下可以推迟报价，等到产品制成或交货时再给出最后价格。⑤在产品组合中取消低利润产品或增加高利润产品的比重。

实操演练

实训目的：通过对不同商品定价策略的调研，了解企业定价策略的相关业务，熟悉企业运用不同的定价策略促进销售的实务知识，培养学生掌握定价策略的业务能力。

实训内容：对所在城市某些商品的定价策略进行调查，调查的内容和具体要求见表6-2。

表6-2 商品定价策略调查表

项目	商场、商品名称	主要定价策略	原因
鲜活商品			
季节性商品			
促销商品			
新产品			
大件商品			
美妆商品			

实训过程：

①6位同学一组，每2位同学负责两类商品的调查任务（各小组选择的商品不要重复）。

②通过线上和线下方式，认真学习常见的定价策略基本知识和运用内容，搜集企业定价策略方面的一些典型案例。

③实地调查走访两家以上企业，向营销人员详细了解企业定价策略的操作过程。

④将搜集到的资料，按表6-2的要求进行整理归纳，小组讨论后形成正式的课堂报告作业。

⑤各组选出代表在班级讲解调查报告内容。

项目小结

通过本项目的学习，我们深入探讨了价格策略在市场营销中的核心地位与作用。价格不仅是调节市场需求、参与市场竞争和实现企业营销目标的关键手段，还受到成本、市场环境、消费者心理和法律法规等多方面因素的制约。同时还全面理解了定价策略的重要性，并掌握了多种定价方法和策略的运用。在今后的定价策略的风险与挑战中，我们需要充分考虑市场变化和竞争态势，具备一定的风险意识和应对能力，为企业营销目标的实现提供有力支持。

项目检测

一、单项选择题。

1. 为鼓励顾客购买更多的物品，企业给那些大量购买产品的顾客的一种减价被称为（　　）。

A. 功能折扣　　B. 数量折扣　　C. 季节折扣　　D. 地点折扣

2. 维持生存的定价目标只要求产品价格能弥补（　　）和一些固定成本。

A. 可变成本　　B. 总成本　　C. 生产成本　　D. 销售成本

3. 从理论上说，（　　）是定价的下限。

A. 生产成本　　B. 销售成本　　C. 总成本　　D. 固定成本

4. 按顾客购买数量的多少给予不同的价格折扣属于（　　）。

A. 数量折扣　　B. 现金折扣　　C. 季节折扣　　D. 业务折扣

5. 把商品定价为9.8元或10.2元，属于（　　）。

A. 声望定价　　B. 尾数定价　　C. 招徕定价　　D. 整数定价

6. 当企业生产能力过剩，形成了供大于求的市场局面时，可以采用（　　）策略。

A. 降价　　B. 提价　　C. 不变　　D. 时降时提

7. 企业利用消费者具有仰慕名牌商品所产生的某种心理，对质量不易鉴别的商品定价最适宜采用（　　）法。

A. 尾数定价　　B. 声望定价

C. 招徕定价　　D. 习惯定价

8. 以商品总成本为基础，加上一定预期利润和应缴税金而确定的销售价格的定价方法被称为（　　）定价法。

A. 成本导向定价法　　B. 需求导向定价法

C. 竞争导向定价法　　D. 发展导向定价法

9. 企业把其新产品的价格定得相对较低，以吸引大量顾客，提高市场占有率是（　　）法。

A. 渗透定价　　B. 撇脂定价　　C. 习惯定价　　D. 折扣定价

10. 为鼓励顾客大量购买或一次性购买多种产品，并吸引顾客长期购买本企业的产品，企业应采用（　　）策略。

A. 现金折扣　　B. 数量折扣　　C. 业务折扣　　D. 季节折扣

二、判断题。（正确的打“√”，错误的打“×”）

1. “名牌高价”一般由那些具有较高声望的企业和较高声誉的驰名品牌所采用。（　　）

2. 产品差异化使购买者对价格差异的存在不甚敏感。因此，在异质产品市场上企业有较大的自由度决定其价格。（　　）

3. 销售中的折价无一例外地遵循单位价格随订购数量的上升而下降这一规律。（　　）

4. 有实力的企业率先降价往往能给弱小的竞争对手以致命的打击。（　　）

5. 在产品组合定价策略中，根据补充产品定价原理，制造商经常为主要产品制定较低的价格，而对附属产品制定较高的加成。（　　）

6. FOB就是顾客（买方）按照厂价购买某种产品。（　　）

7. 数量折扣是指按顾客购买数量的多少给予不同的价格折扣，也是企业运用最多的一种价格折扣策略。（　　）

8. 心理定价策略是制定产品价格的主要因素，有着明显的促销作用。（　　）

9. 产品组合是一个企业生产经营的全部产品大类和产品项目的组合。（　　）

10. 撇脂定价是指在产品生命周期的最初阶段，把产品的价格定得很高，以攫取最大利润，就像从鲜奶中撇取脂肪一样。（　　）

三、多项选择题。（每题至少有两个以上正确答案）

1. 新产品定价策略主要有（　　）。

A. 渗透定价策略　　B. 撇脂定价策略

C. 满意定价策略　　D. 声望定价策略

2. 下面属于心理定价策略的有（　　）。

A. 尾数定价　　B. 整数定价　　C. 声望定价　　D. 习惯定价

3. 企业定价目标有（　　）。

A. 利润目标　　B. 市场占有率目标

C. 稳定价格目标　　D. 企业形象目标

4. 影响价格的因素主要有（　　）。

A. 定价目标　　B. 产品成本　　C. 消费者需求

D. 竞争因素　　E. 产品差异性

5. 企业定价的方法主要有（　　）。

A. 成本导向定价法　　B. 需求导向定价法

C. 竞争导向定价法　　D. 顾客导向定价法

四、案例分析题。

宝洁公司和联合利华这两大巨头，在产品品质、品牌力等方面在中国市场是不相上下的。在持续的竞争博弈中，到了最后，唯一能够一招制敌的战术就落在了“价格”这个对中国消费者最有吸引力的筹码上。联合利华的首先降价使宝洁公司的销售量急转直下。为了夺回失去的市场份额，宝洁公司选择了降价反击，打响了洗衣粉价格大战。此后，宝洁公司又打响了洗发水市场的价格战。飘柔洗发水价格降幅最高达20%，价格最低的时候，400mL的洗发水甚至出现过15元的超低价。同时，潘婷、舒肤佳等品牌也开始跃跃欲试，频频试“降价”水温。价格战的打响，使得宝洁公司、联合利华这些世界大型日化企业在中国市场彻底走下了品牌神坛。但无论宝洁公司还是联合利华都不承认自己在打价格战。这种互相矛盾的说辞与行动恰恰表明跨国公司所处的两难境地：在日化品这个进入门槛不高、利润空间有限的行业中，不降价，市场份额不保；降价，有损企业形象。但最终，最先选择降价的企业会先赢一步。

思考：

1. 企业降价的原因有哪些？
2. 营销人员应具备哪些素质？

项目评价

由教师组织填写“项目完成情况评价表”，对本项目进行综合评估。

表6-3　项目完成情况评价表

组别：　　　　　　　　　　　　　　　　　　　学生姓名：

序号	考核点	考核标准	分值（分）	得分（分）		
				小组评价	自我评价	教师评价
1	学习目标	学习价格运用策略目标明确，学习态度认真，能够完成基本学习目标	10			
2	探究能力	对价格运用策略的学习，能够提出学习问题，能够收集相关资料，能够分析资料信息	10			
3	团队协作能力	能够融入任务小组团队，互相配合完成学习任务，分工配合完成度高，能够帮助团队成员共同进步	10			
4	解决问题能力	遇到学习的难题，能够动脑筋提出自己的解决办法，并积极地和老师交流解决	10			
5	思想意识和素养	能够及时了解当前的热门时事新闻，掌握基本生活法律知识，关心国家、家乡建设发展	10			
6	组织协调能力	能够自觉维护课堂纪律秩序，有序开展团队小组活动	10			
7	价格策略运用能力	能够根据企业的不同类型计算企业产品的定价，并能综合分析企业所处的环境与产品的性质，从而制定企业的定价策略	25			
8	学习进步	对比前面的项目学习，自身的知识和技能在考核中有进步；对比之前的课堂表现，自身综合能力有提升；能提出对课堂教育教学优化的建设性好点子	15			
合计			100			
总评	小组评价（40%）＋自我评价（30%）＋教师评价（30%）＝					

续表

<table>
<tr><th rowspan="2">序号</th><th rowspan="2">考核点</th><th rowspan="2">考核标准</th><th rowspan="2">分值（分）</th><th colspan="3">得分（分）</th></tr>
<tr><th>小组评价</th><th>自我评价</th><th>教师评价</th></tr>
<tr><td rowspan="3">总结</td><td>我的优点</td><td colspan="5"></td></tr>
<tr><td>我的不足</td><td colspan="5"></td></tr>
<tr><td>我将作出的改进</td><td colspan="5"></td></tr>
<tr><td>教师评语</td><td colspan="6"></td></tr>
</table>

项目七
分销策略运用

学习目标

1. 理解分销渠道的概念、功能与重要性；掌握不同类型的分销渠道结构；熟悉分销渠道设计的关键因素及分销渠道中的中间商类型。

2. 能够制定和评估分销渠道，培养分析市场环境和消费者需求的能力；能够运用管理分销渠道关系的方法，运用现代信息技术工具进行分销渠道管理；能够增强解决分销渠道冲突的实际能力。

3. 培养创新思维和适应变化的能力，在分销渠道设计中能够灵活调整策略，以应对市场变动；提高伦理意识和社会责任感，实现企业的可持续发展；培养团队合作精神和协作能力，立足岗位成长成才，体现人生价值。

典故启智　古韵营谋

在唐朝盛世，茶叶和丝绸是中原对外输出的重要商品。一位精明的茶商发现直接远销茶叶至边疆地区困难重重，于是借鉴“丝绸之路”的智慧，采用了“绸缎连珠”的创新分销模式。

这位茶商名叫李商，他与边疆部落首领建立了稳固的贸易关系，以低价优质茶叶换取马匹和稀有药材，并提出让这些首领成为他的“分销代理人”。他提供茶叶样品、销售指导和采用激励机制，确保代理人获得可观的回报。同时，利用丝绸作为交换媒介，满足边疆需求并建立了稳定的物资流通渠道。随着时间推移，“绸缎连珠”模式显现出强大的生命力，茶叶稳定流向边疆并渗透到更远的西域国家。

茶马古道上“绸缎连珠”的分销模式，不仅是连接中原与边疆的贸易动脉，还是古代分销渠道管理的典范。这个故事展示了古代商人如何利用地理、文化和人际网络构建高效的分销渠道，体现了市场营销的四个核心原则：了解目标市场需求、建立合作伙伴关系、创新分销模式及激励机制的重要性。

任务一 认知分销渠道

任务描述

小李在校期间，加入了学院的创业团队，该团队推出了一款创新的环保水瓶，这款水瓶采用可持续材料制成，并具有独特的过滤功能，可以让消费者随时随地享用干净、健康的水。可是怎样才能让更多的消费者了解并购买这款水瓶呢？带着这个问题，小李在想，应该通过怎样的渠道把团队的产品顺利送到消费者手中呢？怎样的分销模式更适合他们的创业团队呢？

任务分析

为了理解分销渠道的本质，小李需要先学习分销渠道的内涵、功能，以及分销渠道的类型及系统结构。此外，小李应对团队的这款产品进行市场分析，以判断该款水瓶的市场潜力并制定初步的分销策略。这不仅有助于解决小李及其团队的实际问题，也能为未来可能遇到的类似挑战提供思路和工具。

知识准备

在市场营销的领域里，分销渠道是一个至关重要的概念，它涉及商品或服务从生产者到最终消费者的整个传递过程。通过一系列精心设计的路径和环节，产品得以进入市场，并最终到达消费者手中。

活动1　了解分销渠道的内涵和功能

分销渠道，也常被称为营销渠道、流通渠道等，它是指商品或服务从生产者向消费者转移过程中的途径。

分销渠道是商品或服务从生产者到最终消费者转移过程中的关键一环，也是营销中最具挑战的环节，对企业实现销售目标、扩大市场规模、提升品牌知名度和客户满意度等多个方面都有着显著影响。对于一家企业来说，良好的分销渠道有助于其在激烈的市场竞争中占据有利地位。

分销渠道的功能是帮助生产者实现产品或服务从企业向消费者的转移。具体来讲，分销渠道具有沟通反馈、促进销售和风险承担等功能。

一、沟通反馈

分销渠道通过收集、传递有关商品的各类信息，既保证了企业商品的适销对路，又方便和引导了消费者的购买。分销渠道为生产者和消费者搭起了沟通的桥梁。

二、促进销售

分销渠道通过各种促销手段增强企业产品在市场的营销力。通过举办促销活动，有效提升了产品的销售效果，增加了企业的市场份额。

三、风险承担

分销渠道能够分担生产企业的市场风险，通过多渠道的销售，降低生产企业对单一市场的依赖。

分销商通过销售多种产品，也能分散产品风险，提高企业的整体抗风险能力。

分销商通过承担一定的库存和信用风险，减轻了企业的财务负担。

微课 分销渠道的类型

活动2 分销渠道的类型

分销渠道按不同的依据可划分为不同的类型。正确理解和应用不同类型的分销渠道及其系统结构对于企业拓展市场、提高竞争力具有至关重要的作用。下面将深入探讨分销渠道的类型（如图7-1所示）。

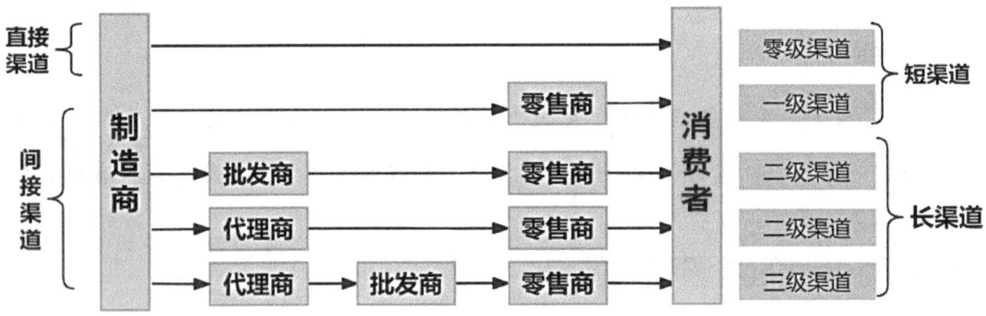

图7-1 分销渠道的分类图

一、按销售过程中是否使用中间商分类

1. 直接渠道

直接渠道是指厂家不通过中间商，产品从生产者直接流向消费者的分销渠道。

直接渠道主要分销生产资料、工业品等，像绝大多数的原材料、机械设备等都是采取直接渠道销售的模式，因为这些产品要按照用户的特殊需要进行制造。同时，这些产品用户数目相对较少，往往集中在某些地区。

2. 间接渠道

间接渠道是指厂家通过一个或多个中间商将产品销售给消费者的分销渠道。

间接渠道是消费品分销的主要类型，尤其是在快速消费品领域。间接渠道能够利用中间商的市场覆盖优势，减少厂家的直接销售成本，转移销售风险。

二、按中间商的层次数量分类

按商品从生产商到消费者之间经过环节的多少来划分，可分为长渠道和短渠道。

1. 长渠道

长渠道是产品从生产商到消费者的流通过程中，经过两个或两个以上中间商的渠道类型。如生产者通过批发商、零售商将产品销售给消费者。

长渠道的优点是渠道长、分布密、触角多，能有效地覆盖市场，从而扩大产品销售，有利于商品远购远销，在全社会范围内调剂余缺、沟通供求。

缺点是环节多，销售费用增加，不利于生产者及时获得市场情报，迅速占领市场。

2. 短渠道

短渠道是产品从生产商到消费者的过程中，只经过一道环节或者没有中间环节的分销渠道。

传统的长渠道模式，在商品由卖方市场转入买方市场之后，已经不能适应市场竞争。尤其是近年来，随着整合营销模式的普及，中间环节越多，越容易降低整体营销方案的执行率。由于商品的种类繁多，拉长了渠道也就相当于增加了空白点，很容易被竞争对手插入整体的销售链中，从而造成整个销售网络的损失。缩短渠道，还可以节省中间环节的流通费用，增加终端价格的竞争力。

也有按照中间商的数量分类的方法：直接分为零级渠道、一级渠道、二级渠道、三级渠道。

1. 零级渠道

零级渠道是由制造商直接面向消费者销售的一种分销渠道，没有中间环节，比如，直销、上门推销等。

2. 一级渠道

一级渠道是制造商只经过一个中间环节，即通过零售商将产品销售给消费者的一种渠道模式。

3. 二级渠道

二级渠道是制造商经过两个中间环节，即通过代理商或批发商再经过零售商将产品销售给消费者的一种渠道模式。

4. 三级渠道

三级渠道是制造商经过三个中间环节，即通过代理商、批发商、零售商将产品销售给消费者的一种渠道模式，这是最长的渠道类型。

思考交流

请描绘出你感兴趣的产品，从产品制造商到最终消费者流转过程中，所经历的主要节点（中间商）及数量。请用图展示。

三、按渠道宽度分类

1. 宽渠道

宽渠道是指制造商使用多个同类型的中间商，分销面广，能大量接触消费者。例如，一般的日用消费品，大多由多家批发商经销，这些批发商又拥有更多的零售商，从而更广泛地与消费者接触。

2. 窄渠道

窄渠道是指制造商使用少数同类型的中间商，分销面窄，适用于专业性强的产品或贵重耐用的消费品。

拓展阅读

批发商：批发商是从生产商采购产品，并将其销售给零售商或其他中间商。

零售商：零售商是直接面向消费者销售产品的商家，产品可以在实体店面或在线电商平台上销售。

经销商：经销商是在生产商与零售商之间充当中间人，采购产品并销售给零售商的商家。

代理商：代理商是代理某个品牌或产品，负责在指定区域内推广、销售和分销产品的商家。

分销商：分销商是将产品从生产商或其他供应商采购，并将其分销给零售商或最终用户的商家。

资料来源：知了爱学，内容有删改。

实操演练

实训背景：在现代市场经济中，分销渠道是企业产品从生产者到达消费者手中的桥梁和纽带。有效的分销渠道管理能够提升企业的市场竞争力，满足消费者需求，提高市场占有率。然而，许多企业在实际操作中常常面临渠道选择、渠道冲突、渠道效率等问题。因此，通过实操演练，学生能更好地理解和掌握分销渠道的基本概念、类型及其管理方法，实操具有重要的现实意义。

实训目的：让学生理解分销渠道的基本概念及其重要性，熟悉不同类型分销渠道的特点及适用条件。

实训内容：学生分成若干小组，每组选择一个实际产品（如手机、饮料、家电等），讨论该产品适合的分销渠道类型及理由。每组设计一个详细的分销渠道方案，包括渠道结构、成员选择等。

①选定本小组的实际产品，并列出该产品所处的行业。

②这个行业通常会选择哪种类型的分销渠道?

③分析该行业中分销渠道的关键功能，并讨论这些功能如何影响产品的销售和消费者满意度。

实训过程：小组完成，每组4~5人，其中1人担任组长或发言代表，组织小组学习和讨论，1人担任观察员，负责观察记录。讨论结束后，每组派代表上台展示自己的分销渠道方案，观察员上台汇报小组成员参与活动的情况。

任务二　分销渠道的设计与管理

任务描述

小王是一家新兴科技公司的市场部经理，公司最近研发了一款具有领先技术的智能手表，这款手表不仅设计时尚，还具备健康监测、移动支付等多种功能，旨在为消费者提供更加智能化的生活体验。面对激烈的市场竞争和多样化的消费需求，小王深知，仅仅拥有一个好产品是不够的，如何有效地将这款智能手表引入市场，并确保它能够到达目标消费者手中，成了他必须解决的问题。因此，他开始思考，对于公司的智能手表而言，什么样的分销渠道设计和管理策略才是最合适的呢？

任务分析

为了深入理解并有效设计及管理分销渠道，小王需要先掌握分销渠道的核心组成要素、设计原则及管理方法。同时，考虑到不同产品特性和市场环境的差异性，小王还应该学会如何根据公司的产品特点和市场需求，灵活选择和调整分销渠道。通过对成功案例的分析学习，小王可以更好地把握分销渠道设计与管理的关键点，从而为公司的智能手表制定出一套高效且可行的市场进入和扩展策略。

知识准备

分销渠道设计与管理是连接生产者与消费者的重要桥梁。它不仅涉及选择合适的分销途径，还包括如何高效地管理这些途径，以确保产品顺畅地流向市场。有效的分销渠道设计与管理能够减少成本，提高市场响应速度，并能增强企业竞争力。这要求对市场细分、目标市场选择、消费者行为有深刻的了解，并且能够基于这些信息，作出明智的分销决策。

活动1　分销渠道的设计

影响分销渠道策略设计的因素主要包括产品因素、市场因素和企业因素。这些因素共同作用于企业的分销决策过程，决定了企业如何有效地将自己的产品或服务传递给最终消费者。

微课　影响分销渠道选择的关键因素

一、产品因素

1. 产品价格

产品价格直接影响其市场定位和目标消费群体，高价位产品可能更适合采用短渠道直销，以减少中间环节，保证服务质量；而低价位产品则可能通过长渠道分销，以扩大市场覆盖面。

2. 产品重量和体积

对于体积大、重量重的产品，直接销售给消费者可能不现实，需要通过中间商进行分销。

3. 产品的时尚性

时尚性强的产品需要快速响应市场变化，因此可能需要较短的分销渠道来加快产品的更新速度。

4. 产品的技术服务要求

技术复杂或需要专业安装的产品，通常需要厂家提供技术支持，这就要求渠道能够提供相应的服务。

5. 产品的标准化程度

标准化程度高的产品更容易被广泛分销，而非标准化产品可能更需要特定的销售渠道。

6. 产品所处的生命周期阶段

新产品推广期可能需要密集型分销，成长期可能转向选择性分销，而在成熟期可能采用独家分销。

二、市场因素

1. 目标市场范围

广泛的市场范围需要更多的中间商参与分销，以保证产品能够覆盖各个区域。

2. 目标顾客的集中程度

如果目标顾客分布集中，企业可以考虑直接销售或通过少数几个中间商进行分销。

3. 每次的销售批量

小批量销售适合长渠道分销，而大批量销售更适合短渠道分销。

4. 消费者的购买习惯

消费者的购买习惯会影响渠道的选择，如习惯网购的消费者需要线上分销渠道的支持。

5. 需求的季节性

季节性强的产品需要在旺季前通过各种渠道备足库存，以满足市场需求。

6. 市场竞争状况

竞争激烈的市场需要企业采取有效的渠道策略来获得竞争优势。

7. 市场形势的变化

市场形势的变化要求企业能够灵活调整其分销渠道策略，以适应市场变化。

三、企业因素

1. 企业实力强弱

企业的资金实力、销售经验和服务能力都会影响其渠道策略的设计。

2. 企业的控制愿望

希望对渠道有更强控制力的企业可能会选择较短的分销渠道。

3. 企业的服务能力

能够提供优质服务的企业可以选择直销或短渠道分销，以确保服务质量。

综上所述，渠道策略的设计是一个复杂的决策过程，需要企业综合考虑产品特性、市场环境和自身条件。正确的渠道策略不仅能够提高产品的市场覆盖率和销售额，还能够增强企业的市场竞争力。

活动2　分销渠道的管理

分销渠道的管理是市场营销中至关重要的环节，它涉及对产品或服务从生产者到消费者的流通过程进行有效的规划、组织和控制。下面是分销渠道管理的五个核心方面。

一、选择渠道成员

1. 评估标准

企业在选择渠道成员时，应考虑其是否能够接近目标市场、地理位置是否有利、市场覆盖范围大小，以及是否熟悉产品的销售对象和使用对象。

2. 经营条件

中间商的资金实力、信誉、营业历史和经验，以及业务设施和人员素质等都是重要的考量因素。

3. 销售能力

中间商的销售能力和售后服务能力直接影响到产品的市场表现和消费者满意度。

二、激励渠道成员

1. 物质奖励

通过金钱奖励、返利、销售竞赛等方式激励中间商提高销售业绩。

2. 精神奖励

提供培训，颁发荣誉奖项，以提升中间商的能力，增强其归属感和忠诚度。

3. 可持续方案

设计完整的激励方案，确保公平、公开并具有说服力，同时结合物质和精神激励手段。

思政园地

分销渠道管理中的“利他”智慧

在市场营销的广阔领域中，分销渠道管理是连接产品与消费者的桥梁。有效的分销渠道不仅能够确保产品顺利地流向市场，还能增强品牌影响力，提升客户满意度。然而，分销渠道的构建与维护并非易事，它要求企业具备深远的战略眼光和高超的协调能力。在这一过程中，《道德经》中的“利他”价值观为我们提供了宝贵的启示。

（1）理解“利他”价值观

《道德经》云：“后其身而身先，外其身而身存。”这句话强调了在合作与竞争中，将他人利益置于自身之前，反而能赢得更多的尊重与信任，从而成就自己。在分销渠道管理中，“利他”意味着企业不仅要关注自身的利益，还要考虑渠道伙伴的诉求，通过互利共赢的合作模式，共同推动整个渠道生态的健康发展。

（2）“利他”在分销渠道管理中的应用

利润分配公平：建立合理的利润分配机制，确保渠道伙伴能够获得与其贡献相匹配的回报。这不仅是对合作伙伴的尊重，也是维持长期合作关系的基石。

信息共享与支持：积极与渠道伙伴分享市场信息、消费者洞察及营销策略，同时提供必要的培训和技术支持，帮助渠道伙伴提升业务能力，共同应对市场挑战。

风险共担与危机处理：在面临市场波动、政策变化等风险时，与渠道伙伴共同制定应对策略，分担风险，确保双方利益不受损害。

建立信任与沟通机制：通过定期会议、联合营销活动等方式，加强与渠道伙伴的沟通与互动，建立稳固的信任关系，为深度合作奠定基础。

三、评估渠道成员

1. 绩效评估

定期且客观地评估渠道成员的销售绩效，确保其符合企业的期望和市场要求。

2. 反馈机制

建立有效的信息反馈系统，及时了解市场动态和消费者需求，以便调整渠道策略。

四、调整渠道结构

1. 增减成员

根据实际销售情况和市场变化，适时增减渠道成员或销售渠道。

2. 变动系统

在必要时调整整个分销系统，以适应市场发展和消费者需求的变化。

五、优化渠道策略

1. 整合资源

利用大数据分析与渠道整合，降低物流成本，提高效率。

2. 创造价值

为消费者和合作伙伴创造价值空间，使所有相关方都能从中获益，从而促进企业的长期发展。

总体来说，分销渠道的管理是一个复杂而细致的过程，需要企业综合考虑市场环境、产品特性、自身条件等多方面因素，通过科学的方法和技术手段，实现渠道的有效管理和优化。这不仅能够提高产品的市场覆盖率和销售额，还能够增强企业的市场竞争力。

拓展阅读

元气森林的分销渠道管理

实操演练

实训目的：通过模拟“智领科技”面临的分销渠道管理挑战，学生可深入理解分销渠道管理的重要性，认识到有效管理渠道冲突、建立科学的绩效评估体系和持续优化渠道结构对于企业发展的关键作用。

掌握技能：

第一，绩效评估方法。学生能够掌握分销渠道绩效评估的关键指标，学会收集和分析渠道运营数据，评估渠道效率，为资源分配和渠道优化提供依据。

第二，渠道优化策略。学生能够基于绩效评估结果，提出具体的渠道优化建议，包括调整渠道结构、增强与中间商合作、提升客户服务质量等，以提升整体渠道效能和市场竞争力。

背景设定：在一个竞争日益激烈且快速变化的市场环境中，有一家名为“智领科技”的虚拟公司，专注于生产高端智能家居产品，如智能音箱、智能照明系统和智能安防设备等。公司自成立以来，凭借其创新的产品设计和卓越的用户体验，在市场上迅速获得了良好的口碑。然而，随着业务扩张和市场份额增长，“智领科技”面临着分销渠道管理的诸多挑战。

情境描述：

1. 渠道冲突升级

“智领科技”目前采用多渠道分销策略，包括线上电商平台、线下实体店，以及授权经销商。然而，近期出现了渠道间的价格竞争和区域划分争议，导致客户体验受损，部分经销商利益受损，进而威胁到公司的整体品牌形象和市场地位。

2. 绩效评估体系不健全

公司缺乏一套全面、科学的分销渠道绩效评估体系，无法准确衡量各渠道的销售效率、客户满意度和成本控制能力，导致资源分配不合理，部分高效渠道得不到应有的支持和激励。

3. 渠道优化需求迫切

随着市场趋势的变化和消费者需求的升级，“智领科技”意识到现有渠道结构和服务模式已难以满足未来发展的需要，急需进行渠道优化，提升渠道效率和服务质量，以巩固市场地位并拓展新的增长点。

实操内容：

步骤一：模拟渠道冲突情境

设定情境：给出几个常见的渠道冲突场景，如价格竞争、区域划分争议、客户服务标准不统一等。

角色扮演：各组选择或随机分配一个冲突场景，分配角色（生产商、中间商、消费者等），进行模拟对话或谈判。

步骤二：冲突解决方案设计

讨论分析：各组基于角色扮演的反馈，分析冲突的根本原因，讨论可能的解决方案。

制订方案：设计一套具体的冲突解决策略，包括沟通机制、调解步骤、补偿措施等。

步骤三：分销渠道绩效评估

指标设定：学习分销渠道绩效评估的关键指标，如销售额、市场份额、客户满意度、渠道成本等。

数据收集与分析：模拟收集一段时间内（如一个季度）的渠道运营数据，进行分析，评估渠道效率。

优化建议：基于绩效评估结果，提出渠道优化建议，包括调整渠道结构、增强中间商合作、提升客户服务质量等。

成果展示：每组提交一份冲突解决方案报告、分销渠道绩效评估与优化建议报告。

进行小组汇报，分享冲突解决策略的有效性分析、绩效评估结果，以及优化措施的实施计划。

教师和同学进行点评，提出改进意见。

任务三　分销渠道创新

任务描述

张华是某知名化妆品品牌“美丽绽放”的市场部经理。随着社交媒体的兴起和年轻消费者群体购买行为的转变，公司决定加大在社交媒体平台上的营销力度，以吸引更多的年轻消费者，提升品牌知名度和销售额。作为市场部的核心成员，张华被委以重任，负责制定一套全面的社交媒体营销策略，并监督其执行过程，确保营销活动能够达到预期效果。

任务分析

为了有效吸引年轻消费者，提升品牌知名度和销售额，张华需要制定一套全面的社交媒体营销策略。首先，张华须对目标市场进行深入分析，了解年轻消费者的媒体使用习惯、内容偏好及互动方式。其次，根据分析结果选择合适的社交媒体平台（如微博、微信、抖音等），并设计符合年轻人口味的内容策略和互动形式。此外，还须考虑如何通过KOL或网红合作、话题挑战等方式扩大传播范围和影响力。最后，制订详细的执行计划和效果评估机制，确保营销活动的有效性和可调整性。

知识准备

在数字化时代背景下，全渠道营销策略是企业拓展市场、提升消费者满意度的重要手段。它涵盖线上与线下的无缝整合、社交媒体的互动推广，以及多渠道内容一致性策略等多个方面。新零售是指通过运用互联网、大数据等现代信息技术手段改造传统零售业的一种商业模式。它强调线上线下融合、数据驱动决策及个性化服务等。在新零售背景下进行渠道创新时，需要了解新零售的概念、特征及其对传统分销渠道的影响。要掌握如何利用新技术（如AR/VR、物联网等）来增强用户体验和提高运营效率的方法。还要关注行业内的成功案例和失败教训，以便从中汲取经验教训。

活动1　了解全渠道营销

一、全渠道营销的定义

全渠道营销（Omnichannel Marketing）是一种整合线上、线下、移动端等多种销售渠道的营销方式。其核心是为消费者提供无缝、一致的购物体验，无论消费者通过哪种渠道进行交互。

二、全渠道营销的特点

1. 多渠道整合，实现无缝衔接

全渠道营销的核心是整合线上线下所有渠道，实现无缝衔接。企业通过建立统一的平台或系统，将各个渠道的数据和信息进行集成，确保消费者在任何渠道都能获得一致、连贯的购物体验。这种整合不仅简化了购物流程，还提高了企业的运营效率。例如，消费者可以先在线上浏览商品，然后到线下实体店体验，最后再通过线上支付完成购买。这种无缝衔接的购物体验，极大地提升了消费者的购物满意度和忠诚度。

2. 强调消费者体验，提高满意度和忠诚度

全渠道营销将消费者体验放在首位，通过提供个性化、定制化的商品和服务，满足消费者的多元化需求。企业利用大数据和人工智能技术，对消费者的购物行为和偏好进行深入分析，从而精准推送符合消费者需求的商品和服务。企业还通过优化购物流程、提高服务质量等方式，不断提升消费者的购物体验。这种以消费者为中心的全渠道营销策略，不仅提高了消费者的满意度和忠诚度，还为企业赢得了良好的口碑和品牌形象。

3. 提升品牌知名度和影响力

全渠道营销通过多元化渠道覆盖，将品牌信息传递给更多的潜在消费者。企业利用社交媒体、电子商务平台等线上渠道，以及实体店、展会等线下渠道，进行品牌宣传和推广。这种全方位、多角度的品牌宣传，不仅提高了品牌的知名度和曝光率，也增强了消费者对品牌的认知和信任。同时，企业通过提供优质的产品和服务，赢得了消费者的口碑和推荐，进一步提升了品牌的影响力和市场竞争力。

通过对以上全渠道营销特点的了解，我们可以更加深入地理解全渠道营销在新零售背景下的重要性和作用。企业应根据自身实际情况和市场变化，灵活运用全渠道营销策略，实现线上线下融合发展，提升品牌竞争力和市场占有率。

三、全渠道营销的重要性

随着消费者对购物体验要求的提升，企业需要通过全渠道营销来满足消费者在不同渠道上的购物

需求。全渠道营销有助于提升客户的终身价值，增加客户的忠诚度和满意度。

1. 满足多样化的购物需求

在数字化时代，消费者的购物习惯和偏好日益多样化。他们可能通过线上平台浏览商品信息，在社交媒体上寻求购买建议，最终选择在实体店内完成购买。全渠道营销策略能够无缝对接这些不同的购物路径，确保消费者无论在哪个渠道都能获得一致且高质量的服务体验。这种灵活性和便捷性既提高了消费者的满意度，又鼓励了更频繁的购买行为。

2. 提升客户的终身价值

通过全渠道营销，企业能够收集到更全面的客户数据，包括他们的购买历史、偏好设置、互动反馈等。利用这些数据，企业可以更准确地预测客户需求，提供更加个性化的产品和服务。这种深度的客户洞察有助于企业建立长期的客户关系，从而提升客户的终身价值。例如，通过对高价值客户的数据分析，企业可以设计专属的忠诚度计划，进一步巩固这部分客户群体。

3. 增加客户的忠诚度和满意度

全渠道营销的核心是提供无缝、一致的客户体验。当消费者在不同渠道间切换时，能够感受到品牌信息的连贯性和服务的一致性，这种体验会显著增强客户的信任感和品牌认同。个性化的互动和服务能够满足消费者的个性需求，使他们感到被重视和理解，从而增加对品牌的忠诚度。满意的客户更有可能成为品牌的倡导者，通过口碑传播吸引新客户。

4. 提高市场竞争力

在竞争日益激烈的市场环境中，全渠道营销为企业提供了一种差异化的竞争策略。通过整合线上线下资源，企业能够更快速地响应市场变化，更有效地触达目标消费者。全渠道营销还能够帮助企业优化成本结构，通过数据分析减少库存积压和物流成本，提高整体运营效率。

综上所述，全渠道营销能够满足现代消费者多元化的购物需求，还能够通过提升客户的满意度和忠诚度来增加客户的终身价值。在竞争激烈的市场环境中，全渠道营销已成为企业获取竞争优势、实现可持续发展的重要手段。

四、全渠道营销的关键要素

1. 数据整合

数据整合是指通过收集和分析各渠道的数据，了解消费者的行为和偏好。在全渠道营销中，数据整合是基础也是关键。企业需要通过各种手段收集来自不同渠道的数据，包括线上的社交媒体、电子邮件、网站浏览行为，以及线下的门店销售、客户反馈等。这些数据经过清洗和整理后，可以形成一个全面的消费者数据库。通过对这些数据进行深入分析，企业能够洞察消费者的购买习惯、喜好、需求变化等关键信息，从而制定更加精准的市场策略。例如，通过数据分析发现某一消费群体对环保产品有较高的兴趣，企业就可以针对这一群体推出相应的绿色产品线。

2. 个性化服务

个性化服务是指利用数据分析结果，提供个性化推荐和服务。基于数据整合的结果，企业可以实现高度个性化的服务。这不仅体现在产品推荐上（比如根据用户的浏览历史推荐相关的商品），还包括服务流程的个性化，如为重要客户提供专属客服通道。个性化服务能够显著提升用户体验，增加用户的满意度和忠诚度。例如，电商平台可以根据用户的购买记录和浏览习惯，推送定制化的促销信息和优惠券，提高用户转化率。

3. 跨渠道互动

全渠道营销的核心是打破渠道间的壁垒，实现无缝连接。这意味着消费者无论在哪个渠道接触品牌，都能获得一致的信息和服务体验。例如，顾客在实体店试穿衣物后，可以通过手机App查看库存情况并下单购买，或者通过社交媒体上看到的广告直接链接到电子商务平台完成购买。这种跨渠道的流畅互动，不仅提升了购物的便利性，也增强了品牌形象的统一性和连贯性。

4. 统一商务平台

为了高效管理多渠道运营，建立一个统一的商务平台至关重要。这个平台应该具备强大的数据处理能力，能够实时同步各渠道的信息，包括库存、订单、客户资料等。同时，它还应支持灵活的营销策略调整，帮助企业快速响应市场变化。通过集中管理，企业可以减少重复工作，提高工作效率，也能更好地监控服务质量，确保每个触点都能达到高标准的客户体验。

五、全渠道营销的实施步骤

1. 识别并整合所有可能的销售渠道

在开始实施全渠道营销之前，企业需要先明确其产品和服务可以通过哪些渠道进行销售。这些渠道不仅包括传统的实体店面和电话销售，还包括电子商务网站、移动应用、社交媒体平台、电子邮件营销等数字渠道。此外，企业还应考虑合作伙伴和分销商的网络，以及任何其他可能触及目标消费者的渠道。识别出所有潜在渠道后，企业需要评估每个渠道的优势、劣势，以及它们如何相互补充，从而制定一个整合策略，确保各渠道间的协同效应最大化。

2. 建立统一的客户数据平台

为了实现有效的全渠道营销，企业必须建立一个集中的客户数据平台。这个平台应该能够收集来自各个销售渠道的数据，并进行整合分析，以获得全面的客户视图。通过实时数据共享和更新，企业可以及时了解客户的行为模式和偏好变化，从而作出快速响应。例如，如果数据显示某位客户对某一类产品特别感兴趣，企业可以通过任何渠道向该客户推送相关的促销信息。这样的数据驱动策略有助于提升个性化服务水平，增强客户体验。

3. 设计跨渠道的营销活动

全渠道营销要求企业在设计营销活动时，确保信息和活动的一致性。这意味着无论消费者在哪个渠道接触品牌，他们都应该获得相同的信息和体验。企业需要制定一套统一的品牌传达指南，包括视觉元素、语言风格、促销活动等，确保信息在所有渠道上的一致性。企业还应该利用技术手段，如CRM（客户管理）系统，来协调不同渠道的营销活动，避免信息冲突或重复。

4. 持续监测和优化各渠道的表现

全渠道营销是一个动态的过程，需要企业不断监测和评估各渠道的表现。这包括跟踪销售数据、网站流量、社交媒体互动情况等多个指标。通过对这些数据的分析，企业可以了解哪些渠道最有效，哪些需要改进。基于这些洞察，企业可以调整其营销策略，比如，优化广告投放、改善用户体验或重新设计促销活动。持续的优化不仅能提高整体营销效果，还能帮助企业更好地适应市场变化和消费者需求的演进。

综上所述，全渠道营销的成功实施依赖于对销售渠道的全面识别与整合、统一客户数据平台的建立、跨渠道营销活动的设计，以及对各渠道表现的持续监测和优化。这些步骤相互关联，共同构成了一个循环往复、不断进步的营销体系，旨在提供无缝、个性化的客户体验，从而在竞争激烈的市场中脱颖而出。

六、全渠道营销的优势

1. 更好地满足消费者需求，提供便捷的购物体验

全渠道营销通过整合线上和线下资源，为消费者提供了更加灵活多样的购物选择。如购买服装，无论是在实体店内试穿商品后在线购买，还是在浏览网页时直接下单到店自提，消费者都能享受到无缝衔接的购物流程。这种便捷性不仅节省了消费者的时间和精力，还提升了他们的购物满意度。此外，全渠道营销还能根据消费者的购物习惯和偏好提供个性化推荐，进一步优化购物体验。

2. 优化资源配置，提高市场竞争力

通过全渠道营销，企业能够更有效地分配其资源，包括库存管理、物流配送、市场营销预算等。例如，企业可以利用数据分析预测各个渠道的销售趋势，从而合理调整库存水平，减少积压或缺货的风险。通过对不同渠道表现的监控，企业可以识别出最具成本效益的营销渠道，优化广告投放策略，提高投资回报率。这种资源的优化配置有助于企业在激烈的市场竞争中保持领先地位。

3. 增强品牌影响力，提升销售额

全渠道营销能够帮助企业构建一个统一且强大的品牌形象。无论消费者在哪个渠道接触品牌，他们都能获得一致的信息和服务体验，这有助于加深品牌印象，建立品牌信任。随着品牌忠诚度的提升，消费者更可能成为品牌的倡导者，通过口碑传播吸引新客户。全渠道营销还能扩大企业的市场覆

盖范围，触及更多的潜在客户，从而直接促进销售额的增长。

综上所述，全渠道营销的优势是能够更好地满足消费者的多元需求，提供便捷的购物体验；它还能帮助企业优化资源配置，提高市场竞争力；最重要的是，全渠道营销能够增强品牌影响力，并最终实现销售额的提升。这些优势共同作用，使全渠道营销成为现代企业不可或缺的营销策略之一。

案例分析7-1

近年来，随着国潮文化的兴起和消费者对本土品牌认同感的提升，中国运动品牌李宁凭借其“中国李宁”系列产品成功实现了品牌的转型升级。该系列不仅在设计中融入了中国传统文化元素，还在分销渠道策略上进行了创新，使得产品迅速走红并受到年轻消费者的热烈追捧。

（1）线上线下融合

李宁通过自建电商平台，以及与天猫、京东等第三方电商平台合作，实现了线上销售的全覆盖。同时，线下门店也进行了升级改造，提供更加个性化和体验式的购物环境，如开设“中国李宁”时尚店，展示最新款式并提供定制服务。

（2）社交媒体营销

利用微博、微信、抖音等社交媒体平台进行内容营销，发布新品信息、时尚搭配指南和用户故事，增强与消费者的互动和黏性。通过KOL和网红的合作推广，提高品牌的曝光度和话题性。

（3）跨界合作

与其他品牌或设计师进行跨界合作，推出联名款产品，如与迪士尼、《人民日报》等机构合作，将不同领域的文化元素融入产品设计中，吸引更广泛的消费群体。

（4）国际扩张

积极参与国际时装周和海外展会，展示“中国李宁”系列的设计实力和文化内涵。同时，在海外重要城市开设旗舰店和快闪店，提升品牌的国际影响力。

（5）限量发售与会员专享

采用限量发售的方式强调产品的稀缺性和独特性，并为会员提供专享优惠和预售权，增强会员的忠诚度和归属感。

“中国李宁”系列通过有效的分销渠道策略，不仅在国内市场上取得了显著的销售成绩，还成功打入国际市场，提升了品牌的全球知名度。社交媒体的运用极大地提高了用户的参与度和口碑传播效果，而线下体验店则为用户提供了更加直观和沉浸式的消费体验。

李宁品牌的案例表明，结合传统文化特色和现代设计理念的产品，配合多元化的分销渠道策略，可以有效提升产品的市场竞争力。未来，李宁可进一步探索海外市场的深度开发，利用跨境电商平台将产品推向更多的国家和地区；加强与年轻消费群体的互动，通过更多元的营销手段吸引他们的注意；持续关注消费者反馈，不断优化产品和服务，将是保持市场竞争力的重要途径。

资料来源：《华东师范大学学报》，内容有删改。

活动2　新零售背景下的渠道创新

一、新零售背景下的渠道现状

新零售是一种以互联网为基础，结合大数据、人工智能等技术手段，对商品的生产、流通和销售过程进行升级改造的零售新模式。在新零售背景下的渠道现状主要有传统渠道模式和新零售渠道模式两种。

1. 传统渠道模式

以实体店为主要销售渠道，单向销售和营销。

渠道层级多，效率低，成本高。

2. 新零售渠道模式

线上与线下融合，全渠道、全场景购物体验。

强调与消费者的互动和价值共创。

渠道层级简化，效率提高，成本降低。

微课　新零售下的创新渠道类型

二、新零售背景下的创新渠道类型

1. 平台入驻型

在新零售的背景下，电商平台如天猫、京东等成为品牌和商家进入市场的重要渠道。这些平台拥有庞大的用户基础和完善的物流体系，为商家提供了一个展示和销售产品的高效平台。通过平台入驻，商家可以利用电商的流量优势和数据分析工具，精准地定位目标消费者，实现高效的营销转化。电商平台还为商家提供了一系列的营销工具和服务，帮助商家提高品牌知名度和销售额。

2. 内容型

内容型渠道，如小红书等，通过内容分享来吸引和留住消费者。这些平台上的用户不仅是消费者，也是内容的创造者和传播者。他们通过撰写产品评测、分享使用心得、发布搭配建议等内容形式，影响其他用户的购买决策。对于商家而言，与这些平台上的意见领袖合作，或者自行生产高质量的内容，可以有效地提升品牌形象和产品销量。

3. 短视频型

随着移动互联网技术的发展，短视频平台如抖音、快手等迅速崛起，成为新零售中不可忽视的营销渠道。这些平台以其高互动性和强烈的社交属性，吸引了大量的年轻用户群体。商家可以通过制作创意短视频来展示产品特点和使用场景，利用平台的算法推荐机制，让内容迅速传播开来，达到快速带货的效果。短视频还可以作为直播带货的前导，引导观众进入直播间进行实时互动和购买。

4. O2O型

O2O（Online to Offline）模式，如盒马鲜生等，是新零售中的一种创新渠道类型。这种模式通过线上下单和线下配送相结合的方式，为消费者提供便捷的购物体验。消费者可以在线上浏览商品、下单购买，然后选择到店自提或等待送货上门。O2O模式不仅提高了购物的便利性，也为商家带来了更多的销售机会和顾客数据，有助于优化库存管理和个性化营销。

5. 社交型

社交型渠道是指通过社交平台与消费者进行互动，促进销售的一种方式。微信、微博等社交媒体平台拥有海量的用户群体，商家可以通过建立官方账号、开展互动活动、发布优惠信息等方式，与消费者建立联系和沟通。通过社交网络的传播效应，商家可以扩大品牌影响力，提高用户黏性，最终实现销售转化。社交型渠道的优势在于其强大的社交属性和口碑传播能力，能够有效提升品牌的知名度和美誉度。

这些渠道各具特色，相互补充，共同构成了新零售时代多元化、立体化的营销网络。企业应根据自身产品和服务的特点，灵活运用这些渠道，以实现最佳的市场效果和用户体验。

案例分析7-2

盒马鲜生新零售模式：线上线下高度融合造就的“明星产品”

案例分析7-3

三只松鼠——“抖+N”协同为核心，“品销合一”做强全渠道

三、新零售渠道创新的优势

1. 提高购物的便利性，满足消费者的即时需求

在新零售模式下，渠道创新极大地提高了购物的便利性。消费者可以通过多种方式随时随地进行购物，无论是通过电商平台快速下单，还是利用社交媒体直接购买其推广的产品，或是在线下门店体验后选择线上支付。这种无缝衔接的购物体验满足了现代消费者对即时满足的需求，尤其是在快节奏的城市生活中，能够迅速获取所需商品成为消费者的重要考量因素。新零售渠道还提供了多样化的配送选项，如即时配送、预约送货等，进一步提升了购物的便利性。

2. 通过精准营销，提高转化率和客户的忠诚度

新零售渠道创新使得精准营销成为可能。借助大数据分析和人工智能技术，企业能够深入了解消费者的购买行为和偏好，从而实现个性化推荐和定制化营销。例如，通过分析消费者的浏览历史和购买记录，电商平台可以向其推送相关产品的广告或优惠券，大大提高了营销的针对性和有效性。社交媒体平台上的互动也为品牌与消费者之间建立了更紧密的联系，有助于培养客户的忠诚度。这些精准营销策略既提高了转化率，也为品牌带来了长期的客户价值。

3. 降低运营成本，提高供应链效率

新零售渠道创新还帮助企业降低了运营成本并提高了供应链效率。一方面，数字化工具的应用减少了人力成本，自动化的库存管理和物流配送系统降低了物流成本；另一方面，线上线下融合的模式优化了库存周转率，减少了库存过剩的风险。通过整合线上线下数据，企业能够更准确地预测市场需求，实现按需生产，从而减少浪费。供应链的透明化和智能化管理也提高了整个链条的响应速度和灵活性，使企业能够在竞争激烈的市场中保持优势。

综上所述，新零售渠道创新的优势是它能够提高购物的便利性，满足消费者的即时需求；通过精准营销提高转化率和客户的忠诚度；降低运营成本，提高供应链效率。这些优势共同作用，使新零售成为推动零售行业发展的重要力量，为企业带来了机遇。

实操演练

全渠道营销与新零售渠道创新实践

一、目标

掌握全渠道营销的基本概念和实施方法。

了解新零售背景下的渠道创新类型及其应用。

提升学生对分销渠道创新的实践能力和策略思考能力。

二、背景材料

（一）公司简介

名称：星辉零售有限公司

成立时间：2010年

总部地点：上海

业务范围：主要经营服装、家居用品、电子产品和日用品等多品类商品。

市场定位：中高端消费群体，注重品质和时尚感。

（二）发展历程

2010年：星辉零售有限公司在上海成立，初期以线下实体店为主。

2013年：开始拓展线上销售渠道，开设官方电商平台。

2015年：推出移动购物App，实现移动端购物的便捷性。

2018年：引入全渠道营销策略，打通线上线下数据，提供无缝购物体验。

2020年：在新零售背景下，进一步创新渠道，结合大数据和人工智能技术优化运营。

（三）现有营销渠道

线下渠道：大型购物中心的旗舰店，社区商业街的专卖店，机场和高铁站的快闪店。

线上渠道：官方网站，移动购物App，第三方电商平台（如天猫、京东），社交媒体平台（如微信商城、微博）。

O2O渠道：线上下单，门店自提服务，门店扫码购，享受线上优惠。

（四）市场表现

销售额：近年来持续增长，2019年达到50亿元，2020年增长至60亿元。

市场占有率：在中高端零售市场中占有率约为15%。

客户满意度：根据最新调查，客户满意度达到90%以上。

（五）面临的挑战

市场竞争：随着更多品牌的进入，市场竞争日益激烈。

消费者需求变化：消费者对购物体验的要求越来越高，个性化需求增加。

渠道整合难度：线上线下渠道的整合仍存在一定难度，需要进一步优化。

（六）未来规划

全渠道营销深化：继续推进全渠道营销策略，提高线上线下的融合度。

新零售渠道探索：探索更多新零售渠道，如智能货架、无人便利店等。

技术创新应用：加大对大数据、人工智能等技术的应用，提高运营效率和客户体验。

国际市场拓展：计划在未来三年内进军海外市场，扩大国际影响力。

三、实训过程

小组完成，每组4~5人，设计一个新零售渠道创新方案，包括渠道选择、运营模式、预期效果等。讨论结束后，每组派代表进行方案展示，其他组提问和点评，教师总结评审。

项目小结

通过本项目的学习，我们掌握了如何根据市场环境和消费者需求制定有效的分销策略，并能够运用现代信息技术工具管理分销渠道。此外还认识到分销渠道在市场营销中的关键作用，它不仅影响产品的流通效率，还直接关系到企业的市场竞争力和顾客满意度。在未来的工作中，我们可以把所学的知识运用到实际业务中，不断优化分销网络，提高产品的市场覆盖率和销售业绩。同时，持续关注分销渠道的最新发展趋势，积极探索新的渠道模式，以适应不断变化的市场环境，为企业创造更大的价值。

项目检测

一、单项选择题。

1. 下面哪项是分销渠道的主要功能？（　　）

A. 信息传递　　B. 产品展示　　C. 售后服务　　D. 原材料采购

2. 下面不属于新零售渠道创新优势的是（　　）。

A. 提高购物的便利性　　B. 精准营销，提高转化率和客户的忠诚度

C. 降低运营成本　　D. 降低供应链效率

3. 在新零售的背景下，电商平台如天猫、京东等成为品牌和商家进入市场的重要渠道。这属于新零售下创新渠道的（　　）类型。

A. 平台入驻　　B. 内容　　C. 短视频　　D. 社交

4. 按照流通环节的多少，分销渠道可分为（　　）两种。

A. 直接渠道和间接渠道　　B. 长渠道和短渠道

C. 宽渠道和窄渠道　　D. 直接渠道和窄渠道

5. 某公司建立一级销售渠道，属于宽渠道，是因为（　　）。

A. 存在多个批发商　　B. 存在多个零售商

C. 存在多个消费者　　D. 存在多个生产商

6. 当消费者从以下（　　）地方购买商品时，是通过直接渠道。

A. 便利店　　B. 超市　　C. 面包店　　D. 百货商场

7. （　　）销售方式属于零级渠道。

A. 上门推销　　B. 商品展销会　　C. 连锁经营　　D. 代理经营

8. 一般来说，商品价格越高，渠道就越（　　）越好；价格越低，渠道就越（　　）越好。

A. 短、长　　B. 短、短　　C. 长、短　　D. 长、长

9. 全渠道营销的实施步骤中，第一步是（　　）。

A. 设计跨渠道的营销活动　　B. 持续监测和优化各渠道的表现

C. 建立统一的客户数据平台　　D. 识别并整合所有可能的销售渠道

10. 全渠道营销的特点是把（　　）的体验放在首位。

A. 产品　　B. 价格　　C. 消费者　　D. 市场

二、判断题。（正确的打“√”，错误的打“×”）

1. 分销渠道的长度指的是从生产者到最终消费者之间经过的中间环节数量。（　　）
2. 多渠道分销策略意味着企业只通过一种方式将产品送达消费者手中。（　　）
3. 电子商务平台不属于分销渠道的一种形式。（　　）
4. 分销渠道的选择应基于对目标市场、产品特性及竞争环境的全面分析。（　　）
5. 独家分销是生产者只选择一家中间商销售自己产品的销售策略。（　　）
6. 当消费者从便利店购买商品时，是通过直接渠道。（　　）
7. 按照中间商在流通领域所处的环节不同，可将其划分为批发商和零售商。（　　）
8. 新零售的核心特征之一是线上线下的深度融合。（　　）
9. 社交型渠道是指通过社交平台与消费者进行互动，促进销售的一种方式。（　　）
10. 新零售强调以产品为中心，致力于提供个性化的服务和体验。（　　）

三、多项选择题。（每题至少有两个以上正确答案）

1. 中间商按其在流通领域所处的环节不同，可以划分为（　　）。

A. 批发商　　B. 零售商　　C. 代理商　　D. 经销商

2. 全渠道营销的特点包括（　　）。

A. 多渠道整合，实现无缝衔接　　B. 强调消费者体验，提高满意度和忠诚度

C. 忽视品牌知名度的提升　　D. 提升品牌知名度和影响力

3. 全渠道营销的关键要素有（　　）。

A. 数据整合　　B. 个性化服务

C. 跨渠道互动　　D. 统一商务平台

4. 全渠道营销如何帮助企业提升客户终身价值？（　　）

A. 通过收集更全面的客户数据，预测客户需求

B. 提供深度个性化的服务，增加客户黏性

C. 提高客户的满意度和忠诚度，从而增加客户的终身价值

D. 限制客户的购买频次

5. 新零售背景下的创新渠道类型包括（　　）。

A. 平台入驻型　　B. 内容型　　C. 短视频型　　D. 广播型

四、案例分析题。

阳光果汁公司是一家专业生产和销售各类果汁的企业。随着市场需求的不断扩大，公司决定拓展其分销渠道，以增加市场覆盖率和销售额。目前，阳光果汁主要通过超市、便利店和一些小型零售店销售产品。为了进一步拓宽销售渠道，公司正在考虑以下四种方案。

第一，建立自己的电商平台，直接面向消费者销售。

第二，与大型连锁超市谈判，争取进入更多超市的销售终端。

第三，开发自动售货机销售渠道，在商业区、办公楼、学校等地布置自动售货机。

第四，寻找合作伙伴，通过联合其他品牌进行跨界合作，共同推广销售。

问题：

1. 根据分销渠道的理论，分析阳光果汁公司现有分销渠道的优势和劣势。

2. 请评价上述四种扩展分销渠道方案的优缺点。

3. 结合阳光果汁的实际情况，提出你认为最适合的分销渠道扩展方案，并说明理由。

项目评价

由教师组织填写“项目完成情况评价表”，对本项目进行综合评估。

表7-1　项目完成情况评价表

组别：　　　　　　　　　　　　学生姓名：

序号	考核点	考核标准	分值（分）	得分（分）		
				小组评价	自我评价	教师评价
1	态度与纪律	态度认真，学习积极主动，遵守纪律	5			
2	沟通协调能力	主动沟通，表达能力强，能够协调解决出现的具体问题	10			

续表

序号	考核点	考核标准	分值（分）	得分（分）		
				小组评价	自我评价	教师评价
3	创新能力	具备一定的创新能力	5			
4	团队合作表现	融入团队、参与度高，积极地与他人合作	10			
5	收集资料的能力	能够准确搜集信息，筛选有用的信息	5			
6	作业完成情况	完成项目检测的及时性、准确性	5			
7	策略知识的掌握	能够正确理解分销渠道的概念，掌握分销渠道的设计与管理方法，熟悉全渠道营销相关概念，掌握新零售背景下的渠道创新	30			
8	专业技能训练完成度	能够具体分析某产品所属的行业及选择的分销渠道类型，并能说出该渠道的关键功能；能根据给定的情境分析分销渠道绩效评估的关键指标及提出具体的渠道优化建议；能够设计一份新渠道创新方案，内容要设计合理	30			
合计			100			
总评	小组评价（40%）＋自我评价（30%）＋教师评价（30%）＝					
总结	我的优点					
	我的不足					
	我将作出的改进					
教师评语						

项目八
促销策略运用

学习目标

1. 掌握促销和促销组合的内涵及其重要性；理解不同类型的促销策略；熟悉促销策略影响消费者行为和市场表现的方式。

2. 能够制定出符合实际情况的促销策略；能够组织促销活动的顺利开展，并具备对促销效果进行实时监控和调整的能力；能够具备销售人员的优良品质。

3. 树立正确的职业观念，遵守职业道德规范，尊重消费者权益；增强创新意识，树立与时俱进的思想；具备团队协作精神和沟通能力。

典故启智　古韵营谋

据《事物纪原》记载："京师凡卖一物，必有声韵，其吟哦俱不同，故市人采其声调，闲以词章，以为戏乐也。今盛行于世，又谓之吟叫也。"

大概意思就是京城里每卖一种物品，必定会伴随着独特的叫卖声，这些叫卖声在吟唱时各不相同。因此，市场上的人们会采集这些声调，再配以词句，作为娱乐游戏。如今，这种做法在社会上非常流行，人们又把它称为"吟叫"。

从市场营销的角度来看，这段文字揭示了古代商业活动中一种独特的促销策略——利用独特的叫卖声来吸引顾客。这些叫卖声不仅具有广告效应，还能成为市民们的娱乐内容，体现了古代商业文化的创新和趣味性。同时，这也反映了古代商人们善于捕捉市场需求和推测消费者心理，通过独特的叫卖声来营造商品特色，增加商品的吸引力。这种策略在现代商业活动中依然有着广泛的应用，比如，品牌广告、音乐营销等，都是利用声音和旋律来吸引消费者的注意力，提升品牌形象和销量。

任务一 认识促销及促销组合

任务描述

小王周末的时候来到家附近的超市购买日常用品。刚走进超市，小王就被眼前的促销场景吸引了。超市的入口处摆放着几个大型促销展台，上面堆满了打折的商品，如洗发水、零食、饮料等，每个展台旁边都有一位促销员在热情地介绍产品，并分发试吃或试用装。同时，超市内悬挂着各种促销海报和横幅，广播里也在循环播放着促销信息。

小王注意到，这些促销商品中，有些是他平时常用的，而有些是他从未尝试过的。看着这些诱人的折扣和热闹的促销氛围，小王不禁思考起来：这些促销方式真的有效吗？它们是如何影响消费者的购买决策的？

任务分析

为了弄清楚上述问题，小王需要先学习促销及促销组合的知识。此外，小王应能够从消费者消费心理出发，分析影响促销方式的因素，对超市产品所选取的促销方式进行分析，以判断该促销方式的有效性。通过结合所学知识点和观察实际场景，小王可以更加深入地理解促销及促销组合策略在市场营销中的作用和意义。

知识准备

促销及促销组合不仅定义了促销的本质，还揭示了促销方式的多样性，深入剖析了消费者的购买心理。了解促销效果，掌握促销组合策略的内涵与四要素，以及影响选择的因素，更有助于企业策划精准有效的促销方案，达到可持续发展的目的。

活动1 理解促销和促销组合

一、促销

1. 促销的内涵

促销，广泛存在于各个领域并在不断地丰富与发展。一般而言，促销是指商家为了吸引顾客、提升销量或品牌形象，将产品及相关有说服力的信息告知目标客户并刺激目标客户进行购买行为的市场营销活动。

从促销的内涵中可以看出，促销具有以下特征：

（1）目的性

促销活动的目的是吸引顾客、提升销量和品牌形象。

（2）激励性

促销活动提供的激励包括商品、金钱、附加服务等，这些成为顾客购买的直接诱因。

（3）时效性

促销活动是战术性而非战略性营销策略，它提供的是短期强刺激，通常有时间限制，以营造紧迫感，促使顾客快速决策。

（4）互动性

现代促销活动越来越注重与消费者的互动，通过社交媒体、线上活动等方式增强顾客的购物体验感。

2. 促销的方式

促销方式多种多样，针对不同的对象一般采取不同的促销方式。针对零售商采取的促销方式主要有减价优惠、商品展示、免费样品、零售商型折价券、竞赛与抽奖、赠品等。针对经销商采取的促销方式主要有特定商品津贴、广告津贴、陈列津贴、经销商折扣、销售竞赛等。在日常生活中，我们接触较多的主要是针对消费者所采取的促销方式，以下是面向消费者常见的促销方式。

（1）打折促销

这是最常见的促销方式，商家通过直接降低商品或服务的价格来吸引顾客购买。

（2）满减/满赠活动

顾客消费达到一定金额即可享受减免部分金额或赠送额外商品/服务的优惠，这种促销方式在一定程度上加大了顾客的消费力度。

（3）买赠活动

购买指定商品即可获赠其他商品或服务，增强了顾客的购买欲望。

（4）积分兑换

顾客积累的消费积分可以兑换商品或服务，增强了顾客黏性。

（5）限时抢购

在指定的时间段内，以极低的价格来销售商品，营造紧迫感，促使客户快速下单。

（6）优惠券/折扣券

商家向顾客发放优惠券或折扣券，用于抵扣部分金额或享受特定折扣。

除上述方式外，商家也会选取退款要约、事件营销、酬谢包装等多样化促销方式来刺激消费者的购买行为。

3. 消费者的促销购买心理

商家在设计促销活动时，只有让消费者感知到促销所提供的利益非常有价值时才会激发消费者的购买欲望，这就需要商家掌握消费者的购买心理。一般而言，商家主要依据的消费者购买心理有如下四种。

（1）贪利心理

消费者在作出购买决策时总希望自己得到最大的优惠力度或降低最小的经济损失，对于已得到的优惠，他们会选择再次购买，甚至会向身边的好友推荐此商品。在这种心理的驱使下，许多消费者会摒弃原有的观念和判断，产生立即购买、提前购买、大量购买的行为。商家可以利用消费者在购买过程中所追求的贪利心理，通过各种各样的促销方式让消费者真切地感觉到自己购买的商品更加划算。我们在日常生活中所见到的降价、打折、甩卖、清仓、赠品等促销活动都是利用了消费者的贪利心理。商家成功利用这种心理，有助于扩大市场份额，提高销售量，也有助于从竞争对手那里赢得更多的顾客。

（2）比照心理

两种具有相对性质的刺激同时出现或相继出现时，由于彼此的影响，致使两者刺激所引起的直觉上的差异特别明显。例如，消费者同时接触价格高低不同的两件商品，他会认为价格低的服装比单独看这件服装的价格还要便宜。有研究表明，当消费者对某种商品不够了解时，往往会使用“昂贵＝优质”的心理公式。高端品牌的价格促销，反而会引起消费者对商品质量的怀疑，从而影响购买。因此企业在设计促销策略时，对商品的价格采用“先高后低”的方式比“先低后高”价格调整策略更易使消费者接受。

（3）趋同心理

人们可能会根据他人的行为来决定自己的行为，这与心理学中“相似性心理”类似。营销顾问凯佛特·罗伯特说过“既然95%的人是模仿者，只有5%的人是始作俑者，看来其他人的行为比我们所能提供的证据更有说服力”。所以消费者在购买行为中有广泛的随大流现象。基于此心理，营销者在促销过程中要特别重视领袖的作用，广告中明星代言是有效的方法之一。

（4）短缺心理

短缺心理是指人们害怕失去机会或心爱之物的恐惧心理。根据齐美尔的交换理论，行动者越是感到对方的资源具有价值，越有可能建立交换关系；行动者对某一种特定类型的资源需求越迫切，同时得到的可能性越小，这种资源对行动者越有价值。企业在进行营销策划时，要借助消费者的短缺心理，使消费者对正在促销的商品产生短缺感，如宣称“数量有限”“最后一天”“唯一机会”等，这样能增强购买的刺激，达到立即购买的促销效果。

消费者在进行购买决策时也受其他心理因素的影响，如回报心理、偏好心理、关联心理等。营销者在进行营销策划时，应根据促销的目的、促销产品的特征，依据不同的消费者心理特征，选择适合的营销方式，这样才能达到良好的促销效果。

拓展阅读

比照心理在日常
生活中的一些具体实例

思考交流

结合现实生活，分别举例说明贪利心理、比照心理、趋同心理、短缺心理导致的购物行为。

4. 促销效果

从经济收益的角度来看，促销活动能够带来销售额的提升、利润的增加，以及市场占有率的提升，这些量化指标能够直观明了地反映促销的经济价值，为衡量促销活动效果提供了坚实的依据。从品牌形象的层面来看，促销活动能够增强品牌的竞争力，塑造独特的品牌形象，提升消费者对品牌的认知度和好感度。从消费者行为的转变来看，在促销活动的引诱下，消费者会形成新的消费习惯，提高消费者对产品的忠诚度和满意度。

二、促销组合

1. 促销组合策略内涵

促销组合策略是由广告、公共关系、销售促进、人员销售等要素组合构成。其目的是更有说服力地与顾客沟通和建立顾客关系，可以根据公司面临的实际情况，比如，不同的营销目的、不同的产品特性、不同的消费者细分市场等，选择不同的促销组合手段，以获得更高的销售收入、更大的市场份额、更多的利润等。选择采用单一的促销策略还是促销组合策略，需要从企业自身的需求出发，根据企业的特点来确定最佳的促销策略。将各种不同的要素科学合理地搭配并运用到企业经营中，帮助企业提升效益。

2. 促销组合策略四要素

常见的促销组合策略四要素分别是人员推销、广告促销、公共关系和销售促进。

（1）人员推销

人员推销是一种较早出现的促销方式，即企业委派专职或兼职人员向目标客户直接进行推销的方式。推销员在执行过程中需要洞察买卖双方的需求，将商品的价值和解决的问题传达给购买者以达成交易。人员推销是一种极度依赖推销员的促销方式，效果直接受到推销人员能力的影响。

（2）广告促销

广告是商品经营或者服务提供者通过特定的渠道以付费的方式向公众传达信息，其信息的核心在于其想要推广的商品或服务。广告的发布渠道包含电视、电影、杂志、网络、社交媒体平台等众多渠道，商品经营者或者服务提供者需要根据自身产品的特点筛选广告投放渠道，找到与产品特点匹配的目标客户群体，依据客户群体的特点去确定广告投放渠道，同时还应该考虑广告投放渠道的传播范围和传播影响力等因素。

（3）公共关系

公共关系是某一组织为了树立良好的公众形象，优化与社会公众之间的关系，让公众加深对该组织的认识和理解，对该组织产生良好的形象认知后，更好地辅助该组织达成商品销售这一目标。随着网络媒体的发展，网络对社会舆论导向和公共事件的评价都具有强大的影响力，消费者对于某一商品的评价及最初印象大多来自网络媒体，网络平台日益成为各大企业对外宣传、树立品牌形象的重要阵地。

（4）销售促进

销售的行为和手段被称为销售促进。企业利用各种短期诱因，提供额外的价值或者激励，使得客户对企业的产品产生好感度和信任度，刺激消费者产生购买行为，创造即时销售。销售促进是利用利益驱动驱使消费者进行购买，追求的是以结果为导向的销售行为，该促销方式对冲动性购买较为有效，能够在短期内提升企业的销售收益。

活动2　分析影响促销组合选择的因素

影响促销组合选择的因素主要有以下六点。

微课　分析影响促销组合选择的因素

一、促销目标

企业在不同时期及市场环境下有不同且具体的促销目标。例如，若目标是迅速增加销售量，则可能更注重广告和销售促进；若目标是树立企业形象，则可能更侧重于公共宣传和公益性广告。

二、产品特点

不同类型或性质的产品需要不同的促销组合。高价值、复杂或技术性强的产品可能更适合人员推销，因为需要详细解释和演示；而广泛消费的日用品可能更依赖广告促销。

三、市场特点

市场的大小、地理位置、消费者分布等因素会影响促销组合的选择。例如，在地域范围广、消费者分散的市场中，广告促销可能更为有效；而在小规模本地市场，人员推销或销售促进可能更合适。

四、产品生命周期阶段

在产品生命周期的不同阶段，企业的促销目标不同，因此会选择不同的促销组合。引入期可能侧重于广告和公共关系来建立产品知名度；成长期可能会结合广告和人员推销来扩大市场份额；成熟期可能需要更多的销售促进来增加销量；衰退期则可能减少促销投入，仅维持少量广告保持品牌记忆。

五、促销策略

企业有两种基本的促销策略——推动策略和拉引策略。推动策略以中间商为主要促销对象，通过销售促进和人员推销推动产品进入市场；拉引策略主要通过广告和公共关系吸引最终消费者，拉动市场需求。企业会根据实际情况选择或结合使用这两种策略。

六、其他营销因素

确定促销组合还需要考虑与其他营销策略的协调性，如品牌策略、价格策略等。这些因素共同影响促销组合的选择和效果。

拓展阅读

吸引年轻人的
高性价比促销组合

活动3　掌握促销组合策划的程序

促销组合策划的程序是一个系统的过程，旨在通过综合运用多种促销手段，实现企业的营销目标。促销组合策划程序具体步骤如下。

一、市场调研与分析

了解当前市场的基本情况，包括市场规模、增长趋势、竞争对手状况等；深入研究目标消费者的需求、购买习惯、偏好及心理特征，为促销策略的制定提供依据；分析自家产品的销量、价格、利润等关键指标，明确产品的市场定位和目标消费群体。

二、明确促销目标

根据市场调研结果和企业战略，明确促销活动的具体目标。这些目标可能是增加销售额、提升品牌知名度、吸引新客户、维护老客户等。同时，需要综合考虑短期和长期的促销目标。

三、选择促销对象

根据市场调研结果，甄选主要的促销对象。这包括确定促销活动是面向全体目标市场的消费者，还是有选择的某类群体，如年轻消费者、高端消费者等。

四、设计促销内容

根据促销对象的特点，写出目标对象所要表达的诉求，刺激其反应，使其购买产品。通常诉求分为理性诉求、感性诉求和道德诉求；综合运用广告、人员推销、公关宣传、营业推广等促销方式，制定具体的促销组合策略；根据市场类型、促销目标、竞争条件和环境、消费者心理、促销预算等因素，合理分配各种促销方式的预算和资源。

五、选择促销渠道

根据企业的实力、产品的属性，以及目标消费群体的特点，选择合适的促销渠道。这些渠道可能包括线上平台（如社交媒体、电商平台）、线下门店、合作伙伴渠道等。

六、制订促销计划

明确促销活动的起止时间，以及各个促销环节的具体时间节点；根据促销组合策略，合理分配广告、人员推销、公关宣传、营业推广等促销方式的预算；制订详细的执行方案，包括人员分工、物资准备、应急预案等。

七、执行与监控

按照促销计划，有序开展各项促销活动；实时监控促销活动的进展情况，收集市场反馈，评估促销效果。

八、评估与总结

促销活动结束后，对促销效果进行全面评估，包括销售额、市场份额、品牌知名度等指标的提升情况；分析促销活动的成功经验与不足之处，为未来的促销活动提供参考和借鉴。

通过以上程序，商家可以系统地策划和执行促销组合活动，最大限度地发挥整体效果，促成目标实现。

实操演练

实训背景：随着校园生活的日益丰富，咖啡已成为学生学习、休闲的重要伴侣。本实训以校园内一家咖啡店为背景，旨在通过策划并执行一场创意促销活动，提升店铺知名度，增加顾客黏性，同时锻炼学生的市场营销实践能力。

实训目的：将理论知识应用于实际，设计并执行一场针对在校生的咖啡促销活动。

实训内容：以小组为单位，了解学生对咖啡的消费习惯、偏好及购买动机，根据所学知识，制订促销方案。

实训过程：小组完成，每组5~6人，其中1人担任组长，1人担任观察员，组长有序组织小组成员开展市场调研活动并撰写市场调研报告，组内成员根据市场调研报告进行促销方案设计的讨论，讨论结束后，组长或代表上讲台阐述本组讨论的结果和方案，观察员上台汇报小组成员参与活动的情况。

任务二 认知人员推销策略

任务描述

张经理经营着一家售卖宠物净化器的公司。宠物净化器作为一个新兴产品，目前在市场上的认可度并不高，前两个月的销售情况并不理想。张经理为了提高产品销量，决定加强人员推销的力度。为了保证人员推销的效果，张经理召开会议，听取大家意见，做好这次的筹备工作。会议结束后，张经理陷入了沉思：人员推销的本质是什么？新兴产品应如何运用人员推销的特点来制定有效的推销策略？

任务分析

为了明确上述问题，张经理首先需要学习人员推销的含义和特点等理论知识。张经理应基于对人员推销含义和特点的理解，带领团队制定出一套切实可行的推销策略。这包括确定目标客户群体、制定推销话术、设计互动环节、提供个性化服务等，以确保推销过程能够吸引客户、建立信任并促成交易。

知识准备

人员推销不仅仅是简单的产品推销，它更是一种建立信任、传递价值、满足客户需求的过程。它的特点包括直接性、灵活性、个性化、建立关系和及时反馈。只有充分利用这些特点，才能与客户建立深厚的联系，并让客户真正认识到产品的价值。

活动1 了解人员推销的含义和特点

一、人员推销的含义

根据美国市场营销协会定义委员会的解释，人员推销是指企业派出营销人员与客户或潜在客户的业务代表进行面对面的陈述和交流，以介绍产品、促进销售的沟通活动，其主要目标是维持和老顾客的关系，开发新客户和支持经销商。

二、人员推销的特点

人员推销的特点如下。

1. 直接性

销售人员直接与客户接触，进行面对面的交流和沟通。

2. 灵活性

可以根据客户的具体需求和反馈，灵活调整推销策略和产品介绍。

3. 个性化

能够针对不同客户提供个性化的产品和服务推荐，增强客户的购买意愿。

4. 建立关系

通过长期接触和沟通，销售人员与客户之间可以建立信任和稳定的合作关系。

5. 及时反馈

销售人员能够直接获取客户的反馈和意见，有助于企业及时了解市场需求和产品改进方向。

拓展阅读

推销人员的任务及作用

推销人员对消费者来说就是企业的象征，作为企业和消费者之间相互联系的桥梁和纽带，负有维护双方合法利益的责任。

推销人员的工作任务是既要使企业获得不断增长的销售额，又要使消费者获得满意的使用体验并培养与消费者之间的感情，并且捕捉、收集有关市场信息和购买者的反馈意见。具体任务如下：

首先，推销人员在拜访消费者时将产品的有关资料展示给消费者，使之对企业产品的性能、用途等有较全面的了解，从而消除排斥心理，产生购买欲望，然后再运用推销技巧促成交易，使消费者的购买欲望变成购买行为。

其次，推销人员活跃在市场和消费者中间，对市场动向和消费者反响比较了解，可及时把消费者对产品的性能、价格等意见及使用后的感受反馈给企业，实现双方的信息沟通，同时兼做市场调查并为市场需求的发展变化提供科学依据。

最后，推销人员在推销产品过程中提供的优质服务让消费者满意从而赢得重复购买机会，这是建立长期合作关系的必要环节。推销人员是企业与市场联系的纽带，是企业获取市场信息的重要渠道，具有收集、传递、反馈市场信息的双向作用。就社会而言，推销是整个社会经济活动的原动力，它与社会的进步、经济的繁荣是息息相关的。

思政园地

人员推销作为市场营销的重要组成部分，不仅要求销售人员具备高超的推销技巧，还须具备崇高的职业道德与卓越的职业素养。职业道德是销售人员的行为准则，它要求销售人员始终坚守诚信原则，不夸大产品功效，不隐瞒产品缺陷，确保客户在充分了解产品的基础上作出购买决策。销售人员还须尊重客户，保护客户隐私，维护客户权益，以客户为中心，提供优质服务。职业素养则体现在销售人员的专业形象、沟通能力、团队协作能力等方面。一个优秀的销售人员应时刻保持整洁得体的着装，展现良好的精神风貌；要具备清晰、准确的表达能力，能够与客户进行有效沟通；在团队中积极协作，共同完成任务。在未来工作中，销售人员不仅要追求销售业绩，更应注重个人品德修养，成为受人尊敬的优秀销售人员。

活动2　明确人员推销的基本流程

根据推销活动的特点和对顾客购买活动各阶段心理演变分析及采取的策略等进行系统归纳，我们把程序化推销活动具体分解为：寻找准客户、预约顾客、接触顾客、推销洽谈、促成交易、满意制造六个工作环节。具体内容如下。

微课 明确人员推销流程

一、寻找准客户

精心筹备策划能引起人们注意的公共关系活动，走访各种企业，寻找潜在市场和消费者。

二、预约顾客

推销人员应通过各种渠道尽可能广泛搜集潜在用户的信息，如市场需要什么，有哪些人参与购买决策，顾客的个性特征和购买风格等。确定访问目标和访问方法，通过电话联系或网上联系进行客户预约。

三、接触顾客

接触和面对是推销活动的前奏。成功的推销，首先应让用户接受你、认可你、信赖你。推销人员应对顾客彬彬有礼，谈话内容应明白准确，双方关系有一个良好的开端是成功的一半，为顺利转入和展开销售打开局面。

四、推销洽谈

推销人员在介绍时应始终强调用户利益，陈述清楚产品特点、功能及使用方法。推销人员应事先准备好产品介绍词，配合示范介绍，使购买者亲眼看见或亲手操作该产品，让他们更好地记住产品的特点和功能，推动达成交易。

五、促成交易

促成购买行为是推销介绍产品的最终目的。推销人员应树立信心，学会几种达成交易的技巧，激活顾客购买欲望，并使顾客的购买想法变成购买行为。

六、满意制造

完善的售后服务是确保用户满意、获得重复购买、建立长期合作关系的必要环节。销售活动成交后应立即着手准备好有关履约的交货时间、购买条款和其他具体工作。推销人员在接到订单后，要制定售后工作访问日程表，以确保有关安装、指导、技术培训和维修等售后服务工作得到妥善安排。

推销各阶段是相互并存转化的，任何一个环节的成败都会影响推销活动的结果。我们把推销活动看作一个完整并划分为不同阶段的过程，这有利于企业用理论指导现实推销活动，能够自觉地按客观规律办事，减少盲目性和随意性，从而提高工作效率。就企业而言，最主要的目的就是创造利润，而实现这一目标的最后途径是销售。目前是市场导向的时代，各行业在竞争激烈的情况下都非常需要推销，“没有推销就没有企业”，所以说如何确认并树立良好的策略和销售观念、建立高素质的销售队伍，以及令人满意的售后服务机制是关系到企业生死存亡的大事。因为企业在售出产品的同时，也在向社会、向消费者输出企业的观念与信誉，这一点对于企业来说尤为重要。

拓展阅读

如何准备推销面谈以提高成功率

要准备推销面谈以提高成功率，需要注意以下几点。

了解客户：在面谈前，深入了解客户的需求、业务目标、挑战和预算限制。只有对客户需求有深入的了解，才能在推销时为客户提供符合其期望的解决方案。

明确目的：推销自己或产品只是手段，真正的目的是如何使客户满意并取得成功。因此，在面谈时要始终以客户为导向，注意客户的需要和感受。

准备资料：根据客户需求，准备相应的产品资料、案例、报价单等，以便在面谈时能够清晰地传达产品的特点和优势。

制定策略：为面谈制定策略，包括开场白、产品介绍、异议处理等。确保面谈能够有条不紊地进行。

注意形象：着装整洁、卫生、得体，给客户留下良好的第一印象。

练习表达：提前练习自我介绍和产品介绍，确保表达清晰、流畅，并能够引起客户的兴趣。

保持真诚：在面谈时保持真诚的态度，关注客户的需求和问题，积极倾听并给出解决方案。

通过以上准备，就可以在推销面谈中更加自信、专业地与客户沟通，从而提高成功率。

活动3 选择人员推销的方式

在选择人员推销方式时，企业需要根据自身的产品特性、目标客户群体、市场环境及资源条件等多方面因素进行综合考虑。以下是一些常见的人员推销方式及其特点。

一、主动推销

定义与特点：主动推销是指由厂家或分销商委任和聘请的销售人员，主动且积极联系供销渠道，推销自家产品。这种方式通常需要对方一次性进购一定数量的产品后，才能享有较优的折扣和服务。对于长期合作的老客户，维系成本相对较低。

适用场景：适用于需要建立和维护长期供销关系的企业。当产品具有批量销售优势时，主动推销能够更有效地促进销售。

二、店堂推销（柜台推销）

定义与特点：店堂推销（柜台推销）是指企业在适当地点设置固定门市，由营业员接待进入门市的顾客，推销产品。这种方式依赖于品牌影响力和售货人员的业务水平。获客成本较低，但要求售货人员具备良好的沟通能力和产品知识。

适用场景：适用于零售企业或拥有实体店面的企业。当产品需要顾客亲身体验或咨询时，店堂推销能够提供更直接的服务。

三、会议推销

定义与特点：会议推销是指利用各种会议向与会人员宣传和介绍产品，开展推销活动。这种方式能够将垂直客群集中在一起，通过会议分享产品信息和优势。会议推销通常具有较高的成交率和影响力。

适用场景：适用于目标客户群体较为集中或具有特定行业属性的企业。当产品具有创新性或需要专业讲解时，会议推销能够更有效地传递产品价值。

四、其他人员推销方式

除了上述三种常见的人员推销方式外，还有其他一些方式也值得考虑。

第一，个人访问销售。销售人员亲自拜访客户，与客户进行面对面的交流，了解客户需求并提供产品或服务。

第二，电话销售。通过电话联系潜在客户，介绍产品或服务并尝试达成交易。

第三，电子邮件销售。通过电子邮件向潜在客户发送个性化的推销邮件。

第四，社交媒体营销。通过建立个人或企业的销售人员博客或社交媒体账户，向潜在客户提供有关产品或服务的专业知识和信息。

在选择人员推销方式时，企业还需要考虑以下因素。

第一，目标客户群体。了解目标客户的偏好和购买习惯，选择更适合他们的推销方式。

第二，市场环境。分析竞争对手的推销策略和市场份额，制定差异化的推销方案。

第三，资源条件。评估企业自身的人力、物力、财力等资源条件，选择可行性较高的推销方式。

第四，产品特性。根据产品的特点（如价格、功能、品质等）选择合适的推销方式，以更好地展示产品优势。

综上所述，企业应根据自身实际情况和目标客户群体的需求选择合适的人员推销方式，以提高销售效率和市场份额。

拓展阅读

初创企业的
推销方式选择

实操演练

实训背景：在当今竞争激烈的市场环境中，人员推销作为传统且有效的促销手段，其效果直接与销售人员的素质和技巧密切相关。然而，许多销售人员在面对实际销售场景时，往往缺乏足够的经验和应对策略，导致销售效果不佳。因此，通过组织实操演练活动，帮助销售人员提升销售技巧、增强自信心、熟悉销售流程，显得尤为重要。

实训目的：通过模拟真实的销售场景，提升销售人员与客户沟通的技巧，培养销售人员在面对压力、挫折时的应对能力，增强其自信心和耐心。

实训内容：以小组为单位，设定不同的销售场景进行模拟演练，销售人员需按照实际销售流程进行操作。

实训过程：小组完成，每组5~6人，其中1人担任组长，1人担任观察员，组长有序组织小组成员开展销售方案的讨论，讨论结束后，组长或代表上讲台阐述本组讨论的结果和方案，观察员上台汇报小组成员参与活动的情况。

任务三 认知广告策略

任务描述

小李是一家广告公司的员工，他坐在广告公司策划部的会议室里，手中紧握着一份关于巧克力广告的初步策划案。今天，团队要讨论并确定这个项目的具体方向。会议室的大屏幕上，展示着各种巧克力品牌和广告风格的对比图。看到这些图片，小李陷入了深思：这次巧克力广告的核心卖点是什么？巧克力的目标消费群体，是年轻人还是家庭用户？消费者为什么选择吃巧克力，是追求口感，还是为了解压放松？广告文案怎么撰写才能吸引消费者？

任务分析

为了弄清楚上述问题，小李需要结合广告策略相关知识，首先明确巧克力的目标消费群体，其次了解他们选择巧克力的原因，根据目标群体和传播平台来定制广告文案和视觉设计。

知识准备

广告策略涉及广告传播平台、广告文案写作、广告策划流程等多方面知识。它能精准定位受众，提升品牌认知度，通过创意内容吸引消费者，从而促进销售增长。有效的广告策略还能塑造品牌形象，传递品牌价值，增强消费者忠诚度。因此，制定科学合理的广告策略，是品牌成功推广的关键。

活动1　了解广告的含义及传播平台

一、广告的含义

广告，是由可识别的出资人通过各种媒介进行的、有关商品（产品、服务和观念）的传播活动，通常是有偿、有组织、综合的和劝服性的非人员信息传播活动。

二、广告的传播平台

广告的传播平台多种多样，主要包括以下六类。

1. 搜索引擎广告平台

如百度推广，通过竞价排名在搜索引擎结果中展示广告，实现精准营销。

2. 社交媒体广告平台

微信、微博等社交媒体平台，依托其高度活跃的社交属性，实现精准投放和社交传播。

3. 视频广告平台

如抖音、快手等，通过视觉和听觉的双重刺激，提升产品的曝光度和品牌知名度。这些平台支持短视频、直播等多种形式的广告。

4. 信息流广告平台

今日头条、知乎、哔哩哔哩等平台利用强大的算法和个性化推荐技术，根据用户的兴趣和行为数据推送广告，实现精准营销。

5. 专业广告平台

如优客网、闲创无忧等平台，整合了众多资源和项目，为广告推广提供多元化的服务。

这些广告传播平台各有优势，广告主应根据自身产品特点、目标受众及推广需求等因素进行综合考虑，选择最适合的平台进行投放。

拓展阅读

信息流广告平台与传统广告平台的主要不同点

信息流广告平台与传统广告平台的主要不同点可以归纳如下。

（1）展示形式

信息流广告平台：以类似于新闻、帖子、推荐等形式在网站、App等媒体上呈现，融入用户日常的内容浏览中，形式自然，非干扰性。

传统广告平台：通常是在广播、电视、报纸、杂志等媒体上以文字、图片、视频等形式投放，形式较为固定且可能被视为干扰。

（2）目标受众

信息流广告平台：通过大数据和人工智能技术分析用户行为、兴趣、位置等信息，实现个性化、精准的受众群体定位。

传统广告平台：往往针对大众投放，难以精确到特定个体或群体。

（3）广告效果

信息流广告平台：通常具有较高的点击率和转化率，因为广告内容更符合用户兴趣和需求。

传统广告平台：更注重品牌形象和曝光量，广告效果难以精确度量。

（4）互动性

信息流广告平台：用户可以通过点击、评论、分享等方式与广告内容进行互动，增强用户参与感。

传统广告平台：互动性较弱，多为单向传播。

（5）投放方式

信息流广告平台：支持移动端、PC端等多种投放方式，灵活便捷。

传统广告平台：主要依赖于纸质媒体、电视、广播等特定媒介。

（6）广告形式多样性

信息流广告平台：广告形式丰富多样，包括图文、视频、图集等，满足不同的广告需求。

传统广告平台：广告形式相对单一，多为静态图像或文字。

综上所述，信息流广告平台在展示形式、目标受众、广告效果、互动性、投放方式，以及广告形式多样性等方面均表现出较强的优势，更加适应当前数字化时代的发展需求。

活动2　掌握广告文案写作

一、广告文案的含义

广告文案有广义和狭义之分。广义的广告文案概念泛指广告信息的全部符号，主要包括语文、图画两个部分。语文既指文字，又指有声的语言；图画既指静止的画面，也指动态的图像。狭义的广告文案又叫广告文或广告文稿，仅指广告作品中的语言、文字部分，如报纸、杂志等印刷广告中的标题、正文、附文和标语，广播广告中播音员的广告词和人物对话，电视广告中的人物语言、歌词、旁白和字幕等，它不包括图画和图像。

二、广告文案结构

广告文案结构是指广告文案内部的组织结构，即广告文案包含哪几个部分，它们按什么顺序组合、过渡和衔接。 广告文案的完整结构包括标题、正文、附文三个部分，有的还包括广告标语。具体内容如下。

1. 标题

文案或内容的前导部分，是对整体内容精练且富有吸引力的概括。它扮演着引领读者、设定基调、传达核心信息、激发兴趣的多重角色。

2. 正文

广告正文是传递广告信息的主体部分，它位于标题之下、附文之前，通常用来介绍商品的功效、商品给消费者带来的利益或者企业的特点、宗旨等。广告正文的任务是对广告标题点明或暗示的事物作进一步的表现或说明。一般采用三段式：引言、主体和结尾。

3. 附文

附文又叫广告随文，它是在正文之后传递随附信息的语言文字。它是对广告内容必要的交代或进一步的补充说明，用于列出企业的地址、联系方式、促销活动的地点等实实在在的信息。附文的具体内容包括：品牌全称，企业的全称、地址、邮编、电话、传真、网址及联系人，经销商及其地址、电话，负责安装、维修的服务部门的电话、联系人，服务承诺等。

4. 广告标语

广告标语在一个较长时间内反复使用，用来突出企业或商品某方面特点的、生动凝练的宣传口号。在完整的广告文案中，广告标语往往独立于标题、正文和附文而存在，因而占有特别的位置，并起到独特的作用。在不完整的广告文案中，它或与标题合一，或与正文合一，也可以单独出现。

三、广告文案的文本特征

1. 结构灵活性与完整性并存

广告文案虽具备标题、正文、附文、标语等基础结构，但并非机械套用模板。其核心在于围绕传播目标灵活调整结构形式，此类广告文案既能传递完整信息，又能通过独特的结构和方式强化传播效果。

2. 表现手法服务于传播目标

文案创作需综合运用比喻、对比、情感共鸣等手法，但所有技巧均需以达成广告目的为导向。某巧克力广告通过“纵享丝滑”的感官描述，激发消费者对产品质感的联想。某手机广告以“全球销量前三”的数据强化消费者信任。不同于文学创作的艺术性追求，广告文案更强调实效性与目标导向。

3. 信息传递与说服力并重

广告文案的本质是通过精准信息传递实现消费行为引导。其成功关键在于平衡理性信息与感性诉求，形成对目标受众的双重驱动。理性层面需聚焦产品核心功能与差异化优势；感性层面则需挖掘用户情感需求。二者结合可构建“功能满足+情感共鸣”的立体说服逻辑，最终实现从认知到行动的完整转化链条。

拓展阅读

经典广告文案

四、广告文案写作技巧

1. 精准聚焦核心卖点

避免信息过载，需提炼1-2个差异化优势集中呈现。例如某吸尘器以“强劲吸力无损耗”为核心，弱化其他参数。某功能性饮料以“你的能量超乎你想象”锁定运动与职场场景，强化功能联想。

微课 广告文案写作技巧

2. 标题设计短而有力

标题需在3秒内吸引注意力，常见策略包括：

悬念式：“你知道吗？90%的空调滤网比马桶还脏”（某空调清洁剂广告）。

数字式：“3步打造明星同款妆容”（美妆产品广告）。

指令式：“立即点击，解锁限量优惠”（电商促销广告）。

3. 强化用户认知关联

通过类比或生活化表达降低理解门槛，例如某手机广告以“一杯咖啡时间充满电”代替“超级快充”这一复杂参数描述。某失眠产品广告以“深夜数羊？不如试试它”，将用户痛点具象化，引发用户共鸣。

4. 数据与案例增强可信度

利用客观证据提升说服力，如某护肤品广告语“经1 000名用户测试，肤感提升30%”，以客观数据证实产品效果，激发客户购买欲望。

5. 情感化语言触发行动

通过情感共鸣刺激即时决策，例如：

紧迫感营造：“限时24小时，错过再等一年”（双十一促销）。

归属感塑造：“加入百万健身达人的选择”（运动品牌广告）。

6. 跨平台适配与互动设计

根据传播渠道调整文案风格，同时嵌入互动机制，提升用户参与度。例如，如果想将信息发布在社交媒体上，可多用表情符号和网络热词，并搭配“转发抽奖”“UGC征集”等互动机制，让用户获得参与感。

思政园地

尊重文化多元性是广告文案写作中不可或缺的原则。随着经济全球化的不断深入，不同文化间的交流与融合日益频繁，广告作为文化传播的重要载体在文化交流中起着至关重要的作用。撰写广告文案应当秉持开放包容的态度，深入了解目标受众的文化背景、语言习惯、审美偏好等，确保广告内容能够与目标受众产生共鸣，传递出积极正面的信息，避免刻板印象和文化偏见，巧妙地融入多元文化的元素，以创造出具有独特魅力和吸引力的广告作品。

活动3 明确广告策划的流程

一、广告策划定义与性质

广告策划是根据广告主的营销计划和广告目标，在市场调查的基础上，制定出一个与市场情况、产品状态、消费群体相适应的经济有效的广告计划方案，并加以评估、实施和检验，从而为广告主的整体经营提供良好服务的活动。广告策划是现代商品经济的必然产物，是广告活动科学化、规范化的标志之一。

二、广告策划流程

广告策划的流程通常包括以下八个步骤。

1. 市场调研

通过问卷调查、访谈、网络调研等方式，了解产品或服务的特点、目标市场、竞争对手情况及市场趋势，为后续策划提供依据。

2. 目标确定

明确广告要达到的具体目标，如提高品牌知名度、增加销售量、改变消费者态度等。

3. 策略制定

根据市场调研和目标，确定广告的核心策略，包括品牌定位、诉求点、创意方向等。

4. 创意构思

设计有吸引力的广告创意，包括文案、图像、视频等内容，确保广告能够引起目标受众的注意并激发其购买欲望。

5. 媒体选择

根据目标受众的特点和广告预算，选择合适的传播媒体，如电视、广播、报纸、杂志、互联网等。

6. 预算编制

合理安排广告费用，确保在预算范围内达到最佳效果，包括广告创意制作、媒体购买、推广活动等各项费用。

7. 执行实施

按照策划方案，进行广告内容制作、广告投放安排、广告制作团队协调等，确保广告活动顺利进行。

8. 效果评估

广告投放后，通过数据采集和分析，评估广告的传播效果、品牌影响力、销售增长等指标，为后续改进提供参考。

这些步骤相互衔接，共同构成了一个完整的广告策划流程。在实际操作中，还需要根据具体的市场情况和目标群体的需求，灵活调整和优化策略，以确保广告的成功传播和落地。

三、广告策划的类型

广告策划可分为单独性策划和系统性策划两种类型。

1. 单独性策划

单独性策划即为一个或几个单一性的广告活动进行策划，也称单项广告活动策划。

2. 系统性策划

系统性策划即为企业在某一时期的总体广告活动策划，也被称为总体广告策划。

四、广告策划的原则与要点

1. 市场调查为基础

广告策划应以市场调查为依据和开端，确保策划的针对性和有效性。

2. 明确广告目标

广告策划须明确广告要达到的具体目标，以便制订具有针对性的策略和方案。

3. 创意为核心

广告策划应突出创意，设计有吸引力的广告内容，以引起目标受众的注意和兴趣。

4. 注重效果评估

广告策划应设定效果评估方法和指标，以便在广告投放后对其效果进行监测和评估。

五、广告策划的作用与意义

广告策划在广告活动中具有重要的作用和意义。

1. 增强广告效果

通过科学、合理的策划，增强广告的传播效果和影响力。

2. 降低广告成本

通过精准的市场定位和策略制定，降低广告费用的浪费，提高广告投入的回报率。

3. 树立品牌形象

通过长期的广告策划和实施，有助于树立和提升品牌形象。

4. 促进销售增长

通过有效的广告传播和营销手段，促进产品销售增长和市场份额提升。

总之，广告策划是广告活动的重要组成部分，它涉及广告活动的全过程和各个方面。通过科学、合理的策划和实施，有助于提高广告效果、降低广告成本、树立品牌形象和促进销售增长。

实操演练

实训背景：随着市场竞争的日益激烈，广告文案策划在品牌推广中的作用越发重要。作为未来的市场营销人才，在校生需要掌握广告文案策划的基本技能和实战经验。因此，本次实训项目旨在通过模拟真实的广告策划场景，帮助学生提升广告文案策划能力。

实训目的：通过模拟真实的广告策划场景，掌握广告文案策划的基本流程和方法，提升创意构思和文案撰写能力，学会根据目标受众和市场环境制定有效的广告策略。

实训内容：每个小组选择一个产品或品牌作为广告策划的主题，进行目标受众和市场环境的调研，分析竞争态势，进行创意构思，确定广告的核心信息和创意点。

实训过程：小组完成，每组5~6人，其中1人担任组长，1人担任观察员，组长有序组织小组成员开展广告文案策划的讨论，讨论结束后，组长或代表上讲台阐述本组讨论的结果和方案，观察员上台汇报小组成员参与活动的情况。

任务四 认知营业推广策略

任务描述

小王是一家电子产品零售商的市场部助理，近期公司计划推出一款新型智能手表，公司希望通过有效的营业推广策略提升这款新型智能手表的知名度和销售量。小王需要制订一套切实可行的推广方案。

任务分析

第一，小王需要深入了解营业推广的含义、特点、类型及流程等相关内容。第二，小王需要结合公司新产品的特点和目标市场，制定一套详细的营业推广策略，包括推广目标、推广方式、预算分配、时间规划等。

知识准备

营业推广是市场营销中不可或缺的一环，它通过一系列短期激励措施，如价格折扣、赠品促销、优惠券等，直接刺激消费者的购买欲望，迅速提升产品销量和市场份额。营业推广不仅能够快速响应市场变化，抓住销售机遇，还能增强品牌与消费者之间的互动，提升品牌的知名度和忠诚度。在竞争激烈的市场环境中，营业推广成为企业突破销售瓶颈、实现市场扩张的重要手段，对于提升整体营销效果和推动企业持续发展具有重要意义。

活动1 了解营业推广的含义和特点

一、营业推广的含义

营业推广，又被称为销售促进，是企业运用各种短期诱因来刺激消费需求、鼓励消费者和中间商购买、经销或代理企业产品或服务的促销活动。这种策略旨在通过一系列促销形式迅速激发购买意愿，增加销售额和市场占有率。

二、营业推广的特点

1. 强烈刺激需求

营业推广通过直接的利益诱惑，如折扣、赠品等，迅速激发购买欲望。

2. 辅助性

营业推广通常作为广告、公共关系等其他促销方式的补充，共同构成企业的营销组合。

3. 非常规性

与广告和公共关系相比，营业推广的形式更加多样且灵活，可以根据市场变化及时调整。

4. 短期性

营业推广往往针对特定时期或特定任务，具有明确的时效性和针对性。

思政园地

商家在进行营业推广时不仅要追求经济效益，还要注重社会影响。这意味着商家需要确保产品与服务的质量，维护消费者权益，避免虚假宣传和误导消费者。同时，商家应积极履行环保责任，减少包装浪费，推广绿色消费。此外，商家还应积极参与社会公益活动，回馈社会，如教育资助、支持弱势群体等。积极承担社会责任的商家既能树立良好的品牌形象，又能促进社会的和谐与进步，实现经济效益与社会效益的双赢。

活动2　熟悉营业推广的类型

企业需要根据自身特点结合促销目标、目标市场的类型及市场环境等因素选择适合本企业的营业推广方式。其中主要分为面向消费者、面向中间商和面向内部员工的推广。

微课 熟悉营业推广的类型

一、面向消费者的推广

1. 折扣销售

通过降价销售来吸引消费者购买。折扣力度可以根据不同消费群体（如新客户、回头客、会员等）设置不同的优惠政策。

2. 赠品促销

向购买产品的消费者赠送免费或低价商品，以提高购买欲望。赠品可以与产品相关，以增加吸引力。

3. 捆绑销售

将两种或多种商品或服务组合在一起销售，通过价格优惠吸引消费者购买。这种方式有助于提升整体销售额和利润。

4. 满额赠礼

消费者在达到一定购买金额后，可以获得一定的礼品或优惠。这有助于刺激消费者增加购买量。

5. 社交媒体营销

利用社交媒体平台的互动性和传播性，发布有关产品或服务的广告、促销信息、优惠券等，吸引消费者关注和购买。

6. 会员制度

通过提供会员优惠和服务来吸引消费者长期购买并忠诚于企业。会员制度可以包括专属优惠、礼品、积分兑换等服务。

二、面向中间商的推广

1. 批发回扣

企业为争取批发商或零售商多购进自己的产品，在某一时期内给经销本企业产品的批发商或零售商加大回扣比例。

2. 推广津贴

企业为促使中间商购进企业产品并帮助企业推销产品，可以支付给中间商一定的推广津贴。

3. 销售竞赛

根据各个中间商销售本企业产品的实绩，分别给优胜者以不同的奖励，如现金奖、实物奖、免费旅游、度假奖等，以起到激励的作用。

4. 扶持零售商

生产商对零售商专柜的装潢予以资助，提供POP广告，以强化零售网络，促使销售额增加；可派遣厂方信息员或代培销售人员，提高中间商推销本企业产品的积极性和能力。

三、面向内部员工的推广

1. 销售竞赛

激励员工提升销售业绩。

2. 免费提供人员培训

提升员工的专业技能和服务水平。

3. 技术指导

为员工提供产品知识和销售技巧的培训。

这些营业推广类型旨在通过不同的激励手段，激发消费者、中间商和员工的购买或销售热情，从而提高企业的市场占有率和销售额。

活动3　掌握营业推广的流程

一、市场调研

了解市场现状、竞争态势、消费者需求等，为制定推广方案提供依据。

二、目标确定

明确推广的目标市场、目标消费者群体，以及具体的销售量、销售额、品牌知名度提升等量化指标。

三、策略制定

根据市场调研结果，制定适合自身特点和市场需求的推广策略，包括产品组合、定价方法、渠道管理、广告宣传等方面的决策。

四、推广计划

制订具体的推广计划，包括选择推广渠道、安排推广时间、确定推广方式、预算分配及人员分工等。

五、活动实施

按照推广计划进行推广活动，包括广告发布、促销活动开展、人员推销等，同时密切关注推广活动的进展和效果，及时调整优化。

六、效果评估

推广活动结束后，收集数据，评估推广效果，包括曝光量、点击率、转化率、销售额等关键指标，分析推广活动的经济效益和成本效益。

七、总结反馈

总结推广活动的成功经验和存在的问题，为未来的推广活动提供参考和改进方向。

以上流程是一个循环的过程，通过不断的市场调研、策略制定、活动实施和效果评估，企业可以不断优化和提升营业推广的效果和效益。

案例分析8-1

辉山酸奶的校园推广

实操演练

实训背景：随着市场竞争的日益激烈，企业越来越重视营业推广策略的制定与实施。为了提升市场营销团队对营业推广的全面认知与实践能力，本次实操演练活动将围绕“营业推广策略”展开。

实训目的：通过模拟真实市场环境下的推广场景，让团队成员深入理解营业推广的含义、特点、类型及流程，并学会如何制定有效的推广策略。

实训内容：以小组为单位，模拟制定一款新产品的营业推广策略，设定推广目标、选择推广类型、制订推广计划、预算分配与效果评估等。

实训过程：小组完成，每组5~6人，其中1人担任组长，1人担任观察员，组长有序组织小组成员开展营销推广策略的讨论，讨论结束后，组长或代表上讲台阐述本组讨论的结果，观察员上台汇报小组成员参与活动的情况。

任务五　认知公共关系策略

任务描述

王经理是一家知名食品公司的公关经理。某日，社交媒体上突然爆发了一起关于该公司某款产品的食品安全质疑事件，有网友声称食用了该款产品后出现身体不适。消息迅速扩散，引发了消费者的广泛关注和担忧，公司品牌形象面临严峻挑战。王经理得知此事后，第一时间组织团队召开紧急会议，讨论危机公关处理方案。

任务分析

为了处理好这次食品安全事件，解除危机，提升公司品牌形象，王经理需要了解危机公关的基本原则、步骤和方法，掌握利用新媒体进行危机处理的方法和技巧，带领团队成员进行迅速响应、深入调查、透明沟通、积极补救和形象修复工作。

知识准备

公共关系作为企业与社会沟通的桥梁，其内涵深远，涵盖信息传播、关系协调与形象塑造等关键职能。制定有效的公共关系策略，不仅能助力企业实现促销目标，也能在新媒体时代应对危机，保护品牌形象。因此，深入认知公共关系策略，对于企业的长远发展至关重要。

活动1 了解公共关系的内涵

一、公共关系的基本含义

公共关系是现代社会组织不可或缺的一部分，它通过有效的传播手段、双向交流、管理职能和明确的目的性，帮助组织与公众建立良好的关系，树立组织在公众中的良好形象，实现组织与公众的共同利益。随着社会的不断发展和进步，公共关系的重要性日益凸显。公共关系的含义可以从以下五方面进行阐述。

1. 主体与客体

公共关系是社会组织与公众之间的关系，其中社会组织是主体，公众是客体。

2. 传播活动

主体与客体之间联系的纽带是传播活动，这种传播活动具有一定的行为规范，以保证其正常而有效地开展。

3. 双向交流

公共关系是主体与客体之间的双向信息交流关系。主体发布信息给客体，并不断地从客体那里得到信息反馈。

4. 管理职能

公共关系是一个控制系统，能够根据信息的反馈时机调整自己的行为及其规范，以便同客体进一步交流和合作。因此，公共关系具有一定的控制管理职能。

5. 目的性

公共关系具有明确的目的性，即通过传播活动和行为规范，使社会组织与公众相互了解和合作，以树立组织在公众中的良好形象，并与公众获得共同利益。

二、公共关系的主要职能

公共关系的主要职能包括信息传播、关系协调和形象管理三大职能，具体内容如下。

1. 信息传播

公关人员通过各种传播手段，将组织的信息有效地传递给目标公众。

2. 关系协调

公关人员通过沟通、协商等方式，协调组织与内外部公众之间的关系，解决可能出现的矛盾和问题。

3. 形象管理

公关人员通过策划和实施各种公关活动，塑造和维护组织的良好形象，提升组织的知名度和美誉度。

拓展阅读

公共关系在新媒体时代的新职能

新媒体时代下公共关系的新策略

三、公共关系策略

公共关系策略是企业或组织为达到特定公关目标而采取的一系列行动方案。常见的公共关系策略包括宣传性公共关系策略、服务性公共关系策略、交际性公共关系策略、社会性公共关系策略和征询性公共关系策略。

1. 宣传性公共关系策略

通过媒体宣传、新闻发布会等方式，向公众传递组织的信息和价值观。

2. 服务性公共关系策略

通过提供优质服务、解决消费者问题等方式，树立良好的服务形象，赢得公众的信任和支持。

3. 交际性公共关系策略

通过组织或参与各种社交活动，与公众建立广泛的联系和沟通，增进彼此的了解和友谊。

4. 社会性公共关系策略

通过参与社会公益事业、赞助文化体育活动等方式，提高组织的社会责任感和公众形象。

5. 征询性公共关系策略

通过问卷调查、座谈会等方式，征询公众的意见和建议，了解公众的需求和期望，为组织决策提供参考依据。

活动2 掌握公共关系促销的步骤

公共关系促销步骤主要包括以下五个方面。

一、市场调查研究

这是促销活动的起点，通过收集和分析市场数据，了解公众需求、竞争对手情况和企业自身状况，为制定促销策略提供依据。

二、确定公关目标

在调查分析的基础上，明确公关活动的具体目标，如提升品牌形象、增加产品销量、改善公众关系等。这些目标应与企业的整体目标相一致，并尽可能使其具体、可衡量。

三、设计并实施公关活动

根据确定的公关目标，设计并实施一系列的公关活动。这些活动可以包括内部刊物、发布新闻、举办记者招待会、设计公众活动、企业庆典活动、制造新闻事件、散发宣传材料等。通过这些活动，向公众传递企业的信息，增强公众对企业的认知和好感。

四、信息交流

公关活动本质上是一种信息交流活动。企业需要运用各种传播手段，如大众媒体、社交媒体等，与公众进行有效的信息沟通，确保信息的准确传达和及时反馈。

五、公关效果评估

企业需要对公关活动的效果进行评估。这包括定性和定量两方面的评价，如公众态度的转变、销售量的增长、媒体报道的数量和质量等。评估结果将为未来的公关工作提供经验和指导。

以上步骤构成了一个完整的公共关系促销流程，通过这一流程，企业可以有效地提升品牌形象，促进产品销售，实现与公众的和谐关系。

活动3　新媒体时代的危机公关

一、新媒体时代的危机公关特点

1. 信息传播速度快、范围广

在新媒体环境下，如微博、微信、抖音等平台，信息传播极为迅速，危机事件能在极短时间内引起广泛关注。这要求企业必须具备高度敏感性，能在危机初期迅速捕捉到相关信息并作出响应。

2. 信息的真实性难以保证

新媒体平台上信息来源复杂多样，虚假、夸大甚至恶意捏造的内容屡见不鲜。企业在处理危机时，需要仔细甄别信息真伪，避免被不实信息误导，同时积极发布真实、准确的信息以正视听。

3. 舆论环境复杂多变

公众声音在新媒体时代更加多元和复杂，不同群体对同一事件可能有不同的看法和态度。企业需要深入了解公众需求和期望，采取合适的沟通策略，以争取最大限度的理解和支持。

4. 公关响应时间压力增大

公众对企业响应速度有更高的期待。企业需要建立高效的危机公关响应机制，确保在危机发生后能够迅速、准确地作出反应，避免因反应迟缓而加剧危机的负面影响。

5. 公关策略调整难度大

危机事件的发展往往难以预测，企业需要随时根据事态发展调整公关策略。由于新媒体平台的特殊性，策略调整难度较大，所以企业应加强与专业危机公关机构的合作，共同应对危机。

二、新媒体时代的危机公关技巧

1. 快速反应

速度比完美更重要。企业应在第一时间启动危机公关机制，迅速收集信息，评估影响，并发布初步声明，抢占信息传播的主动权。

微课 新媒体时代的危机公关技巧

2. 透明沟通

企业应秉持真诚、透明的原则，清晰、明确地表达立场和态度，避免使用含糊的言辞。同时，积极回应公众关切，建立信任桥梁。

3. 多渠道信息发布

充分利用微博、微信、抖音等新媒体平台，及时发布正面信息，回应公众关切，扩大正面声音的传播范围，削弱负面信息的影响力。

4. 情感共鸣

展现对受影响人群的理解和关怀，通过真诚的道歉、合理的补偿和积极的行动来缓解公众情绪，提升企业形象。

5. 合作与联盟

与相关利益方、专家、意见领袖等建立合作关系，共同应对危机。通过联盟增强信息的可信度，扩大正面声音的影响力。

6. 持续监测与评估

危机公关是一个持续的过程。企业应持续监测网络舆情，及时回应、处理新的问题、疑虑。同时，对危机处理效果进行评估，总结经验教训，优化应对策略。

7. 利用大数据和人工智能技术

通过大数据和人工智能技术实时监测社交媒体、新闻网站等关键渠道，捕捉与企业相关的敏感信息，提高监测的效率和准确性，为危机公关提供数据支持。

这些技巧有助于企业在新媒体时代有效应对危机事件，保护品牌形象，减少负面影响。

案例分析8-2

胖东来员工尝面事件

事件起因：2024年2月15日，有网友爆料胖东来美食城员工在制作员工餐时，未遵守规定操作，用筷子从煮面桶中捞出面条尝了一口后，没有更换筷子便继续在锅中搅拌。这一行为被顾客拍下并发布到网络上，引发公众关注。

初步回应：2月16日，胖东来美食城工作人员回应称，涉事员工在制作员工餐时确实存在未按照标准试吃的行为，已对涉事档口进行停业整改。胖东来还发布情况说明，决定对当事员工解除劳动合同，对相关主管降一级三个月，并永久关停相关档口。

网友争议：部分网友对胖东来的处罚决定表示不满，认为处罚过重，甚至指责拍视频的人和决策层。网友态度的变化促使胖东来重新评估处罚决定。

民主评议：胖东来商贸集团举行关于此事件的重新民主讨论、审议、决议，发布长达13页的调查报告。报告显示，经过民主决议，涉事员工得以继续留在胖东来工作，但会进行岗位调整。与此同时，胖东来制订了详细的整改方案，包括完善餐饮部员工餐加工制作标准、加强管理层及员工食品安全意识和培训等措施。

后续发展：此后，胖东来还经历了其他几起舆情危机，如擀面皮商户加工点环境卫生问题、售卖隔夜进口三文鱼刺身问题等。胖东来均积极应对，及时发表声明，对涉事商户进行处罚，并给予投诉者奖励和购买顾客赔偿。这些举措赢得了公众的认可和信任。

资料来源：百度文库，内容有删改。

实操演练

实训背景：有网友曝出某餐饮公司的厨师在汤桶里煮面并直接用筷子尝面后继续盛面的视频，引发网络热议。

实训目的：通过模拟新媒体环境下的危机事件，提升学生在新媒体环境下应对危机公关的能力。

实训内容：以小组为单位，制订应对方案，进行危机公关演练。

实训过程：小组完成，每组5~6人，其中1人担任组长，1人担任观察员，组长有序组织小组成员开展方案的讨论，讨论结束后，组长或代表上讲台阐述本组讨论的结果和方案，观察员上台汇报小组成员参与活动的情况。

项目小结

通过本项目学习，我们系统掌握了促销策略的核心内容与应用方法。第一，理解了促销的内涵、特征及促销组合四要素，并能够结合消费者心理设计针对性促销方案。第二，掌握了人员推销的特点及流程，学会根据产品特性选择主动推销、店堂推销等方式。同时，深入学习了广告策略，包括文案结构、传播平台及策划流程，能够撰写创意广告并精准投放。此外，熟悉了营业推广的类型及流程，能制订短期激励方案提升销量；并掌握了公共关系策略的核心职能及危机公关技巧，提升品牌维护能力。通过案例分析及实操演练，培养了团队协作、市场分析与策略落地的综合能力，为实际营销工作奠定了扎实基础。

项目检测

一、单项选择题。

1. 面向消费者的促销方式有（　　）。

A. 商品津贴、广告津贴　　B. 陈列津贴、打折促销

C. 经销商折扣、买赠活动　　D. 打折促销、积分兑换

2. 主动推销是指（　　）。

A. 厂家或分销商委任和聘请的销售人员，主动且积极联系供销渠道，推销自家产品。这种方式通常需要对方一次性进购一定数量后，才能享有较优的折扣和服务

B. 企业在适当地点设置固定门市，由营业员接待进入门市的顾客，推销产品。这种方式依赖于品牌影响力和售货人员的业务水平

C. 利用各种会议向与会人员宣传和介绍产品，开展推销活动。这种方式能够将垂直客群集中在一起，通过会议分享产品信息和优势。通常具有较高的成交率和影响力

D. 通过电子邮件向潜在客户发送个性化的推销邮件。通过建立个人或企业的销售人员博客或社交媒体账户，向潜在客户提供有关产品或服务的专业知识和信息

3. 下面属于搜索引擎广告平台的是（　　）。

A. 抖音　　B. 快手

C. 百度推广　　D. 微博

4. （　　）是传递广告信息的主体部分。

A. 标题　　B. 正文

C. 附文　　D. 广告标语

5. 营业推广又被称为（　　）。

A. 广告促销　　B. 销售促进

C. 人员推销　　D. 公共关系

6. 下面属于宣传性公共关系策略的是（　　）。

A. 通过提供优质服务、解决消费者问题等方式，树立良好的服务形象，赢得公众的信任和支持

B. 通过媒体宣传、新闻发布会等方式，向公众传递组织的信息和价值观

C. 通过组织或参与各种社交活动，与公众建立广泛的联系和沟通，增进彼此的了解和友谊

D. 通过参与社会公益事业、赞助文化体育活动等方式，提高组织的社会责任感和公众形象

7. 促销的趋同心理是指（　　）。

A. 消费者在作出购买决策时总希望自己得到最大的优惠力度或降低最小的经济损失，对于已得到的优惠，他们会选择再次购买，甚至会向身边的好友推荐此商品

B. 两种具有相对性质的刺激同时出现或相继出现时，由于彼此的影响，致使两种刺激所引起的直觉上的差异特别明显的现象

C. 人们更可能根据他人的行为来决定自己的行为，跟心理学中“相似性心理”类似

D. 人们害怕失去机会或心爱之物的恐惧心理

8. 促销组合四要素中的公共关系这一要素是指（　　）。

A. 某一组织为了树立良好的公众形象，优化与社会公众之间的关系，让公众加深对该组织的认识和理解，对该组织产生良好的形象认知后，更好地辅助该组织达成商品销售这一目标

B. 商品经营或者服务提供者通过特定的渠道以付费的方式向公众传达信息，其信息的核心是其想要推广的商品或服务

C. 企业委派专职或兼职人员向目标客户直接进行推销的方式

D. 企业利用各种短期诱因，提供额外的价值或者激励，使得客户对企业的产品产生好感度和信任度，刺激消费者产生购买行为，创造即刻的销售

9. 下面对于标题式文案写作法解释正确的是（　　）。

A. 用尽量简短的文字来概括配图或海报主题，这样可以让人关注配图与文字，实现视觉引导

B. 在消费者建立一定的产品认知后，会对其文案亮点有所疑惑，此时就需要大量文案或案例来表现出其文案的真实性

C. 按照不同人群层次划分，定向推送不同风格的营销文案，一次只提出一个产品卖点

D. 需要以人群集中与卖点清晰为基础，并对产品快速建立认知

10. 下面对公共关系促销步骤描述正确的是（　　）。

A. 确定公关目标—市场调查研究—设计并实施公关活动—信息交流—公关效果评估

B. 市场调查研究—确定公关目标—信息交流—设计并实施公关活动—公关效果评估

C. 确定公关目标—市场调查研究—信息交流—设计并实施公关活动—公关效果评估

D. 市场调查研究—确定公关目标—设计并实施公关活动—信息交流—公关效果评估

二、判断题。（正确的打“√”，错误的打“×”）

1. 促销的时效性是指促销活动是战术性而非战略性营销策略，它提供的是短期强刺激，通常有时间限制，以营造紧缺感，促使顾客快速决策。（ ）

2. 促销的比照心理是指消费者在作出购买决策时总希望自己得到最大的优惠力度或降低最小的经济损失，对于已得到的优惠，他们会选择再次购买，甚至会向身边的好友推荐此商品。（ ）

3. 主动推销适用于需要建立和维护长期供销关系的企业。当产品具有批量销售优势时，主动推销能够更有效地促进销售。（ ）

4. 广告文案具备完善的表现结构但不拘于结构的完整。（ ）

5. 广告策划中的单独性策划是企业在某一时期的总体广告活动策划。（ ）

6. 营业推广具有强烈刺激需求、辅助性、非常规性和短期性的特点。（ ）

7. 快速反应、多渠道信息发布、持续监测与评估等是有效的危机公关技巧。（ ）

8. 人员推销各阶段间是相互并存转化的，其中一个环节的成败并不会影响推销工作的结果。（ ）

9. 营业推广的辅助性是指营业推广通常作为广告、公共关系等其他促销方式的补充，共同构成企业的营销组合。（ ）

10. 营业推广的流程是一个循环的过程，企业需要通过不断优化和提升来增强营业推广的效果和效益。（ ）

三、多项选择题。（每题至少有两个及以上正确答案）

1. 下面对促销的特征解释正确的是（ ）。

A. 目的性：促销活动的目的是吸引顾客、提升销量和品牌形象

B. 激励性：现代促销活动越来越注重与消费者的互动，通过社交媒体、线上活动等方式增强顾客的购物体验感

C. 时效性：促销活动是战术性而非战略性营销策略，它提供的是短期强刺激，通常有时间限制，以营造紧缺感，促使顾客快速决策

D. 互动性：促销活动提供的激励包括商品、金钱、附加服务，使之成为顾客购买的直接诱因

2. 针对经销商采取的促销方式主要有（ ）。

A. 满减/满赠活动　　B. 特定商品津贴

C. 经销商折扣　　D. 打折促销

3. 促销组合的四要素包括（ ）。

A. 人员推销　　B. 销售促进　　C. 广告促销　　D. 公共关系

4. 下面对人员推销的特点解释正确的是（　　）。

A. 灵活性：可以根据客户的具体需求和反馈，灵活调整推销策略和产品介绍

B. 及时反馈：销售人员能够直接获取客户的反馈和意见，有助于企业及时了解市场需求和产品改进方向

C. 个性化：能够针对不同客户提供个性化的产品和服务推荐，增强客户的购买意愿

D. 建立关系：通过长期接触和沟通，销售人员与客户之间可以建立信任和稳定的合作关系

5. 广告文案的完整结构包括（　　）。

A. 标题　　B. 正文　　C. 附文　　D. 广告标语

四、案例分析题。

随着秋季的到来，一家知名时尚服饰品牌“风尚衣橱”决定举办一场盛大的秋季新品促销活动，旨在吸引新老顾客，提升品牌知名度，同时清理夏季库存，为新季产品腾出空间。活动将在实体店与线上商城同步进行，为期两周。以下是活动现场的场景描述。

场景一：实体店门口

随着清晨的第一缕阳光洒在“风尚衣橱”的招牌上，实体店门口已经聚集了一群期待已久的顾客。他们手持传单，兴奋地讨论着即将开始的早鸟优惠。店门口精心布置了一个巨大的秋季新品展示区，模特身着最新款的秋装，仿佛在诉说着这个季节的时尚故事。

突然，店门缓缓地打开，伴随着欢快的音乐，店员们热情地挥舞着手中的欢迎牌，高呼：“欢迎光临‘风尚衣橱’秋季大促！”前100名顾客如潮水般涌入，他们兴奋地寻找着心仪的商品，享受着全场8折的早鸟优惠。

场景二：店内穿搭体验区

店内中央，一个被精心打造的“秋季新品试衣间”吸引了众多顾客的目光。试衣间内，柔和的灯光和舒适的座椅营造出一种温馨的购物氛围。顾客们在这里试穿着最新款的秋装，每一件衣服仿佛都是为他们量身定制。

试衣间外，一面巨大的镜子旁，顾客们正兴奋地拍照留念，他们将自己的穿搭照片分享至社交媒体，并@风尚衣橱的官方账号，参与“秋季风尚穿搭挑战赛”。每当有人分享成功，店员们就会送上精美的小礼品一份，让顾客们感受到满满的惊喜和尊重。

场景三：收银台与会员服务

收银台前，顾客们井然有序地排队结账。他们手中的购物篮里装满了心仪的商品，脸上洋溢着满足和喜悦。收银员们熟练地操作着收银系统，并且不忘向顾客介绍会员专享的积分加倍和会员日特惠活动。

一位年轻的女士在收银员的帮助下，成功注册了“风尚衣橱”的会员账号。她兴奋地表示：“这次购物体验太棒了！不仅享受了优惠，还成为会员，以后购物更加方便了！”

场景四：线上商城互动区

与此同时，“风尚衣橱”的线上商城也热闹非凡。顾客们通过电脑和手机浏览着秋季新品，享受着与实体店同步的折扣优惠。在“秋季风尚穿搭挑战赛”的页面下，一张张精美的穿搭照片不断刷新，顾客们纷纷点赞和评论，分享着彼此的时尚心得。

线上商城的客服团队也忙碌起来，他们耐心地解答着顾客们的疑问，提供着专业的购物建议。每当有顾客成功下单，客服们都会送上温馨的购物提示和祝福，让顾客们感受到“风尚衣橱”的贴心服务。

整个促销活动现场充满了欢声笑语和惊喜不断。“风尚衣橱”通过精心策划的促销活动，不仅成功吸引了大量顾客，还提升了品牌知名度和顾客忠诚度。顾客们在这里既享受到了购物的乐趣，又感受到了“风尚衣橱”对时尚和品质的不懈追求。

思考：

1. “风尚衣橱”秋季新品促销活动成功的因素有哪些?

2. 除了上述促销方式外，还有哪些好的促销方式可供选择?

项目评价

由教师组织填写“项目完成情况评价表”，对本次项目进行综合评估。

表8-1　项目完成情况评价表

组别：　　　　　　　　　　　　　　　　　　学生姓名：

序号	考核点	考核标准	分值（分）	得分（分）		
				小组评价	自我评价	教师评价
1	态度与纪律	态度认真，学习积极主动，遵守纪律	10			
2	沟通协调能力	主动沟通，表达能力强，能够协调解决出现的具体问题	5			
3	创新能力	具备一定的创新能力	5			
4	团队合作表现	融入团队、参与度高，积极与他人合作	10			
5	收集资料的能力	能够准确搜集信息，筛选有用的信息	5			
6	作业完成情况	完成项目检测的及时性、准确性	5			

续表

<table>
<tr><th rowspan="2">序号</th><th rowspan="2">考核点</th><th rowspan="2">考核标准</th><th rowspan="2">分值（分）</th><th colspan="3">得分（分）</th></tr>
<tr><th>小组评价</th><th>自我评价</th><th>教师评价</th></tr>
<tr><td>7</td><td>营销知识的掌握</td><td>正确理解并掌握促销及促销组合概念，掌握促销策划的程序，正确理解并掌握促销策略运用的相关概念；正确理解并掌握人员推销的方式和流程；能够掌握广告文案策划的基本流程和方法，提升创意构思和文案撰写能力；能够正确理解营业推广的含义、特点、类型、流程及如何制订有效的推广策略；能够正确理解公共关系的职能和策略，掌握公共关系促销的步骤，掌握新媒体时代的危机公关技巧</td><td>30</td><td></td><td></td><td></td></tr>
<tr><td>8</td><td>专业技能训练完成度</td><td>能够根据每个任务实操演练中给定的实际情境，制订有效的促销活动方案，执行流程清晰，促销活动能够吸引目标受众，提升品牌知名度、顾客满意度等</td><td>30</td><td></td><td></td><td></td></tr>
<tr><td colspan="3">合计</td><td>100分</td><td></td><td></td><td></td></tr>
<tr><td>总评</td><td colspan="6">小组评价（40%）＋自我评价（30%）＋教师评价（30%）＝</td></tr>
<tr><td rowspan="3">总结</td><td>我的优点</td><td colspan="5"></td></tr>
<tr><td>我的不足</td><td colspan="5"></td></tr>
<tr><td>我将作出的改进</td><td colspan="5"></td></tr>
<tr><td>教师评语</td><td colspan="6"></td></tr>
</table>

项目九 市场营销新发展

学习目标

1. 掌握市场营销发展的新模式；了解市场营销新模式的含义及特点；掌握营销新模式的常用方法。

2. 熟悉各种营销新模式下的常规操作。

3. 提高道德素养和培养创新思维。

典故启智　古韵营谋

相传东晋著名书法家王羲之路过山阴城的一座小栈桥，看到一位老婆婆拎了一篮六角形的竹扇在集上叫卖。竹扇很简陋，没什么装饰，无法引起路人的兴趣，一把也没卖出去。王羲之看到这情形，很同情老婆婆，就上前说："老人家，你这竹扇上没画也没字，当然卖不出去。我给你题上字，怎么样？"老婆婆虽然不认识王羲之，但见他这样热心，就把竹扇交给他了。

王羲之提起笔来，在每把扇面上龙飞凤舞地写了几个字，还给了老婆婆。老婆婆不识字，觉得他写得潦草，很不高兴。

王羲之安慰她说："别急，你告诉买扇的人，说上面是王右军写的字。"然后就离开了。老婆婆照他的话做了。集上的人一看真是王右军的书法，将竹扇一抢而空。

以上就是"竹扇题字"的故事。从新媒体营销的角度而言，这可以算是早期的名人跨界联名了，利用王羲之"书圣"的声誉，扇子提升产品知名度，迅速打开市场， 这类似于当下明星参与珠宝或家居设计的营销手段。

任务一 认知新媒体营销

任务描述

小李大学毕业后回到家乡创业。他的家乡是一座江南小城，特产生姜，姜因块大皮薄、汁多渣少、肉细脆嫩、营养丰富而闻名全国，可加工成糖姜、醋姜、干姜和糖冰姜等各种小食品。但当地老百姓因信息闭塞、不懂营销而销路无门，明明老天爷赏饭吃，却端不好这碗饭，经济效益低下。小李回乡后，看到这种情景，想起了在网上看到的直播带货，于是也带领乡亲们干起了直播，但由于缺乏新媒体营销知识，直播间门可罗雀。小李下定决心，要学习新媒体营销知识，带领家乡特产走向全国。

任务分析

了解新媒体营销，要从它的特点和主要手段入手，需要掌握常见的新媒体营销方式，并了解每种方式的优劣势及其营销方案的侧重点。小李还需要结合生姜的产品特点，挖掘受众需求，制定适合生姜产品的新媒体营销策略。

第一，需要对新媒体平台进行深入研究，了解不同平台的用户群体和传播特性。第二，可以利用大数据分析工具，对生姜产品的潜在消费者进行精准定位，通过分析用户的年龄、性别、兴趣爱好、消费习惯等数据，准确地把握目标受众的需求和偏好。

在创新思维方面，小李可以尝试将生姜产品与健康、养生等热门话题结合起来，通过内容营销的方式，创作出具有吸引力的文案和视觉设计。例如，可以总结一系列关于生姜的养生小知识、食谱推荐、使用方法等内容，以图文、视频、直播等多种形式进行传播。

知识准备

新媒体营销是一个不断变化和发展的领域，需要不断学习和创新，最重要的是借助大数据工具，对客户进行精准分析定位，只有这样，才能在竞争激烈的市场中脱颖而出。

活动1 了解新媒体和新媒体营销

一、新媒体的认知

1. 新媒体的概念

新媒体是在以报纸、期刊、广播、电视等为代表的传统媒体之后发展起来的，它是基于网络数字技术和移动通信技术，利用无线通信网、宽带局域网、卫星及互联网等传播渠道，结合手机、电视等设备作为输出终端，向客户提供文字图片、语音、视频动画等合成信息及服务的新型传播形式与手段的总称。

2. 新媒体的特征与类型

新媒体的特征主要体现在以下四个方面。

第一，互动性。新媒体平台允许用户之间进行实时互动，用户可以通过评论、点赞、分享等方式参与内容的传播和讨论。这种互动性极大地增强了用户的参与感和归属感。

第二，个性化。通过算法推荐技术，能够根据用户的兴趣和行为习惯，推送个性化的内容。用户可以根据自己的需求选择感兴趣的信息，从而获得更加个性化的体验。

第三，时效性。新媒体平台能够实时更新和传播信息，用户可以第一时间获取最新的新闻、事件和趋势。这种时效性使得新媒体在信息传播中具有独特的优势。

第四，多媒体性。新媒体不仅包含文字和图片，还融合了音频、视频、动画等多种形式，使得信息传播更加生动、直观。多媒体内容更容易吸引用户的注意力，提高信息的传播效果。

新媒体的类型多种多样，主要包括以下五种。

其一，社交媒体。如微信、微博等，用户可以通过这些平台发表状态、分享信息、交流互动。社交媒体在信息传播和社交互动中发挥着重要作用。

其二，内容平台。如知乎、简书等，用户可以在这些平台上发表文章、分享知识、交流观点。内容平台为用户提供了一个展示自我和获取信息的平台。

其三，视频平台。如哔哩哔哩、抖音等，用户可以通过这些平台观看视频、上传作品、互动交流。视频平台在娱乐、教育、宣传等方面具有广泛的应用。

其四，即时通信工具。如微信、QQ等，用户可以通过这些工具进行实时聊天、语音通话、视频通话。即时通信工具在日常沟通和商务交流中发挥着重要作用。

其五，新闻聚合平台。如今日头条、Flipboard（红板报）等，用户可以通过这些平台获取各类新闻资讯、专题报道、深度分析。新闻聚合平台在信息筛选和个性化推荐方面具有独特的优势。

思考交流

说说你常用的新媒体有哪些？通过新媒体，你主要获取和发表哪些内容？

二、新媒体营销相关概念

微课 了解新媒体营销

1. 新媒体营销的内涵

新媒体营销不仅仅局限于传统的广告宣传，它更注重与消费者的互动和参与。通过社交媒体、视频平台等新兴媒介，企业能够以更加个性化和精准的方式接触目标受众。这种营销方式的核心是内容的创作和传播，通过有价值、有趣味、有情感的内容吸引用户，进而形成品牌忠诚度和口碑传播。

从企业角度而言，新媒体营销指企业借助各种新媒体平台，发布产品和服务信息，让目标用户自然地进入营销活动中，从而达到树立品牌形象等目标。

从用户角度而言，新媒体营销可以帮助用户迅速找到能够满足自己个性化需求的产品或服务，还可以及时地与他人分享自己的使用感受。

综上所述，新媒体营销是企业利用新媒体平台，通过对目标用户的精准定位，研发个性化的产品和服务，开展新媒体营销活动的过程。

2. 新媒体营销的特点

新媒体营销的特点主要体现在以下八个方面。

（1）互动性强

新媒体平台如社交媒体、博客和论坛等，为品牌和消费者之间提供了即时互动的机会。企业可以通过这些平台快速回应消费者的疑问和反馈，增强用户的参与感和忠诚度。

（2）精准定位

借助大数据和人工智能技术，新媒体营销能够实现精准的目标受众定位。通过分析用户的兴趣、行为和社交网络，企业可以将广告和内容投放给最有可能感兴趣的用户，提高营销效果。

（3）内容多样化

新媒体营销不再局限于传统的文字和图片，还包括视频、直播、音频、H5页面（基于HTML5技术开发的移动端网页）等多种形式。丰富的内容形式能够更好地吸引用户的注意力，提升用户体验。

（4）传播速度快

互联网和移动设备的普及使得信息传播速度大大加快。一条热门的微博、微信文章或短视频可以在短时间内迅速传播，形成病毒式营销效应。

（5）成本相对较低

与传统媒体相比，新媒体营销的成本相对较低。企业可以通过社交媒体、博客等免费平台发布内容，进行品牌推广，不需要支付高昂的广告费用。

（6）用户参与度高

新媒体平台鼓励用户生成内容（UGC），用户可以通过评论、点赞、分享等方式参与品牌的互动。这种参与感不仅提升了用户的忠诚度，还为品牌带来了更多的传播机会。

（7）数据驱动

新媒体营销依赖于数据分析来优化策略。企业可以通过分析用户行为数据、互动数据等，了解用户需求和市场趋势，从而制定更有效的营销策略。

（8）个性化营销

基于用户数据和行为分析，新媒体营销可以实现高度个性化的推广。企业可以根据用户的兴趣和需求，推送定制化的内容和产品推荐，提升转化率。

通过以上特点，新媒体营销在当今的市场环境中显示出强大的竞争力和广泛的适用性。企业若能充分利用这些特点，将能够在激烈的市场竞争中脱颖而出。

案例分析9-1

请看下面由某家居品牌公众号推出的一篇文章（如图9-1所示）：

图9-1　某家居品牌公众号推文

请思考：

①通过案例，明确品牌的定位、目标用户和推广平台。

②此篇推文与你所看到的传统营销手段有何不同？

③仿照此文，选择一种你所感兴趣的商品，构思一篇公众号推广文章。

三、新媒体营销的发展趋势

随着互联网技术的迅猛发展和数字化时代的到来，新媒体营销已经成为企业推广产品和服务的重要手段。新媒体营销不仅改变了传统的营销模式，还为企业提供了更多与消费者互动的机会。未来，新媒体营销的发展趋势将呈现出以下五个方面。

1. 内容营销将继续占据核心地位

高质量、有价值的内容能够吸引并留住目标受众，增强品牌影响力。企业需要通过精准定位，创作符合用户需求和兴趣的内容，以提高用户的参与度和忠诚度。

2. 社交媒体的影响力将进一步增强

随着社交平台的多样化和用户规模的不断扩大，社交媒体成为企业与消费者互动的重要渠道。企业可以通过社交媒体平台进行品牌宣传、产品推广和客户服务，从而提升品牌形象和市场份额。

3. 个性化营销将成为主流

通过大数据和人工智能技术，企业可以更精准地分析用户行为和偏好，从而实现个性化推荐和定制化服务。个性化营销不仅能提高用户的购买转化率，还能增强用户的满意度和忠诚度。

4. 短视频和直播将成为重要的营销形式

随着移动互联网的普及和5G技术的应用，短视频和直播以其直观、生动的特点迅速崛起。企业可以通过短视频和直播展示产品特点、传递品牌信息，吸引用户的注意力，提升用户的购买意愿。

5. 跨平台整合营销将成为企业营销策略的重要组成部分

通过整合不同平台的资源和优势，企业可以实现多渠道、全方位的营销推广，提高品牌的曝光度和影响力。

综上所述，新媒体营销的发展趋势将朝着内容为王、社交媒体影响力增强、个性化营销主流化、短视频和直播盛行，以及跨平台整合营销的方向发展。企业需要紧跟这些趋势，不断创新和优化营销策略，以适应不断变化的市场环境，实现品牌的持续发展和成功。

活动2 掌握新媒体营销的常用方式

新媒体营销的传播方式有很多，目前主要有以下五种。

一、微信

微信平台通常简称公众号，是一个广泛使用的多功能社交媒体应用程序。这个平台不仅仅是一个简单的即时通信工具，它还提供了许多其他功能，如朋友圈、微信支付、小程序等。公众号是微信平台中的一个重要组成部分，它允许企业和个人创建自己的信息发布平台，通过定期发布文章、图片、视频等内容，与关注者进行互动和沟通。这种形式的自媒体已经成为信息传播和品牌推广的重要渠道之一。

二、社群

社群是指一群具有共同兴趣、目标或背景的人们聚集在一起，通过各种方式和渠道进行交流和互动的群体。社群可以是线上的，比如，社交媒体平台上的各种兴趣小组、论坛和微信群；也可以是线下的，比如，社区活动、俱乐部和协会等。社群的成员通过分享信息、经验和资源，互相帮助和支持，从而建立起一种紧密的联系和归属感。社群的存在不仅有助于成员之间的互动和合作，还能促进知识的传播和创新的发展。

三、微博

微博是一种广受欢迎的社交媒体平台。用户可以通过微博快速获取各种信息，分享自己的生活点滴，与朋友和家人保持联系。无论是娱乐八卦、新闻时事，还是专业知识，微博上应有尽有，满足了不同用户的需求。此外，用户还可以通过评论、点赞和转发等方式，参与各种话题的讨论中，表达自己的观点和看法。

四、短视频

短视频时长较短，内容丰富多样，涵盖娱乐、教育、生活等多个领域，不仅为人们提供了展示自我和分享创意的机会，还为品牌和企业提供了新的营销渠道。短视频的传播速度快，覆盖面广，能够在短时间内吸引大量观众，成为信息传播的重要工具。

五、直播

直播是一种通过实时视频直播平台进行产品推广和销售的营销方式。在这种营销模式中，企业或个人主播会在直播平台上展示产品，与观众互动，并通过各种促销手段吸引观众购买。直播营销的优势在于其即时性和互动性，能够迅速吸引大量观众，并通过实时互动解答观众的疑问，增强其购买意愿。

直播营销通常包括以下六个关键环节。

1. 直播平台选择

选择一个适合的直播平台是成功的关键。不同的平台有不同的用户群体和功能特点，企业需要根据自身产品特性和目标市场选择合适的平台。

2. 内容策划

内容策划是直播营销的核心。主播需要提前准备直播内容，包括产品介绍、使用演示、互动环节等，确保直播内容丰富有趣，吸引观众持续观看。

3. 主播选择

选择合格的主播对直播营销的成功至关重要。一个好的主播不仅要有良好的表达能力，还要具备亲和力和专业知识，能够赢得观众的信任和喜爱。

思政园地

直播营销的更高层次是知识的传播和价值观的塑造，因此内容策划团队与主播的文化修养及价值取向显得尤为重要。例如，东方甄选的直播间卖水稻大米，主播会讲到水稻起源于中国的长江、黄河流域、水稻的成分有哪些，再讲到特定产地的水稻的异同等。主播也会使用中英双语，从哲学一路聊到诗词歌赋、人生道理，使直播间不仅仅成为一个销售平台，更是粉丝们知识熏陶、探讨人生的园地。

近年来，我们频繁地看到一些在直播界具有重要地位和广泛影响力的知名主播因为触犯法律而被曝光的新闻，这些新闻引发了广泛的关注和讨论。在当今物质条件极为丰富的情况下，消费者面对海量商品选择时，往往会依赖于主播的推荐和评价来作出购买决策。主播的专业性、信誉度及个人魅力，能够帮助塑造产品的形象和口碑，很大程度上影响着消费者的购买行为。因此，知名主播应利用自己的社会影响力，帮助商品找到合适的消费人群，进一步推动国民消费，振兴经济。

4. 互动环节设计

直播的最大优势在于其互动性。设计有趣的互动环节，如抽奖、问答、优惠券发放等，可以有效地提高观众的参与度和购买意愿。

5. 促销手段运用

在直播过程中，运用各种促销手段，如限时折扣、优惠券、赠品等，可以刺激观众的购买欲望，提高销售额。

6. 数据分析与优化

直播结束后，通过数据分析了解观众的观看行为、互动情况和购买转化率等，以便对未来的直播内容和策略进行优化。

拓展阅读

新媒体营销的创新思维

（1）用户思维

以用户为中心，针对用户个性化、细分化的需求，提供各种有针对性的产品和服务，提升用户体验。

（2）粉丝思维

粉丝思维主要体现在平台与粉丝的互动上，粉丝的观点可以让企业看到用户的内心想法，使产品拥有固定的消费群体，为产品带来客户黏性。

（3）平台思维

平台思维其实就是内容营销，通过优质的、对客户有价值的内容吸引客户、留住客户，营造客户关系网。

（4）娱乐思维

互联网时代，客户普遍喜欢娱乐性质的信息，品牌应利用各种娱乐元素吸引客户，即营销过程应满足受众对趣味性、艺术性、情感性、社交性、流行性等方面的需求，达到传播品牌理念的目的。

（5）病毒式传播思维

病毒式传播思维是指受众自发产生的发散式传播方式，例如，短小文章、充满感情的内容都更容易被转发。这种思维有利于扩大品牌辐射面和影响力，从而提高产品的知名度。

实操演练

实训背景：随着农村电商的发展，农产品直播正在日新月异地发展。从春茶园直播采茶，到仓库现开果现发货的榴梿，再到“云游”各省景点、购买土特产的体验式直播，农产品直播内容得到不断丰富。

实训目的：观看一场农产品直播，了解这场直播的内容策划、主播运用的话术、互动环节的设计，以及运用了哪些促销手段等。

实训内容：选择几种感兴趣的商品，开展一场模拟直播。按学生特长及任务分工进行分组：选品、内容策划、直播间视觉、主播及助播、客户服务、数据分析等。

任务二　认知跨界营销

任务描述

小兰是一名刚刚步入职场的大学毕业生，她加入了一家在国内享有盛誉的化妆品公司。2024年秋季，公司计划推出一系列新品，为了确保这些新品能够成功进入市场并获得消费者的青睐，公司高层决定采用跨界营销的方式，要求小兰所在的策划部门制定出一份详细且具有创新性的营销方案，包括跨界的方式选择及具体内容。

任务分析

小兰所在的团队首先确定：公司即将推出的新品定位于年龄在25～35岁的女性，有一定经济能力且外形姣好，追求愉悦自我，因此团队提出与知名奶茶品牌跨界联名，利用“秋天第一杯奶茶”的概念及奶茶的普及程度，将新品广告印制于奶茶杯上，达到迅速提升新品曝光度的效果。同时，在营销概念上，从颜色、味道、质感等角度，将奶茶与公司新品联系起来，使消费者在未使用新品前，就对产品有了感官体验。小兰为此创意，展开了对跨界营销的了解。

知识准备

跨界营销通过打破传统行业壁垒，实现品牌间的强强联合，已成为当今市场营销领域的一股强劲力量。这一策略不仅为品牌带来了前所未有的曝光度，还促进了产品创新与市场拓展，为消费者带来了更加多元化的选择和丰富的体验。

活动1　明确跨界营销的概念与特点

一、跨界营销的概念

跨界营销是指两个或多个不同领域的品牌或企业通过合作，共同开展市场营销活动，以实现资源共享、优势互补、扩大市场影响力和提升品牌价值的一种营销策略。这种营销方式打破了传统行业界限，通过跨界合作，创造出新的市场机会和消费体验，从而吸引更多的消费者关注和参与。

跨界营销的优势是能够通过不同领域的资源整合，创造出独特的市场竞争力。例如，时尚品牌与科技产品的跨界合作，可以将时尚元素融入科技产品中，提升产品的审美价值和市场吸引力。跨界营销还能通过创新的合作方式，激发消费者的兴趣和好奇心，增加品牌的传播效果和市场影响力。

案例分析9-2

酱香拿铁日销1亿！瑞幸+茅台跨界联名背后的新逻辑

随着“酱香拿铁”在瑞幸咖啡多个门店陆续售罄、“瑞幸、茅台联名”相关话题的讨论度持续发酵，在这场备受关注的营销事件中，茅台和瑞幸，各自达成了目标。

从蓝变红，瑞幸、茅台联名大获成功。

高话题度使得茅台股价应声上涨。截至2023年9月4日收盘，贵州茅台（600519）报收于1866.0元，上涨0.81%，换手率0.19%，成交量2.39万手，成交额44.54亿元。

从联名物料（包装袋、杯套等）在网络上流出开始，瑞幸“路透式营销”就已经吸引了诸多消费者的注意，选择在“打工人”群体“多有怨念”的星期一发布新品，也赚足了眼球与讨论度。

茅台为什么不和星巴克联名?

食品产业分析师朱丹蓬在接受媒体采访时表示：“首先来说星巴克是美国的品牌，茅台是民族品牌，选择瑞幸，是两个民族品牌的强强合作，又一次拉升了整个国货崛起的境界。对于两个民族品牌的相得益彰、强强联合，我们是非常看好的。”

此外，有个网友回答的则是：因为喝星巴克的人都要开车，怕酒驾，而喝瑞幸的都是“穷人”，买一杯瑞幸就去挤地铁了。

这看起来像是段子，实则切中了一个关键要素——人群画像。

星巴克的主力消费群体是对咖啡品质、环境空间要求更高、消费能力更强的商务人士；瑞幸的人群画像则是以提神醒脑为主、追求创新变化的年轻群体，俗称“打工人”。

相关数据显示，在2020—2022年，瑞幸咖啡的18～24岁客户人群占比均高于星巴克。总体来说，瑞幸咖啡的消费人群结构更加年轻，而“年轻化”正是茅台近年来发展的关键词。

“年轻化”的含义不只是面向年轻消费群体，更是“大众化”。

作为白酒行业的龙头，茅台在经销商、黄牛、消费者等市场要素的作用下，已经逐渐成为“酒中奢侈品”。因此，对于茅台来说，适度的大众化是有必要的。那么用人气产品引流，让更多的消费者有接触、了解茅台的机会，不失为一种渐进策略。

联名的另一主角——瑞幸咖啡，在消费者心中，比星巴克更加亲民、接地气，产品研发、跨界营销方面总是深得人心。

因此，无论是在行业内还是在消费端，瑞幸浑身上下都充满“谈资”。事物的知名度与其曝光的程度成正比，此前充满神秘色彩的茅台需要“善于曝光”的瑞幸和同样热爱在社交平台上“曝光”生活的年轻消费者帮助它进一步扩大影响力。

资料来源：腾讯网，内容有删改。

二、跨界营销的特点

跨界营销的特点主要体现在以下五个方面。

1. 跨界营销具有资源整合的优势

通过不同行业或领域的合作，企业可以共享彼此的资源，如品牌、客户群、渠道等，从而实现资源的最大化利用。这种资源整合不仅能降低成本，还能扩大市场影响力。

2. 跨界营销能够创造新的市场机会

不同行业之间的合作往往能够带来新的产品或服务，满足消费者多样化的需求。这种创新能吸引更多的消费者，也能为企业带来新的增长点。

3. 跨界营销具有品牌联合的效应

通过与其他品牌的联合推广，企业可以借助合作伙伴的品牌影响力，提升自身的品牌形象和知名度。这种品牌联合能增强消费者的信任感，也能提高品牌的市场竞争力。

4. 跨界营销能够实现多渠道的传播

不同行业之间的合作可以利用各自的渠道进行宣传推广，从而实现多渠道、全方位的传播效果。这种多渠道传播能扩大品牌的影响力，也能提高营销活动的覆盖面。

5. 跨界营销具有灵活多变的特性

由于跨界营销涉及多个行业或领域，因此在具体实施过程中可以灵活调整策略，以适应不断变化的市场环境。这种灵活性能提高营销活动的效率，也能增强企业的应变能力。

综上所述，跨界营销的特点主要体现在资源整合、市场机会创造、品牌联合效应、多渠道传播及灵活多变的策略等方面。这些特点使得跨界营销成为现代企业市场竞争中的一种重要手段。

活动2 了解常见的跨界营销方式

了解常见的跨界营销方式，可以帮助企业在市场中更好地进行品牌推广和产品销售。跨界营销是指两个或多个不同领域的品牌或企业通过合作，共同开展营销活动，以达到资源共享、优势互补、扩大市场影响力的目的。

微课 跨界营销方式

常见的跨界营销方式包括以下五种。

一、品牌联合推广

两个或多个品牌联合推出一系列营销活动，通过共同的广告宣传、联合促销等方式，吸引双方的客户群体（如图9-2所示）。例如，时尚品牌与汽车品牌合作，推出限量版车型，结合时尚元素和汽车性能，吸引时尚爱好者和汽车消费者。

图9-2 品牌联合推广图例

二、IP合作

品牌与知名IP（知识产权）进行合作，利用IP的知名度和影响力，提升品牌形象和知名度。例如，电影IP与健身平台合作（如图9-3所示），推出电影主题奖牌营销系列，以吸引电影粉丝和运动爱好者。

图9-3 《封神(第一部)》与Keep：推出姬发&殷郊双面奖牌

三、渠道共享

不同品牌通过共享销售渠道，扩大了产品的市场覆盖范围。例如，化妆品品牌与书店合作（如图9-4所示），在书店内设立化妆品专柜，以吸引喜欢阅读的消费者。

图9-4 茑屋书店推出可持续概念美妆品牌

四、内容营销

品牌通过创作与合作方相关的优质内容，吸引目标客户群体。例如，美食品牌与旅游网站合作，推出美食旅游攻略，吸引美食爱好者和旅游爱好者（如图9-5所示）。

图9-5 北京玉渊潭公园樱花冰淇淋

五、跨界体验活动

品牌联合举办各类体验活动，让消费者在参与过程中深入了解品牌文化和产品特点。例如，运动品牌与音乐节合作，设立运动体验区，让消费者在享受音乐的同时，体验运动的乐趣。

通过以上几种常见的跨界营销方式，企业可以在市场竞争中脱颖而出，实现品牌和产品的有效推广。

案例分析9-3

《黑神话：悟空》爆火之后|游戏与文旅的双向深度协同

2024年8月，国产3A游戏《黑神话：悟空》全网爆火，成为现象级热议话题。人们看到了游戏作为一种载体也能传播正向的中国传统文化，同时赋能文旅等行业，助推线下实体经济。

1. 游戏对于旅游产业的价值：线上引流线下，黏性强，沉浸感好

根据相关权威媒体报道，《黑神话：悟空》选取了全国36个景点作为游戏场景，其中27处场景是山西省具有代表性的古建筑，这些古建筑横跨山西省9个地市，吸引了众多海内外游戏玩家和游客前来打卡。游戏上线3天后，山西省27个景点共接待游客12.66万人次，环比增长21.86%；门票收入552.8万元，环比增长16.18%。各种“跟着悟空游山西”的旅游线路层出不穷，成为新一季的爆款旅游产品。传统旅游行业主要分为旅行社和酒店业务，旅行社最重要的就是作为线路的旅游产品，而酒店业中此次受益的要数电竞酒店。

除了旅游业的传统形式外，还有近两年才出现的文旅商综合体新业态，由于游戏对电脑配置要求较高，不少人选择在线下门店试玩，带火了线下各种相关消费，于是文旅商综合体也跨界推出了相关体验套餐。但是由于版权问题，目前存在一定的法律风险，建议文旅商综合体负责人尊重原创，根据顾客需求与游戏版权方充分沟通与协商后共同开拓蓝海市场。无论是开发沉浸式主题展馆还是游戏IP文创衍生品，创新文旅商综合体盈利模式、盘活不良资产，目前是中国文旅模式出海的又一新路径。

除此之外，从线上到线下的引流方面，要注意景区承载量和对文物的保护。不可被一时的“泼天富贵”砸中而忘记文旅行业的根本。

2. 文旅产业对于游戏产业的价值：传统文化融合+衍生跨界开发的突破

《黑神话：悟空》的走红，与其说是人们对这款游戏的广泛认可，不如说是对中国传统文化与价值观的认可。这款注入了诸多本土文旅元素的游戏成为一次成功的尝试。不是披着大IP元素的无脑改编，而是恰如其分的深度融合。让更多的人看到游戏不是“洪水猛兽”，而是对话与链接年轻人的另一种载体而已，本质上与小说、影视剧并没有太大的差别。

更有意思的是这款游戏冲破了打游戏只能“宅”的“诅咒”，反而成为让“宅一族”走出房间的强旅游动机。3D已经很震撼了，你不想试试4D甚至现实中的8D吗？

未来游戏IP的开发可以参考旅游目的地的影视剧植入模式，开发影视IP衍生品、博物馆文创及旅游纪念品。

资料来源：新华网，内容有删改。

思考交流

说说看，下面案例分别属于哪种跨界营销方式？

①农夫山泉瓶身文案取自网易云音乐的乐评。

②2019春夏纽约时装周期间出现在曼哈顿全球顶尖买手店Opening Ceremony里的“老干妈卫衣”。

③泸州老窖为与热门IP《三生三世十里桃花》进行合作植入，专门为片中出现的“桃花醉”酒进行注册销售。

④知乎在必胜客开了家网红主题店：在“宇宙中心”五道口上大学是怎样的体验？将必胜客门店打造成了一个三维的知乎空间。

⑤剧场版《精灵宝可梦》在上映期间，与麦当劳进行了跨界合作，麦当劳推出了含有《精灵宝可梦》玩具的开心乐园套餐。

实操演练

实训背景：请以学习小组为单位，每个小组自行寻找一个具有代表性的跨界营销案例，并对这个案例的成功之处进行详细的分析和简要汇报。在汇报过程中，需要重点阐述该案例在跨界合作中所体现的创新思维和营销策略，以及其在市场中取得的显著成效。

实训目的：通过这次实训，同学们将有机会深入了解和研究跨界营销的实际应用，从而提升自身的市场分析能力和创新思维。此外，通过小组合作和案例汇报，同学们可以锻炼团队协作和公共演讲的能力，为未来的职业生涯打下坚实的基础。

实训内容：分析已有案例；每个小组试着为自己熟悉的产品做一次跨界模拟，并阐明你的具体思路。

任务三　认知新零售

任务描述

回到家乡创业的小李在家人的支持下，很快建起了生姜加工厂，注册了“丰泰”品牌。一个偶然的机会，小李得到了与本地商超品牌“家友”的合作机会。“家友”是地方国企旗下的连锁超市品牌，2020年即开始了线上、线下联合的新零售模式。“丰泰”生姜进驻“家友”，小李学习新零售知识成为当务之急。

任务分析

小李在与家友超市合作的过程中，了解到新零售以互联网为依托，对线上、线下销售终端和物流进行融合，优化升级了产品的生产、流通和销售过程，这种方式能够消灭库存，减少囤货量。作为供应商，小李需要实时跟踪合作商的零售与存货数据，不仅要保证供货及时，还要由销售数据指导生产，保证各类上架的生姜制品生产日期新鲜。为此，小李需要主动融入合作商家的新零售运营过程，学习大数据、智慧物流等知识。

知识准备

新零售是在零售基础上以互联网为依托，对线上、线下平台和现代物流进行融合，对产品的生产、流通、销售过程优化升级，延长零售环节产业链，重塑业态结构与生态圈。新零售能够消灭库存，减少囤货量。国务院办公厅2016年印发的《关于推动实体零售创新转型的意见》（国办发〔2016〕78 号）强调："建立适应融合发展的标准规范、竞争规则，引导实体零售企业逐步提高信息化水平，将线下物流、服务、体验等优势与线上商流、资金流、信息流融合，拓展智能化、网络化的全渠道布局。"

新零售作为一股不可忽视的力量，正在悄然改变着传统零售业的格局。它不仅是一个概念的提出，也是一场由科技驱动的商业模式革新。因此，深入了解新零售的典型特征，并系统学习数据分析、人工智能等先进技术手段，已成为每一位商业从业者刻不容缓的任务。

活动1　理解新零售的内涵

新零售，即New Retailing，指企业以互联网为依托，通过运用大数据、人工智能等先进技术手段，对商品的生产、流通与销售过程进行升级改造，进而重塑业态结构与生态圈，并与线上服务、线下体验，以及现代物流进行深度融合的零售新模式。

一、新零售发展背景

首先，由于互联网和移动互联网终端大范围普及所带来的用户增长，以及流量红利正逐渐萎缩，传统电商所面临的增长"瓶颈"开始显现。国家统计局的数据显示：2014年1—9月的全国网上零售额为18238亿元，同比增长49.9%；2015年1—9月的全国网上零售额为25914亿元，同比增长36.2%，而在2016年的1—9月，全国网上零售额是34651亿元，增速仅为26.1%。国内网购增速的放缓仍将以每年下降8—10 个百分点的趋势延续。传统电商唯有变革才有出路。

其次，线上购物的体验始终不及线下购物是不争的事实。相对于线下实体店给顾客提供商品或服务时所具备的可视性、可听性、可触性、可感性、可用性等直观属性，线上电商始终没有找到能够提供真实场景和良好购物体验的现实路径。因此，在用户的消费过程体验方面线上购物要远逊于实体店面。不能满足人民日益增长的对高品质、异质化、体验式消费的需要将成为阻碍传统线上电商企业实现可持续发展的“硬伤”。

此外，移动支付、大数据、虚拟现实等技术革新，进一步开拓了线下场景和消费社交，让消费不再受时间和空间制约。由此，探索运用“新零售”模式来启动消费购物体验的升级，推进消费购物方式的变革，构建零售业的全渠道生态格局，必将成为传统电商企业实现自我创新发展的有益尝试。

二、新零售典型特征

1. 线上线下深度融合

微课 新零售的特点

传统零售业往往局限于实体店面的经营，而新零售打破了这一界限，实现了线上与线下的无缝对接。例如，阿里巴巴旗下的盒马鲜生，就是一个典型的新零售代表。它将线上App与线下实体店相结合，消费者既可以在线上浏览商品、下单购买，也可以到实体店体验商品、享受现场服务。这种融合不仅拓宽了销售渠道，还提高了消费者的购物便捷性和体验感。

据统计，盒马鲜生的线上订单占比已超过50%，充分证明了线上线下融合模式的成功。此外，通过大数据分析，盒马鲜生还能精准地把握消费者的购物偏好和需求，为消费者提供个性化的商品推荐和服务，进一步增强了消费者的购物满意度和忠诚度。

2. 数据驱动的精准营销

在新零售模式下，商家可以通过各种渠道收集消费者的购物数据、浏览记录、社交媒体信息等数据资源，运用大数据技术进行深度挖掘和分析，从而实现对消费者行为的精准洞察和预测。基于这些数据，商家可以制定更加精准的市场营销策略和促销活动，提高营销效率和转化率。例如，某知名电商平台通过分析消费者的购物历史和浏览记录，发现某类商品在特定时间段内的购买量显著增加。于是，该平台在该时间段内加大了对该类商品的推广力度，并推出了相应的优惠活动。结果，该商品的销量迅速攀升，为商家带来了可观的收益。这充分展示了数据驱动的精准营销在新零售中的重要作用。

3. 智能化的供应链管理

通过引入物联网、人工智能等先进技术，商家可以实现对供应链各环节的实时监控和智能调度。这不仅可以提高供应链的透明度和协同效率，还可以降低库存成本和运输成本，提高整体运营效益。

以京东物流为例，它利用物联网技术实现了对物流全链条的实时监控和智能调度。通过大数据分析预测消费者需求变化，京东物流可以提前调整库存和运输计划，确保商品能够准时送达消费者的手中。此外，京东物流还引入了智能机器人、无人机等高科技设备，进一步提高了物流作业的自动化和智能化水平。这些措施不仅提高了京东物流的服务质量和客户满意度，还为京东带来了更多的商业机会和竞争优势。

4. 个性化的消费体验

新零售的最终目的是为消费者提供更加个性化、便捷的购物体验。通过运用大数据、人工智能等技术手段，商家可以深入了解消费者的需求和偏好，为他们提供量身定制的商品和服务。例如，在智能家居领域，一些商家通过智能音箱等设备收集消费者的使用习惯和偏好信息，并根据这些信息为他们推荐适合的智能家居产品。这种个性化的推荐不仅提高了消费者的购物满意度和忠诚度，还促进了智能家居产品的普及和发展。新零售还注重提升消费者的购物便捷性。通过线上线下融合、移动支付、自助结账等技术的应用，消费者可以随时随地完成购物过程，无须受到时间和空间的限制。这种便捷的购物体验不仅满足了消费者的需求，也提高了商家的销售额和市场份额。

综上所述，新零售作为一种新兴的商业模式，不仅为消费者带来了更加便捷、个性化、智能化的购物体验，还为商家带来了更多的商业机会和竞争优势。随着技术的不断进步和应用场景的不断拓展，新零售的未来发展前景将更加广阔和值得期待。

案例分析9-4

浴火重生——大润发：如何走通新零售之路

大润发被阿里巴巴收购后，被认为是新零售的试点，一举一动备受关注。2019年下半年披露的大润发上半年营收情况显示，虽然收益在上升，但线下门店同店销售（同一间销售店在相同时期下的销售额）依旧下滑了1.76%。

相较于线下门店的下滑，新零售方面却在稳步走向正轨。据悉，从2018年3月上线的淘鲜达在过去一年发展很快，截至2019年3月，大润发淘鲜达配送半径已经从三千米扩至五千米。

而从2019年1月开始，B2C（企业对消费者的电子商务模式）门店日均单量（DOPS）稳步爬升。到2019年6月，高鑫门店日均单量已达700单，“618”大促期间，店日均订单已突破1 000单。其一小时配送的准点率已超过99%，页面的缺货率低于3%，出货的缺货率低于0.1%。顾客的差评率及客诉率均低于0.3%，让更多的人看到了新零售的未来。

在关注大润发新零售数据的同时，总是会想当然地拿线下数据的下滑作为对比。但是无论大润发、永辉超市还是盒马鲜生，这些大商超正在走的新零售道路，都是建立在线下布局之上。

大卖场的存在，是大润发能够快速布局淘鲜达的原因。大润发以这些门店为依托，不断扩展配送范围。大润发的新零售更像是对传统零售的升级，是真正线上与线下的融合，并且同步发展。

在过去的一年时间里，阿里巴巴旗下的盒马鲜生不断出现各种问题，甚至出现了闭店。永辉超市旗下的超级物种也曝出了缩减工坊、减少面积等各种变革。

一条新的道路要走通，注定要有无数的牺牲者。但是无论旧零售还是新零售，都是万变不离其宗。与其说大润发走通了新零售，不如说回归了零售的本质——服务。

从阿里巴巴入局大润发，再到淘鲜达的入驻，网红商品榜、无人支付等新鲜点不断出现，这些出现的根本都是为了方便消费者。

淘鲜达把不愿意逛超市的消费者重新拉到线上，无人支付收拢了不愿意排队的消费者，网红榜也让一些不愿意上网的人看到了网红的产品……大润发一直以来做的就是服务上的改变，而阿里巴巴的介入，把它的服务在线下和线上融合在一起。新零售从来不是单独存在的，而是在原本零售体系上的升级和更完善的业态。没有过去的支撑，就没有现在的辉煌。

资料来源：搜狐网，内容有删改。

活动2　掌握新零售的核心内容

新零售，就是传统零售业与现代信息技术的深度融合，它不仅是销售方式的简单革新，也是一场深刻的商业模式变革。

一、新零售的核心要素

新零售之所以能够在短时间内迅速崛起，并受到如此多的关注与追捧，关键在于其独特的核心要素。这些要素包括数据驱动、全渠道融合和供应链优化。

1. 数据驱动

新零售强调以消费者为中心，通过大数据、云计算等现代信息技术手段，收集并分析消费者的购物行为、偏好等数据，为精准营销、个性化推荐等提供有力的支持。例如，某知名零售品牌通过数据分析发现，其年轻消费者群体在周末更倾向于购买休闲服饰和零食。于是，该品牌便在周末时段加大了对这两类商品的促销力度，并优化了门店的陈列布局，使得年轻消费者在进店后能够迅速找到心仪的商品。这一举措不仅提升了销售额，还增强了消费者的购物体验。

2. 全渠道融合

新零售打破了线上与线下的界限，实现了线上线下的无缝对接和深度融合。消费者可以通过手机App、官方网站等线上渠道浏览商品、下单购买，也可以选择到实体店进行试穿，体验后再购买。这种全渠道融合的模式极大地满足了消费者的多元化需求。据统计，目前已有超过80%的零售商开始布局全渠道战略，通过线上线下的深度融合来提升自身的市场竞争力。其中，一些领先的零售商还通过引入AR试衣镜、智能导购机器人等高科技设备，进一步提升了消费者的购物体验。

3. 供应链优化

新零售通过数字化手段对供应链进行深度改造和优化，实现了从采购、生产到销售的全链条协同。这提高了供应链的响应速度和灵活性，并且降低了库存成本和物流成本。

以某生鲜电商平台为例，该平台通过引入智能预测系统和冷链物流技术，实现了对生鲜商品需求量的精准预测和快速配送。这保证了商品的新鲜度和品质，并且大大降低了损耗率和退货率。

二、新零售的未来展望

随着技术的不断进步和消费者需求的不断变化，新零售的未来充满了无限可能。一方面，随着5G、物联网、人工智能等技术的日益成熟和普及，新零售将拥有更加强大的技术支持和更加丰富的应用场景；另一方面，随着消费者对个性化、定制化需求的不断增加，新零售将更加注重对消费者需求的深入挖掘和满足。

可以预见的是，在未来的日子里，新零售将继续引领零售行业的变革潮流，为消费者带来更加便捷、高效、个性化的购物体验。同时，它也将为零售商提供更加广阔的发展空间和更加丰厚的市场回报。

实操演练

实训背景：随着互联网技术的飞速发展，我国传统零售业面临着前所未有的挑战。新零售是利用互联网、大数据、人工智能等技术手段，重构零售产业链，实现线上线下融合的一种新型零售模式。

实训目的：了解新零售运营模式和相关岗位职责，为今后从事相关工作打下基础。

实训内容：由教师带队参观访问本地大润发，了解其新零售运营的具体情况，包括岗位设置、运营机制等，各学习小组根据实地访问撰写心得报告并演说。

项目小结

通过本项目的学习，我们了解了一些新的营销方式，如新媒体营销、跨界营销、新零售等。我们深入探讨了这些新模式的概念、特点以及它们在实际操作中得以实施的主要方式。并通过实训项目的实践操作，提升将理论知识应用于实际工作中的能力，从而为未来的职业生涯打下坚实的基础。

项目检测

一、单项选择题。

1. 下面（　　）平台不属于社交媒体。

A. 微信　　B. 微博　　C. 抖音　　D. 电子邮件

2. 新媒体营销的核心目标是（　　）。

A. 提高品牌知名度　　B. 增加产品销量

C. 建立用户社区　　D. 所有上述选项

3. 微信营销的模式不包括（　　）。

A. 微信公众号　　B. 微信朋友圈

C. 微信小程序　　D. 微信广告模式

4. 微博营销中的对象是（　　）。

A. 企业　　B. 粉丝　　C. 政府　　D. 用户

5. 短视频创作者在爆款短视频评论区引流时，下列做法错误的是（　　）。

A. 随意评论　　B. 寻找合适的目标账号

C. 及时评论　　D. 账号形象有专业性

6. （　　）是直播营销的核心。

A. 内容策划　　B. 与粉丝互动　　C. 主播话术　　D. 博眼球

7. 直播的最大优势在于其（　　）。

A. 内容策划　　B. 与粉丝互动　　C. 主播话术　　D. 博眼球

8. 不同品牌通过共享销售渠道，扩大产品的市场覆盖范围，这种方式是跨界营销中的（　　）方式。

A. 品牌联合推广　　B. 渠道共享

C. 内容营销　　D. 跨界体验

9. 新媒体营销的特点不包括（　）。

A. 用户参与度高　　B. 精准定位

C. 内容多样化　　D. 互动性弱

10. 新零售业通过对（　　）进行深度挖掘和分析，从而实现对消费者行为的精准洞察和预测。

A. 购买行为　　B. 大数据

C. 客流量　　D. 产品偏好

二、判断题。（正确的打“√”，错误的打“×”）

1. 如今的新媒体运营就是指微信公众号运营。（　　）

2. 新媒体营销的核心是通过有价值、有趣味、有情感的内容吸引用户，进而形成品牌忠诚度和口碑传播。（　　）

3. 新媒体营销依赖于传播速度快来优化策略。（　　）

4. 直播营销活动应追求在线观看人数，而不是目标用户在线观看人数。（　　）

5. 直播营销只要主播有名气，内容新颖，就能吸引足够的观众。（　　）

6. 病毒式传播是指传播的信息中带有计算机病毒，因此我们要自觉抵制转发这种信息。（　　）

7. 跨界营销一般是根据不同行业、不同产品、不同偏好的消费者之间所拥有的共性和联系，把一些原本毫不相干的元素进行融合、互相渗透，赢得目标消费者的好感，使得跨界合作的品牌能够实现双赢。（ ）

8. 线上电商能够给客户带来很好的可视、可听、可触、可感、可用等直观属性。（ ）

9. 新零售主要是针对线上销售的一种模式。（ ）

10. 新零售的最终目的是为消费者提供更加个性化、便捷的购物体验。（ ）

三、多项选择题。（每题至少有两个以上正确答案）

1. 新媒体的特征主要有（ ）。

A. 互动性　B. 个性化　C. 时效性　D. 多媒体性

2. 新媒体营销不仅仅局限于传统的广告宣传，它更注重与消费者的（ ）和消费者（ ）。

A. 互动　B. 融合　C. 参与　D. 渗透

3. 跨界营销可以实现（ ）。

A. 资源共享　B. 优势互补

C. 扩大市场影响力　D. 提升品牌价值

4. 新零售的核心要素包括（ ）。

A. 数据驱动　B. 线上线下融合

C. 优化供应链　D. 精准的消费者分析

5. （ ）和（ ）将成为重要的营销形式。

A. 微信　B. 短视频　C. 直播　D. 微博

四、案例分析题。

2018年1月，一条主角是一杯会“占卜”的答案奶茶的短视频，在网络平台上大为流行，成了网络“红人”。“只要把你困惑的问题写在奶茶的腰封上，在心中默念5遍，揭开茶盖，属于你的答案就会浮现在眼前。”这一条视频收获了883万次的播放量，获赞24万个，不少抖友都喊话要加盟。

答案茶由河南盟否网络技术有限公司推出。2018年1月第一家答案茶门店在郑州二七万达广场正式营业，到了3月中旬，店外开始排起长龙。短短4个月的时间，答案茶凭借34条抖音视频，俘获35万粉丝及117万点赞量，最高单条观看量超过40万次，并在线下迅速扩张为249家加盟店。

然而，2018年5月17日，火爆全网的答案茶销声匿迹，取而代之的是一款名叫1314茶的奶茶饮品。

请你搜集资料，阐述答案茶爆火的原因，分析它消亡的原因，并针对年轻人喜爱且品牌众多的奶茶饮品，提出立于市场不败之地的建议对策。

项目评价

由教师组织填写“项目完成情况评价表”，对本次项目进行综合评估。

表9-1 项目完成情况评价表

组别：　　　　　　　　　　　　　　　　　　　学生姓名：

<table>
<tr><th rowspan="2">序号</th><th rowspan="2">考核点</th><th rowspan="2">考核标准</th><th rowspan="2">分值</th><th colspan="3">得分</th></tr>
<tr><th>小组评价</th><th>自我评价</th><th>教师评价</th></tr>
<tr><td colspan="3">分析问题能力：能运用专业知识分析案例</td><td>20</td><td></td><td></td><td></td></tr>
<tr><td>1</td><td>任务一</td><td>阐述本次直播的内容、主播语言技巧、运用了哪些促销手段</td><td>5</td><td></td><td></td><td></td></tr>
<tr><td>2</td><td rowspan="2">任务二</td><td>阐述案例选用的跨界方式、跨界的契合点及具体的跨界内容</td><td>5</td><td></td><td></td><td></td></tr>
<tr><td>3</td><td>能够分析案例的具体跨界策略给我们的启示</td><td>5</td><td></td><td></td><td></td></tr>
<tr><td>4</td><td>任务三</td><td>根据实际场景，能说出相关的新零售专业知识点</td><td>5</td><td></td><td></td><td></td></tr>
<tr><td colspan="3">专业实践能力：能运用专业知识开展实际操作</td><td>50</td><td></td><td></td><td></td></tr>
<tr><td>5</td><td rowspan="6">任务一：
模拟直播</td><td>选品前是否开展了市场调查，了解消费者需求，质量是否有把控</td><td>3</td><td></td><td></td><td></td></tr>
<tr><td>6</td><td>内容策划是否完整、有新意，能够吸引消费者</td><td>5</td><td></td><td></td><td></td></tr>
<tr><td>7</td><td>直播间产品陈列合理、背景布置亮眼</td><td>3</td><td></td><td></td><td></td></tr>
<tr><td>8</td><td>主播与助播的直播技能</td><td>4</td><td></td><td></td><td></td></tr>
<tr><td>9</td><td>对于直播中客户提出的要求，能尽快解决</td><td>5</td><td></td><td></td><td></td></tr>
<tr><td>10</td><td>直播后的数据分析有针对性，能得出具体结论</td><td>5</td><td></td><td></td><td></td></tr>
<tr><td>11</td><td rowspan="3">任务二：
模拟跨界</td><td>能够精准定位待跨界的产品，找准契合点，选择合适的跨界方式</td><td>10</td><td></td><td></td><td></td></tr>
<tr><td>12</td><td>跨界营销策略的制定有系统性、层次性、针对性</td><td>10</td><td></td><td></td><td></td></tr>
<tr><td>13</td><td>营销过程有创意、有亮点，文本表达契合产品，能够引起共鸣</td><td>5</td><td></td><td></td><td></td></tr>
<tr><td colspan="3">总结汇报能力：能汇总数据，突出亮点，综合评价本组任务</td><td>25</td><td></td><td></td><td></td></tr>
<tr><td>14</td><td>报告撰写</td><td>报告内容完整，观点明确，层次清楚，有亮点</td><td>15</td><td></td><td></td><td></td></tr>
<tr><td>15</td><td>报告演说</td><td>演说口齿清楚，落落大方，内容有条理，演示文稿制作精美</td><td>10</td><td></td><td></td><td></td></tr>
</table>

续表

<table>
<tr><th rowspan="2">序号</th><th rowspan="2">考核点</th><th rowspan="2">考核标准</th><th rowspan="2">分值</th><th colspan="3">得分</th></tr>
<tr><th>小组评价</th><th>自我评价</th><th>教师评价</th></tr>
<tr><td colspan="3">遵守纪律、团队合作</td><td>5</td><td></td><td></td><td></td></tr>
<tr><td>16</td><td>守纪、合作</td><td>遵守纪律，有安全意识，分工明确，组员积极参与</td><td>5</td><td></td><td></td><td></td></tr>
<tr><td colspan="3">合计</td><td>100分</td><td></td><td></td><td></td></tr>
<tr><td>总评</td><td colspan="6">小组评价（40%）＋自我评价（30%）＋教师评价（30%）＝</td></tr>
<tr><td rowspan="3">总结</td><td>我的优点</td><td colspan="5"></td></tr>
<tr><td>我的不足</td><td colspan="5"></td></tr>
<tr><td>我将作出的改进</td><td colspan="5"></td></tr>
<tr><td>教师评语</td><td colspan="6"></td></tr>
</table>